Vorwort, Beschreibung des Weges

Reise-Infos von A bis Z

Der Olavsweg in 32 Etappen

Kleiner Sprachführer, Index

Feldweg zur Høyin kirke (3. Etappe)

Band 369

OutdoorHandbuch

Hanna Engler

Norwegen: Olavsweg

Aussichtspunkt nach Vårstigen (24. Etappe)

Norwegen: Olavsweg

Copyright Conrad Stein Verlag GmbH.
Alle Rechte vorbehalten.

Der Nachdruck, die Übersetzung, die Entnahme von Abbildungen, Karten, Symbolen, die Wiedergabe auf fotomechanischem Wege (z. B. Fotokopie) sowie die Verwertung auf elektronischen Datenträgern, die Einspeicherung in Medien wie Internet (auch auszugsweise) sind ohne vorherige schriftliche Genehmigung des Verlages unzulässig und strafbar.

Alle Informationen, schriftlich und zeichnerisch, wurden nach bestem Wissen zusammengestellt und überprüft. Sie waren korrekt zum Zeitpunkt der Recherche. Eine Garantie für den Inhalt, z. B. die immerwährende Richtigkeit von Preisen, Adressen, Telefon- und Faxnummern sowie Internetadressen, Zeit- und sonstigen Angaben, kann naturgemäß von Verlag und Autorin – auch im Sinne der Produkthaftung – nicht übernommen werden.

Die Autorin und der Verlag sind für Lesertipps und Verbesserungen (besonders per E-Mail) unter Angabe der Auflagen- und Seitennummer dankbar.

Dieses OutdoorHandbuch hat 256 Seiten mit 88 farbigen Abbildungen sowie 37 farbigen Kartenskizzen im Maßstab 1:150.000, 4 Stadtplänen, 36 farbigen Höhenprofilen und 2 farbigen Übersichtskarten. Es wurde auf chlorfrei gebleichtem, FSC®-zertifiziertem Papier gedruckt, in Deutschland klimaneutral hergestellt und transportiert und wegen der größeren Strapazierfähigkeit mit PUR-Kleber gebunden.

ClimatePartner°
klimaneutral

Druckprodukt | ID 10951-1804-1010

Dieses Buch ist im Buchhandel und in Outdoor-Läden erhältlich und kann im Internet oder direkt beim Verlag bestellt werden

OutdoorHandbuch aus der Reihe „Der Weg ist das Ziel", Band 369

ISBN 978-3-86686-479-5 2., überarbeitete Auflage 2018
© Basiswissen für draussen, Der Weg ist das Ziel und FernwehSchmöker sind urheberrechtlich geschützte Reihennamen für Bücher des Conrad Stein Verlags

Text und Fotos: Hanna Engler
Karten: Heide Schwinn
Lektorat: Kerstin Becker und Amrei Risse
Layout: Amrei Risse

Gesamtherstellung: gutenberg beuys feindruckerei

Dieses OutdoorHandbuch wurde konzipiert und redaktionell erstellt vom:

Conrad Stein Verlag GmbH, Kiefernstr. 6, 59514 Welver,
☎ 023 84/96 39 12, FAX 023 84/96 39 13,
✉ info@conrad-stein-verlag.de,
🖥 www.conrad-stein-verlag.de

Besuchen Sie uns bei Facebook & Instagram:

 www.facebook.com/outdoorverlag

 www.instagram.com/outdoorverlag

Titelfoto: Pilgerin auf der Bergetappe 23

Inhalt

Vorwort	8

Beschreibung des Weges 11
Olav Haraldsson, der Nationalheilige Norwegens 12
Der Gudbrandsdalsweg 13
Die Landschaft 15
Hinweise zum Buch 16

Reise-Infos von A bis Z 17

An- und Abreise	18	Landkarten, GPS-Track	
Angeln	19	und Literatur	27
Ausrüstung	19	Land und Leute	28
Diplomatische Vertretung	21	Notruf	29
Einkaufen	22	Pilgerpass und Olavsbrief	29
Essen und Trinken	22	Telefon, Mobilfunk und Internet	30
Geld	23	Unterkunft	30
Gepäcktransport	24	Updates	32
Informationen	24	Verkehrsmittel am Weg	32
Kirchen	25	Wegmarkierungen	34
Klima und Reisezeit	26	Zelten	36

Der Olavsweg in 32 Etappen 37

1. Etappe: Oslo Meilenstein – Aaraas Pilegrimsherberge 38
2. Etappe: Aaraas Pilegrimsherberge – Arteid Vestre gård 51
3. Etappe: Arteid Vestre gård – Risebru pilegrimsherberge 57
4. Etappe: Risebru pilegrimsherberge – Eidsvoll gamle prestegård 66
5. Etappe: Eidsvoll gamle prestegård – Lysjøhimet 70
6. Etappe: Lysjøhimet – Hestnes Nordre gård 76
7. Etappe: Hestnes Nordre gård – Store Gillund gård 80
8. Etappe: Store Gillund gård – Pilegrimssenter Hamar 86
9. Etappe: Pilegrimssenter Hamar – Pilegrimsherberget Veldre 94
10. Etappe: Pilegrimsherberget Veldre – Steinvik Campingplatz 100
11. Etappe: Steinvik Camping – Johannesgården 105
12. Etappe: Johannesgården – Lillehammer Vandrerhjem Stasjonen 112

13. Etappe: Lillehammer Vandrerhjem Stasjonen – Skåden gård (Øyer)	118
14. Etappe: Skåden gård – Mageli Camping og Hytter	125
15. Etappe: Mageli Camping og Hytter – Gildesvollen Pilegrimsherberge	132
16. Etappe: Gildesvollen Pilegrimsherberge – Sygard Grytting	139
17. Etappe: Sygard Grytting – Kirketeigen Camping	145
18. Etappe: Kirketeigen Camping – Varphaugen gård	152
19. Etappe: Varphaugen gård – Jørundgard Middelaldersenter	158
20. Etappe: Jørundgard Middelaldersenter – Engelshus	163
21. Etappe: Engelshus – Fokstugu Fjellstue	168
22. Etappe: Fokstugu Fjellstue – Hageseter Turisthytte	176
23. Etappe: Hageseter Turisthytte – Kongsvold Fjeldstue	181
24. Etappe: Kongsvold Fjeldstue – Ryphusan Refugium	187
25. Etappe: Ryphusan Refugium – Oppdal Vekve Hyttetun	192
26. Etappe: Oppdal Vekve Hyttetun – Hæverstølen	199
27. Etappe: Hæverstølen – Meslo gård	203
28. Etappe: Meslo gård – Segard Hoel	210
29. Etappe: Segard Hoel – Gumdal	217
30. Etappe: Gumdal – Skaun menighetshus	224
31. Etappe: Skaun menighetshus – Sundet gård	230
32. Etappe: Sundet gård – Trondheim Nidarosdomen	237

Kleiner Sprachführer 250

Index 253

Vorwort

Gleich vorneweg: Sie müssen kein Pilger im engen Sinne sein, um dem Pilgerweg des heiligen Olavs zu folgen – ich war selbst keiner. Ich war nur eine begeisterte Wanderin, neugierig auf Norwegen. Doch wer sich auf den Pilgerweg begibt, sollte schwierige oder einsame Pfade nicht scheuen, auf denen man ganz sich selbst ausgesetzt ist. Auf dem Olavsweg freute ich mich ebenso über Kontakt mit anderen Pilgern und Wanderern wie über die Zeit, die ich für mich allein hatte. Dafür muss man nicht gläubig sein, nicht christlich, dafür muss man nur gerne wandern – in wunderschöner, norwegischer Natur!

Und die finden Sie auf dem einmal längs durch das skandinavische Land führenden Weg allemal: Neben weiten Feldern und Weiden reizen v. a. der tiefe, ursprüngliche Wald, ein Bilderbuch-Tal und Berge, wie Sie sie noch nicht gesehen haben – kein Vergleich zu den alpinen Erhebungen und Mittelgebirgen, deren Erscheinungsbild uns geläufiger sind. Es ist gerade diese Weite, die Schlichtheit und Einsamkeit der sanft geschwungenen Fjells und der unberührten Natur, die eine Wanderung zu einem Erlebnis macht.

Und auch wenn es Wanderwege mit stärker ausgeprägter Infrastruktur und deutlich weniger Asphalt gibt: Es gibt nur diesen einen, historisch wertvollen Olavsweg, den einst so viele Menschen unter Einsatz ihres Lebens im Mittelalter gegangen sind – die Geschichte hinter jeder Ecke spürbar, in den Kirchen am Weg augenscheinlich und im Holz der mittelalterlichen Farmen, heute zu Pilgerherbergen ausgebaut, fast schon zu riechen.

Also doch nur ein Weg für *echte* Pilger? Auf der Seite des schwedischen Pilgercenters (🖥 www.pilgrimscentrum.se) finde ich eine Definition von „**Pilgern**", die Spielraum für die eigene Auslegung hält: „Sich aufmachen, zur Pilgerwanderung oder Wallfahrt. Viele wollen ihre Beziehung zu Gott, anderen oder sich selbst vertiefen. Einige möchten von den wichtigen Dingen im Leben erzählen und offen sein für ungeplante Begegnungen in neuen Zusammenhängen. Das Pilgermotiv findet sich seit alter Zeit in beinahe allen Kulturen und Religionen."

Und ich denke, am Ende kehrt jeder mit seinem eigenen Olavsweg, seinem ganz eigenen Norwegen heim. Ob das die Begegnung mit einem besonderen Mensch war oder die Begegnung mit sich selbst, ob es die Momente sind, durch die man sich quälen musste, oder die, wo man einfach nur lief. Es sind Erlebnisse und Erfahrungen, die einem keiner mehr nehmen kann und die man mit zurücknimmt. Auch als ich im Oktober 2017 für diese Neuauflage einige Etappen erneut unter die Füße nahm, spürte ich es wieder: Der Pilgerweg lebt von den Geschichten auf und an ihm. Und zwar nicht nur von der Historie des Olavswegs selbst, sondern vor allem von den Geschichten, die heute am Wegesrand liegen und immer wieder neu entstehen – den Geschichten der PilgerherbergsbesitzerInnen gleichermaßen wie denen der PilgerInnen, die den Weg beschreiten. Und man kommt so leicht ins Gespräch in diesem herzlichen Land …

Pilger auf Ryphusan

Ich hoffe, Ihnen mit meinem Buch eine kleine Hilfe an die Hand geben zu können, damit Ihnen Extrakilometer erspart bleiben und Sie die faszinierende Landschaft des **Gudbrandsdalswegs (Ostweg-Variante)** sorglos genießen können. Und verzagen Sie nicht, auch wenn Sie mal umdrehen müssen oder sich verlaufen haben: Sie sind auf dem Pilgerweg nicht unterwegs, um in möglichst kurzer Zeit möglichst schnell ans Ziel zu kommen, sondern um Zeit für sich selbst zu haben.

Martin Buber: *„Alle Reisen haben eine heimliche Bestimmung, die der Reisende nicht ahnt."*

Beschreibung des Weges

Steinpyramiden am Weg

Olav Haraldsson,
der Nationalheilige Norwegens

Olav Haraldsson gilt als Norwegens größter Heiliger, da er als mittelalterlicher König den Grundstein für ein christliches Reichskönigtum gelegt haben soll.

Geboren wurde Olav Ende des 9. Jh. in Ringrike als Sohn des Kleinkönigs und Wikingers Harald Grenske, einem Urenkel von Harald Hårfagre, der einst große Teile Norwegens zu einem Reich vereint hatte. Mit zwölf Jahren ging Olav auf seine erste Wikingerfahrt: Ruhm und Ehre in Schlachten zu gewinnen waren ebenso wichtig wie Geld und Gut, immer mehr Fahrten wurden zur Eroberung fremden Landes unternommen.

Der Sage nach war es ein Traum, der den jungen heidnischen Wikinger dazu veranlasste, zurückzukehren in sein politisch und religiös gespaltenes Heimatland, um König über ein vereintes Norwegen zu werden. Als Verwandter von Harald Hårfagre betrachtete Olav es gar als seine Berufung. Auf dem Seeweg gen Norwegen überwinterte er bei Richard II., Herzog der Normandie. Hier, in Rouen, wurden ihm die Lehren des Christentums in der Gemeinschaft der katholischen Kirche deutlich sichtbar vorgelebt: Olav ließ sich taufen.

Im Herbst 1015 landete er in Norwegen und ließ sich von einem *Thing* (altgermanische Volks- und Sippenversammlung) nach dem anderen zum Oberkönig wählen – an manchen Orten mithilfe des Schwertes. Schließlich war er – zumindest dem Namen nach – König von Norwegen. Erst jetzt begann König Olav ein Volk zum Christentum zu bekehren, das bereits zu großen Teilen christianisiert war. So bestand die Mission auch darin, der Kirchenorganisation in Norwegen festere Formen zu verleihen, z. B. durch die Etablierung von Kirchengesetzen.

Der König war dabei teils der Wikinger aus seiner Vergangenheit, teils der Christ der Gegenwart: An manchen Stellen ging er mit brutaler Gewalt vor, um die Menschen zur Taufe zu bewegen, an anderen Stellen reichten reine Machtdemonstrationen. Die historischen Quellen sind nicht eindeutig, inwieweit König Olav für die Christianisierung Norwegens verantwortlich war und ob er ein grausamer Mensch oder Heiliger war. Wahrscheinlich tilgte er in seiner Regierungszeit die letzten Reste des Heidentums.

Auf seiner „Schwertmission" fiel Olav im Jahre 1030, am 29. Juli („St. Olavstag"), auf dem Schlachtfeld in Stiklestad. Gleich darauf wurden Stimmen laut, die von Wundern am Ort seines Todes und im damaligen Nidaros (heute Trondheim) berichteten, wo sein Leichnam begraben wurde. Bauern und mächtige Häuptlinge sprachen sich für die Heiligsprechung Olavs aus, doch erst ein Jahr später bewegten sie den Bischof dazu, den König zu exhumieren: Man fand den Leichnam mit geröteten Wangen, gewachsenen Haaren und Nägeln, ein herrlicher Duft entströmte ihm. So wurde er nach seinem Tode heilig gesprochen und fortan strömten Pilger aus ganz Europa zum Platz seines ewigen Grabes, über dem man mit der Zeit die stattliche Nidaros-Kathedrale (☞ 32. Etappe) erbaute.

Der Gudbrandsdalsweg

Der Gudbrandsdalsweg, auch einfach **Olavsweg** genannt, ist Teil eines ganzen Netzwerks an Pilgerwegen, die zur Nidaros-Kathedrale in Trondheim führen: Die St. Olavswege führen durch Norwegen, Schweden und Dänemark – 5.000 km sind es insgesamt.

Mit (offiziell) 643 Kilometern ist der Gudbrandsdalsweg (norwegisch **Gudbrandsdalsleden** oder **Olavsleden**) der längste Pilgerweg in Norwegen und führt mit einer Ost- und Westvariante von Oslo (ehemals Christiania bzw. Kristiania) nach Lillehammer und als ein Weg weiter nach Trondheim, das im Mittelalter eine ähnlich große Bedeutung für die Christenheit hatte wie die drei großen Pilgerziele Jerusalem, Rom und Santiago de Compostela heute. Bis zur Reformation 1537 durch Martin Luther, in dessen Zuge Norwegen protestantisch und Wallfahrten verboten wurden, pilgerten abertausende Menschen zum Schrein des heilig gesprochenen Olavs.

Nach der Reformation verlor Trondheim als Pilgerziel an Bedeutung und damit auch die St. Olavswege. In den letzten Jahren wurde ihnen frischer Atem eingehaucht und nachdem der Olavsweg 2010 zur Europäischen Kulturstraße erklärt wurde (die offizielle Eröffnung war bereits 1997), erhielt die Infrastruktur den nötigen Aufwind. Trotzdem: Pilgern in Norwegen ist nicht wie Pilgern in Spanien. Und Wandern in Norwegen ist nicht wie das Wandern auf einem Qualitätswanderweg in Deutschland. Im Großen und Ganzen ist aber auch der Olavsweg mittlerweile gut gekennzeichnet und nur an wenigen Stellen muss man nach dem richtigen Weg suchen.

Mit z. T. weiten Abständen zwischen Übernachtungs- und Einkaufsmöglichkeiten müssen Sie allerdings noch rechnen, eine gut ausgebaute Pilgerstruktur mit Andachten u. Ä. gibt es nicht – dafür aber auch keine Menschenmassen. Es werden Gruppenwanderungen von den Pilgercentern (☞ Informationen) und den Olavsweg-Autoren Weyer (☞ Landkarten und Literatur) angeboten. Die Pilgercenter empfehlen, jede Woche einen Ruhetag einzulegen, wenn Sie die gesamte

Strecke bis Oslo gehen. Dann benötigen Sie allerdings mehr als die von mir angedachten **32 Tage**, die Wanderung ist auch ohne Ruhetag möglich (Tagesetappen zwischen 13 und 30 km).

Bedenken Sie zusätzlich zu den knapp **660 km**, die am Ende meiner Wanderung auf dem GPS-Gerät standen, die vielen Höhenmeter: Zwar sind die Berge Norwegens nicht so hoch und steil wie die Alpen, nichtsdestotrotz legen Sie jeweils um die **20.300 hm** aufwärts und abwärts zurück! Unterschätzen Sie also nicht den Anspruch des Olavswegs. Auch sind einige Trampelfade schwer zu begehen – schmal, abfallend oder durch Witterung und Bewuchs holprig – und Sie kommen immerhin auf 1.321 m (höchster Punkt auf dem Vesle Elgsjøtangen).

Trotz der z. T. abgeschiedenen Wege werden Sie auch immer wieder der **Europastraße E6** begegnen – machen Sie sich also auf einige Strecken auf Asphalt gefasst und an manchen, stark befahrenen Stellen auch auf Lärm. Zudem wandern Sie teilweise direkt auf Straßen, mitten durch Felder oder durch Privatgrundstücke – das wäre in Deutschland nicht möglich, doch Sie befinden sich nicht auf einem Wander-, sondern auf einem Pilgerweg, der der historischen Route folgt, statt in die schönsten Landschaften umgeleitet zu werden. Der Weg lebt durch seine Geschichte, die in den **Kirchen** und urig ausgebauten **Pilgerherbergen** am Weg erlebbar wird.

Ost oder West?

Zwischen Oslo und Lillehammer verlaufen zwei Olavswege: der Ostweg am östliche Ufer des Mjøsa-Sees und der Westweg westlich am Wasser vorbei. Es ist schwer zu sagen, welcher die historisch richtige Route ist – schließlich hat sich im Mittelalter jeder Pilger den kürzesten Weg nach Trondheim gesucht, Straßen in dem heutigen Sinne gab es noch nicht.

Laut den Pilgercentern gilt der **Ostweg des Olavswegs** als der traditionell und historisch wichtigste Weg, den deshalb auch die meisten Pilger wählen. Zwar wird auch der – als landschaftlich schöner geltende – **Westweg** immer häufiger gewählt, doch da die Zahl der in Oslo startenden Pilger insgesamt steigt, ist der Ostweg noch immer der am häufigsten begangene. Beliebt ist auch die Variante Westweg bis Gjøvik, mit dem historischen Dampfschiff *Skibladner* (☞ Verkehrsmittel am Weg) nach Hamar, von dort an auf dem Ostweg weiter.

Ich habe mich vor dem Start vom Pilgercenter in Oslo und in Hundorp (Per Gunnar Hagelien) sowie dem Nationalen Pilgercenter bezüglich der beiden Wege beraten lassen (☞ Informationen). Aufgrund der historischen und infrastrukturellen Begebenheiten habe ich mich daraufhin für den Ostweg entschieden, dessen Beschreibung Sie in diesem Buch vorfinden.

Das Pilgerzentrum Oslo hat eine Seite zu dieser Frage eingerichtet (in Englisch) 🖥 www.oslo.pilegrimsleden.no/en/go-east-or-west/.

Die Landschaft

Sie durchqueren das Land von Süd nach Nord, so werden Sie fast jede Landschaftsform Norwegens kennenlernen. Sind Sie erst einmal dem städtischen Umfeld Oslos entkommen, werden Sie sich an Deutschland erinnert fühlen: Sanfte Hügellandschaften, die durch Felder, Wälder und kleine Ansammlungen von Häusern unterbrochen werden. Letztere sind allerdings auffällig anders – die farbkräftigen Holzlattenhäuser und Gehöfte, oft mit *stabbur* (Proviantspeicher auf Pfählen) im Garten, dominieren die ländliche Gegend. Neben Weidetieren erspähte ich ab und an Reh und Fuchs in der Ferne.

Haben Sie dann tiefe, alte Wälder durchquert und die Städte Eidsvoll, Hamar und Lillehammer hinter sich gelassen, treten Sie in das **Gudbrandsdal** ein: ein Tal wie aus dem Bilderbuch! In der Mitte fließt der türkisfarbene breite Lågen, der

Bilderbuchtal Gudbrandsdal

Gudbrandsdalsfluss, umrahmt von sanften grünen Hängen. Trotz vieler steiler Höhenmeter und schwierigeren Pfaden sind diese Etappen einige der schönsten auf dem Olavsweg.

Vom Tal geht es hinauf in das **Dovrefjell**: Das komplette Gegenteil, aber mindestens genauso schön, vielleicht sogar die beeindruckendste Strecke der Wanderung. Die wilde, weite Einsamkeit in den sanft gewellten Hügeln des Fjells muss man selbst erlebt haben. Neben Schafen werden Sie hier mehr Vögeln begegnen, auch Lemminge huschen immer wieder über den Weg.

Haben Sie das norwegische Hochgebirge mit seinem kargen Bewuchs und verwinkelten Fjell-Birken durchquert, gelangen Sie zurück in stärker besiedeltes Gebiet. Neu im Landschaftsrepertoire werden Sie hier nun auf schöne, kurzweilige Moorabschnitte treffen und noch durch viel ursprünglichen Wald schreiten, bis Sie am Ziel in Trondheim am Fjord angekommen sind.

Hinweise zum Buch

Das Ihnen vorliegende Buch soll Ihnen helfen, den Weg ohne große Schwierigkeiten zu finden. Es ist weniger Reiseführer mit ausführlichen Infos zu Sehenswürdigkeiten, Kirchen, anderen Unternehmungen in der Region etc., als ein **praktischer, handlicher Begleiter Ihrer Pilgerwanderung** mit Konzentration auf die Wegbeschreibungen.

Bedenken Sie bitte auch, dass sich die Begebenheiten vor Ort wie z. B. Umleitungen und Wegbeschilderung saisonal ändern können und Angaben wie Öffnungszeiten und Preise Schwankungen unterworfen sind. Ich bitte daher Unstimmigkeiten zu entschuldigen – sollten Sie dennoch grobe Fehler finden, bitte ich Sie inständig, mir diese über den Verlag zukommen zu lassen. Vielen Dank bereits im Voraus!

Sie werden in den Etappenbeschreibungen immer wieder auf eine mit dem Symbol ☺ gekennzeichnete Box stoßen: Darin finden Sie die von mir als **besonderen Platz** empfunden Herbergen, die die besondere Atmosphäre des Olavswegs ausmachen und meistens eng mit Olavs- und Pilgergeschichte verknüpft sind.

Reise-Infos von A bis Z

Wasser gibt es am Weg genug.

An- und Abreise

Aufgrund der Lage und Entfernung Norwegens zu Mittel- und Südeuropa ist die Anreise mit dem Flugzeug die schnellste und praktischste An- und Abreisemöglichkeit. Zwischen Oslo und Trondheim können Sie Flugzeug, Zug, Bus oder Auto nehmen. Wenn Sie nach Ihrer Pilgerreise noch Zeit haben, können Sie in Trondheim an Bord eines der berühmten Hurtigruten-Schiffe steigen (☞ Verkehrsmittel am Weg). Wer nicht gerne fliegt, kann die Anreise mit einer Fähre in Betracht ziehen.

Anreise nach Oslo

Es gibt Direktflüge von mehreren deutschen Flughäfen zum **Flughafen Oslo-Gardermoen** (47 km von Oslo, www.osl.no) mit den Fluglinien Lufthansa, Scandinavian Airlines (SAS), Norwegian Air Shuttle und Eurowings. Zum Flughafen **Sandefjord Lufthavn** (110 km von Oslo) gibt es aus Deutschland heraus nur von Hamburg aus einen Direktflug.

Abreise von Trondheim

Es gibt keine Direktflüge vom **Trondheimer Flughafen Værnes** (35 km von Trondheim, www.avinor.no/flyplass/trondheim) nach Deutschland. Die meisten Verbindungen sind mit Zwischenstopp in Oslo.

Alternative Startpunkte für den Olavsweg

▷ Sie können Ihre Pilgerreise auch an einem der **Dovrebahn-Bahnhöfe** (☞ Verkehrsmittel am Weg) starten oder beenden, wenn Sie nur einzelne Strecken laufen oder Etappen auslassen möchten.
▷ Ab dem Bahnhof **Berkåk** in Rennebu (☞ 27. Etappe) sind es noch etwas über 100 km bis Trondheim, sodass Sie dort den Olavsbrief (☞ Pilgerpass und Olavsbrief) erhalten. Sie finden am Bahnhof ein Informationsschild, die Strecke zum Pilgerweg (ca. 3 km) ist ausgeschildert, führt aber zum Großteil an einer befahrenen Straße entlang.
▷ Sie können vom **Flughafen Oslo-Gardermoen** mit mehreren Buslinien (z. B. 440 und 450) nach Jessheim (☞ 3. Kapitel) fahren (ca. 15 Min.), durch das der Gudbrandsdalsweg direkt verläuft (www.ruter.no).
▷ Eine beliebte Strecke ist auch: Westweg Oslo bis Gjøvik, mit dem Skibladner (☞ Verkehrsmittel am Weg) nach Hamar, dort auf dem Ostweg weiter.

Angeln

Norwegen ist ein klassisches Angel-Land. Sie haben am Gudbrandsdalsfluss und den vielen Seen am Olavsweg, v. a. am Mjøsa, immer wieder die Möglichkeit, fischen zu gehen. Die Angelmöglichkeiten sind im vorliegenden Buch daher nicht extra aufgeführt. Fragen Sie direkt bei den Herbergen nach Angeboten oder nehmen Sie die SMS-Option wahr: An gut gekennzeichneten Plätzen, sog. *Fiskerplatze*, stehen Infotafeln, die Ihnen erklären, wie Sie sich via Handy eine Fischereilizenz für einen Tag holen können (ca. NOK 30 bis NOK 60).

Ausrüstung
Kleidung
Sie werden quer durch Norwegen die verschiedensten Klima- und Vegetationszonen durchlaufen. Packen Sie also vielfältig und doch nur so viel wie gerade notwendig: Jedes halbe Kilo mehr auf dem Rücken werden Sie in den Fußsohlen, Knien und im Rücken merken. Die Devise heißt also wie bei jeder Mehrtageswanderung: So viel wie nötig und so leicht und wenig wie möglich. Sie haben immer wieder die Möglichkeit zu waschen, nehmen Sie daher Wechselkleidung (Shirts, Unterwäsche, Socken etc.) nur für etwa 3 Tage mit (natürlich je nach eigenem Vorlieben).

Packen Sie leichte Wanderkleidung für warme Tage und anstrengende Etappen ein, genauso wie wärmende Wäsche (ggf. Mütze, Handschuhe etc.) für die Etappen über die Fjells: Es kann hier sehr kalt und windig werden. Denken Sie auch an Sonnenschutz, sollten Sie empfindliche oder helle Haut haben.

Regenschutz
Regenjacke (Regenhose, Gamaschen wer mag) sowie wasserdichte Wanderschuhe sind ein Muss. Nicht nur gegen das Wasser von oben, sondern auch aufgrund der vielen matschigen, nassen und sumpfigen Stellen, die Sie überwinden müssen.

Schuhe
Die Wahl des richtigen Wanderschuhs ist jedem selbst überlassen – natürlich: Passen muss er, und eingelaufen sein. In den letzten Jahren seit der ersten Veröffentlichung dieses Wanderführers 2015 erreichten mich allerdings mehrere Nachrichten von Olavsweg-Pilgern und -Herbergen, die sich um dieses Thema drehten. Ja, Sie werden viel Asphalt unter Ihre Sohlen nehmen müssen – dafür eignen sich

weichere, niedrigere Wanderschuhe. Aber: Nichtsdestotrotz werden Sie ebenfalls auf vielen unebenen Waldpfaden unterwegs sein und im wahrsten Sinne des Wortes über Stock und Stein gehen. Hierfür eignen sich meiner Meinung nach festere Wanderstiefel mit ausgeprägtem Profil und hoher Wasserdichtigkeit. Am Ende müssen Sie sich entscheiden, welchen Kompromiss Sie mit Ihrem Schuhwerk eingehen möchten.

Schlafen und Kochen

Es gibt nicht viele Pilger, die sich mit Zelt auf den Weg machen. Es ist natürlich die – auch aufgrund des Jedermannsrechts (☞ Zelten) – günstigste und flexibelste Variante, aber: Eine komplette Campingausrüstung wiegt einiges und ein schwerer Rucksack trägt sich nicht so komfortabel, v. a. auf schwer begehbaren Wegen. Nichtsdestotrotz ist der Olavsweg mit Zelt möglich.

Auch wenn Sie nicht mit Zelt unterwegs sind, sollten Sie einen leichten Schlafsack mitnehmen. In vielen Pilgerherbergen bekommen Sie keine Bettwäsche oder müssen sich diese gegen Aufpreis leihen. Zudem sind einige Unterkünfte nicht bewirtschaftet, dort benötigen Sie auf jeden Fall eigene Bettwäsche, Laken oder eben den Schlafsack. Eine Schlafunterlage ist allerdings nicht notwendig.

Auch auf Campingkocher können Sie verzichten: Es gibt zwar mal eine Hütte ohne Kochgelegenheit, aber auf den gesamten Weg gesehen, kommt das doch selten vor – sich das zusätzliche Gewicht für Kocher und Brennstoff aufzulasten lohnt da nicht, wenn Sie auch mal ohne warme Mahlzeit am Tag auskommen. Ein kleiner Topf, Besteck, Teller und Taschenmesser haben sich aber als nützlich erwiesen, z. B. bei den Übernachtungen auf Campingplätzen.

Mückenschutz

Es ist nicht wahr, dass es in Norwegen mehr Stechmücken als im Rest Europas gibt, aber es gibt sie, v. a. wenn Sie am Wasser entlanglaufen oder im tiefen Wald stehen bleiben – sie lieben Flüsse und Seen, aber auch den Schweiß in Ihrem Gesicht. Denken Sie an Anti-Mückenmittel.

Nützliche Helfer

Der Olavsweg ist kein Spaziergang, einige Pfade sind uneben und schwer begehbar, führen schräg am Hang lang oder über Wurzeln und Steine. Für diese sowie steile Bergauf- und Bergab-Passagen lege ich Ihnen einen Wanderstock oder Trekkingstöcke ans Herz, v. a. wenn Sie nicht so trittsicher sind. Auch eine Taschen- oder Stirnlampe ist nie verkehrt, trotz der ewig langen Sommertage in

Rucksack mit Regenhülle und Wanderstock

Norwegen: Wer nachts mal auf das Plumpsklo außerhalb der Hütte muss, freut sich über Licht. Ein Solargerät hat sich am Ende meiner Olavsweg-Reise als nicht zwingend notwendig erwiesen: Es gab nur an 2-3 Tagen keinen Zugang zu Elektrizität.

Diplomatische Vertretung

Ⓓ **Botschaft der Bundesrepublik Deutschland**, Oscars gate 45, 0258 Oslo,
☎ 23 27 54 00 (Mo bis Do 8:00 bis 12:00 und 13:00 bis 15:30, Fr 8:00 bis 12:00),
✉ info@oslo.diplo.de, 🖥 www.oslo.diplo.de, 📞 Mo bis Fr 8:30 bis 11:30

Ⓐ **Österreichische Botschaft Oslo**, Thomas Heftyes gate 21, 0264 Oslo,
☎ 22 54 02 00 (Mo-Fr 9:00 bis 16:30, außer an österr. Feiertagen),
✉ oslo-ob@bmeia.gv.at, 🖥 www.bmeia.gv.at/oslo, 📞 Mo-Fr 10:00 bis 12:00

CH **Botschaft der Schweizerischen Eidgenossenschaft**, Oscars gate 29,
0352 Oslo, ☎ 22 54 23 90, ✉ osl.vertretung@eda.admin.ch,
🖥 www.eda.admin.ch/oslo. ✋ Besuche nur nach telefonischer Voranmeldung

Einkaufen

Norwegen ist deutlich teurer als Deutschland. Sie bekommen dort alles an Lebensmitteln, Ausrüstung, Medikamenten etc., was Sie benötigen könnten. Allerdings nur im direkten Umfeld der größeren Städte: Sie laufen auch durch dünn bis gar nicht besiedeltes Gebiet, wo die Einkaufsmöglichkeiten z. T. weit auseinander liegen oder es keine gibt (☞ Essen und Trinken).

Die Geschäfte bleiben wie üblich am Sonntag geschlossen, einige Supermärkte in den Großstädten wie Oslo und Trondheim haben aber auch durchgängig geöffnet. Die **Öffnungszeiten** variieren stark zwischen 7:00 und 22:00 werktags und 9:00 und 21:00 an Samstagen.

Essen und Trinken

Die Infrastruktur des Pilgerwegs ist noch nicht so ausgeprägt wie bei vielen deutschen Wanderwegen oder dem beliebten Jakobsweg: An einigen Stellen sind verhältnismäßig wenige Einkehrmöglichkeiten am Weg. In Restaurants bekommen Sie Leitungswasser normalerweise umsonst dazu (fragen Sie nach, wenn Sie es nicht automatisch gebracht bekommen).

☺ Achten Sie auf Boden und Wegrand: An vielen Stellen finden Sie essbare Walderdbeeren und Blaubeeren oder Himbeersträucher – lecker!

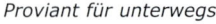
Proviant für unterwegs

Sie gehen streckenweise durch kaum oder gar nicht bewohntes Gebiet und kommen daher nicht jeden Tag an einer Einkaufsmöglichkeit vorbei. Im tiefen Wald nach Eidsvoll (☞ 5. Etappe) und im Dovrefjell (☞ 21. bis 25. Etappe) sind Sie daher dazu genötigt, Proviant für etwa 2-4 Tage mitzunehmen. Im Dovrefjell haben Sie allerdings die Möglichkeit, in den verschiedenen Unterkünften Kleinigkeiten zu kaufen oder essen zu gehen, sodass Sie im Notfall nicht darben müssen. Dafür aber tief in die Tasche greifen.

An **Wasser** wird es Ihnen nicht mangeln: Sie können das H_2O aus Quellen und der Leitung sowie aus Seen und Flüssen (Letzteres ist die bessere Wahl) trinken (Ausnahme: natürliche Gewässer direkt an Städten und Ortschaften). Sie kommen auf allen Etappen an Kirchen oder anderen Stellen vorbei, an denen Sie Ihr Wasser auffüllen können – eine Trinkflasche sollten Sie also dabeihaben.

Als typische Wanderschokolade gilt *Kvikk Lunsj*: Der Jamaika-farbene Schokoriegel schmeckt in etwa wie ein Kitkat und ist deshalb beliebt, weil er teilbar ist, sodass man ihn mit anderen Pilgern teilen kann. Aber: Es gibt auch günstigere Schokolade, die ebenfalls schmeckt und – man mag es kaum glauben – genauso mit anderen geteilt werden kann.

Als typisch norwegisch gelten Fischsuppe sowie ein dünnes, hartes Fladenbrot (*flatbrød*) und ein ähnlicher, meist süß genossener Brotfladen (*Lefse/Lefze*), der früher als Feiertags-Fladen galt. Es gibt da viele verschiedene Rezepte, von Familie zu Familie und von Region zu Region unterschiedlich: In Trøndelag bekam ich ihn aus einer Art Sauerrahm-Teig und mit einem Zuckerbutter-Gemisch gefüllt. Beliebt sind auch weiche Fladen aus Kartoffelteig.

Wer mutig ist, probiert diese gewöhnungsbedürftige Kreation aus Rennebu: Fischpudding wird in einen Pfannkuchen gefüllt, dazu kommen Kartoffeln und geraspelte Karotten, getoppt mit zerlassener Butter – wohl bekomm's!

Geld

Landeswährung ist die **Norwegische Krone (NOK)**.
Wechselkurs 02. Februar 2018:
▷ 1 EUR = 9,65 NOK
▷ 1 CHF = 8,39 NOK

In einigen Unterkünften ist keine Zahlung mit ausländischen Kredit- oder EC-Karten möglich. In manchen unbewirtschafteten Übernachtungsmöglichkeiten müssen Sie den verlangten Betrag auch auf Vertrauensbasis hinterlegen. Haben Sie also immer **genügend Bargeld** bei sich, auch weil Sie manchmal erst nach einigen Tagen wieder an einen Geldautomaten oder an eine Bank kommen.

Das Nationale Pilgerzentrum empfiehlt, eine Summe von ungefähr NOK 3.000 (ca. € 330) bei sich zu tragen. Von einigen Pilgern, die in der Saison

2017 unterwegs waren, habe ich die Rückmeldung erhalten, dass eine größere Summe empfehlenswert wäre, da die Preise in den letzten drei Jahren noch einmal angezogen haben. Die Pilgerzentren empfehlen aber weiterhin NOK 3.000 und raten, mit ungefähr NOK 400 pro Tag für Unterkunft, Essen und gelegentliche „Notfälle" zu rechnen. Dazu geben sie folgende hilfreiche Informationen weiter:

▷ Wenn Sie in Oslo starten, benötigen Sie für ca. 4 Tage Bargeld. Geldautomaten befinden sich dann in Hamar, Brumunddal und Moelv.
▷ Im Gudbrandsdalen befinden sich Geldautomaten in Lillehammer, Fåvang, Ringebu, Sør-Fron, Kvam und Otta.
▷ Die meisten Unterkünfte im Dovrefjell bis nach Oppdal akzeptieren Kreditkarten.
▷ Von Oppdal nach Meldal und von Meldal nach Trondheim benötigen Sie etwas mehr Bargeld, da kaum die Möglichkeit zum Geldabheben besteht.

Gepäcktransport

Wenn Sie einen Gepäcktransport wünschen, müssen Sie diesen im Voraus planen und bei den von Ihnen gedachten Herbergen anfragen. Dabei können ggf. auch die regionalen Pilgercenter behilflich sein.

Informationen

⊙ Das **Nationale Pilgercenter** ist offizieller Ansprechpartner für alle Olavswege.
▷ **Nasjonalt pilgrimssenter**, Kjøpmannsgata 1, 7013 Trondheim, ☏ 73 52 50 00, ✉ post@pilegrimsleden.no, 🖥 www.pilegrimsgarden.no/de, weitere Infos ☞ Nidaros Pilegrimsgård (32. Etappe)
▷ Die kompetenten Mitarbeiter werden Ihnen im Vorfeld und vor Ort gerne jede Frage beantworten.
▷ Auf der offiziellen und übersichtlichen, auch deutschsprachigen Website 🖥 www.pilegrimsleden.no/de finden Sie viele nützliche Informationen zu den verschiedenen Olavswegen und zur Tourvorbereitung (z. B. Packlisten und Karten zum Ausdrucken) sowie aktuelle Hinweise, Warnungen und einen Tourenplaner.

✋ Mein Tipp bei der Benutzung des (hilfreichen) Tourenplaners: Nutzen Sie die norwegische Version, um sich Informationen zu den Herbergen anzeigen zu lassen. In den übersetzten Seiten auf Deutsch und Englisch sind weniger Einträge zu finden.

⊙ **Regionale Pilgerzentren**
▷ **Pilegrimssenter Oslo**, Akersbakken 30, 0172 Oslo, ☏ 48 05 29 49,
✉ oslo.pilegrimsleden@icloud.com, 🖥 www.oslo.pilegrimsleden.no, 🕔 Mo bis Fr 9:00 bis 15:30, außerhalb der Hauptsaison und der Öffnungszeiten können Sie per E-Mail einen Termin mit dem Pilgercenter ausmachen, ☎ Mo bis Fr 10:00 bis 15:00
▷ **Pilegrimssenter Hamar**, Storhamargata 125, 2315 Hamar, ☏ 47 47 82 66,
✉ hamar@pilegrim.info, 🖥 www.hamar.pilegrimsleden.no,
🕔 8. Juni bis 15. August: täglich 9:00 bis 18:00, außerhalb der Saison: Mo bis Fr 9:00 bis 16:00 und nach Vereinbarung
▷ **Pilegrimssenter Dale-Gudbrands Gard**, Hundorpgeilen, 2647 Sør-Fron,
☏ 45 60 46 08, ✉ pilegrim@gudbrandsdalsmusea.no,
🖥 www.gudbrandsdalen.pilegrimsleden.no, 🕔 Juni bis September: täglich 8:00 bis 18:00, September bis Mai: Mo bis Fr 8:00 bis 16:00 (Büro nicht durchgehend besetzt).
ℹ Telefonisch auch außerhalb der Öffnungszeiten erreichbar (Mai bis Oktober 24/7).
▷ **Pilegrimssenter Dovrefjell**, Hjerkinnhusveien 33, 2661 Hjerkinnhus,
☏ 92 48 31 47, ✉ hajada@online.no, 🖥 www.dovrefjell.pilegrimsleden.no,
🕔 Mitte Juni bis August: täglich 9:00 bis 11:00, 16:00 bis 19:00

ℹ **Offizielle Reiseinfos für Norwegen** von Visit Norway: 🖥 www.visitnorway.de

ℹ **Weiterführende Informationen** zum Olavsweg, zu Unterkunftsmöglichkeiten und mehr: Pilgergemeinschaft St. Jakob: 🖥 www.pilegrim.no

Kirchen

Die Problematik der Kirchenöffnungszeiten kam auf meinem Weg nach Nidaros nicht selten zur Sprache. Immer wieder berichteten Pilger und Herbergseltern, dass Olavsweg-Wanderer zu oft vor verschlossenen Türen stünden. Auch ich musste an einigen geschlossenen Kirchen vorbeigehen. An manchen finden sich aber die Kontaktdaten einer Person angeschlagen, die Ihnen möglicherweise einen Blick hinein ermöglichen kann.

Viele Kirchen haben nur eingeschränkte Öffnungszeiten, wenn überhaupt: Manchmal war weder vor Ort noch im Nachhinein herauszufinden, ob eine Kirche oder Kapelle für Besucher offen steht oder wann. Wer schon auf dem Jakobsweg nach Santiago de Compostella gepilgert ist, darf solch eine Struktur auf dem Olavsweg nicht erwarten! Es gibt nur sehr wenige Andachten oder Gottesdienste speziell für Nidaros-Pilger.

☺ Die Kirchen eignen sich bestens zur Rast und zum Auffüllen von Wasser, meistens gibt es dazu ein Besucher-WC. Wenn ich jemanden angetroffen habe, wurde mir ein Blick hinein nie verwehrt, meist gab es dann noch Informationen zur Kirche umsonst dazu.

☺ Informationen zu Bau und Geschichte sowie Kontaktdaten fast aller norwegischen Kirchen finden Sie unter 🖳 www.kirkesok.no (Kirchenname im Suchfenster eingeben).

Meldal kirke (29. Etappe)

Klima und Reisezeit

Die Hauptwandersaison in Norwegen geht vom **1. Juni bis zum 1. September** – ich habe meine Aktualisierungswanderung 2017 allerdings auch Anfang Oktober machen können. Außerhalb der Hauptsaison sind die Wetterverhältnisse, v. a. in den Fjells, allerdings schwieriger und es haben weniger Pilgerunterkünfte geöffnet. Sie irren aber, wenn Sie aufgrund der nördlichen Lage Norwegens sofort an Kälte und Dauerregen denken: Es kann im Sommer auch heiß werden – ich erlebte

2014 auf Fokstugu, im Hochgebirge auf 1.000 m Höhe, den Rekordwärmetag mit 29,7°C! Normalerweise herrscht hier eine Durchschnittstemperatur von 8°C im Juli. Sie merken also, alles ist möglich.

Von Ende Juni bis Anfang August sind die Tage am wärmsten (bis zu 25 bis 30°C), hellsten und längsten: Sie können so sehr früh am Morgen losgehen, in der Mittagshitze Pause machen und bis spät in den Abend wandern – bis ca. 23:00 lässt sich im Juli noch wunderbar sehen. Dazu haben Sie im Juli und Juni, im August langsam steigend, eine niedrige Regenwahrscheinlich- und geringe Luftfeuchtigkeit.

✋ Sollten die Fjells aufgrund der Schneeverhältnisse nicht passierbar sein, wird das auf der Homepage des Olavswegs gemeldet (☞ Informationen). Wetterbericht für das Dovrefjell 🖥 www.yr.no/sted/Norge/Oppland/Dovre/Dovrefjell.

Landkarten, GPS-Track und Literatur

▷ Zusätzlich zu den Karten in diesem Wanderführer empfehle ich für den **Weg aus Oslo heraus bis Stovner** (kurz vor Skjetten ☞ 1. Etappe) den kostenlosen regionalen Guide (detaillierte Karten und Infos zu Sehenswürdigkeiten) des Pilgercenters in Oslo (☞ Informationen). Entweder vor Ort abholen oder ausdrucken unter 🖥 www.oslo.pilegrimsleden.no/en/localmaps-pilgrimspass.

▷ Wer es gerne detaillierter mag: **Etappenkarten vom gesamten Gudbrandsdalsweg** stehen auch auf der offiziellen Olavswege-Webseite zum Download und Ausdrucken bereit. 🖥 www.pilegrimsleden.no/de/map/print.

Sie können den **GPS-Track** zu dem beschriebenen Weg von der Internetseite des Verlags herunterladen: 🖥 www.conrad-stein-verlag.de.

▷ **Weiterführende Literatur**
📖 Weyer, Helfried und Renate: Olavsweg – Pilgern in Norwegen. Tecklenborg Verlag, terra NaturReiseführer, ISBN 978-3-939172-98-7, € 22,80. Ausführlicher Pilgerbegleiter für Ost- und Westweg.
♦ Lohse, Bernd: Der Olavsweg – Pilgerführer von Hamar nach Trondheim. Lutherisches Verlagshaus, ISBN 978-3-87503-150-8, € 12,95. Der Pilgerpapst aus Hamburg ergänzt Wegbeschreibung und Kartenmaterial mit spezifischen Gebeten und Gedanken für Pilger.

Land und Leute

Das Nicht-EU-Land (Staatsform: Konstitutionelle Monarchie mit parlamentarischen Zügen) hat knapp 5,3 Mio. Einwohner, die sich in dem ca. 385 qm² großen Land in der Hauptstadt Oslo (ca. 667.000) und dessen Einzugsgebiet (ca. 1,5 Mio. Einwohner) ballen (Stand: Januar 2017). Bekannt ist das skandinavische Land aber für die zerklüfteten Küsten und weiten Landschaften, die kaum oder gar nicht besiedelt sind und von der ursprünglichen, wilden Naturschönheit leben, die Wanderer suchen. Bei Urlaubern beliebt sind die beiden F's: Fjells und Fjorde.

Die Menschen, dir mir auf der Pilgerreise begegnet sind, waren nicht so unterkühlt, wie es den Völkern Nordeuropas gerne nachgesagt wird. Stets grüßten sie oder schenkten mir beim Vorbeilaufen oder -fahren ein Lächeln. Und da fast jeder Norweger gutes Englisch spricht, wurde ich häufig gefragt, woher ich komme und wohin ich gehe. Auch traf ich stets auf Hilfsbereitschaft: Busfahrer setzten mich 2017 genau an der Stelle ab, an die ich wollte, 2014 gaben mir Camper an einer Motorrennstrecke Wasser, ein norwegischer Priester in einem Café seinen Segen.

Während meiner Reise erhielt ich außerdem den Eindruck, dass die Norweger – v. a. in den dünn besiedelten Gegenden – ein Volk von *Do-it-yourself*-Männer und -Frauen sind: Ständig sah ich jemanden an seinem Haus bauen, den Zaun reparieren, den Garten oder das Feld beackern oder am Auto herumschrauben.

Geschichte und Religion

Wer kennt sie nicht, die nordischen Erzählungen über plündernde und brutale Wikinger, die mit ihren typischen Langbooten durch Europa fuhren und sich alles unter den Nagel rissen, was nicht niet- und nagelfest war. Sie waren aber nicht nur Seefahrer und Krieger, sondern auch Händler und Handwerker, die sich auf ihr Kunsthandwerk (Metall und Holz) und auf Verhandlungen verstanden. Schließlich wussten sie die Wasserwege für Transport und ihre Geschäfte zu nutzen, da die mittelalterlichen Bedingungen für Landwirtschaft nicht gut waren. Während des 11. Jh. schwächten sich die verschiedenen Stämme gegenseitig, während andere europäische Länder an Macht gewannen.

Etwa zur gleichen Zeit verloren die Stammeskulturen, regional stark unterschiedlich und v. a. durch rituelle Handlungen geprägt, an Bedeutung. Als Wendepunkt gilt die Schlacht von Stiklestad im Jahre 1030, in der Olav der Heilige fiel und die Christianisierung Norwegens ihren endgültigen Lauf nahm. Doch der Katholizismus war nach der Reformation durch Luther 1537 strengstens verboten und so gehören heute, auch wenn das Verbot 1843 aufgehoben wurde, etwa ein Drittel der Bevölkerung der evangelisch-lutherischen Kirche an.

Notruf

Feuerwehr: 110
Polizei: 112
Notarzt: 113

Die Notruf-Nummer 112 für die Polizei gilt auch für Notfälle in den Bergen.

Pilgerpass und Olavsbrief
Der Pilgerpass

▷ Für den Pilgerpass (*pilegrimspass*) finden Sie in den meisten Kirchen, den Pilgerzentren und in allen Herbergen Stempel. So haben Sie am Ende Ihrer Pilgerreise eine Dokumentation und schöne Erinnerung an die Orte, die Sie auf Ihrem Weg besucht haben. Dazu erhalten Sie mit dem Pilgerpass freien Eintritt in manch kostenpflichtige Kirche, z. B. in Hamar, Ringebu und in die Nidaros-Kathedrale.

▷ Den Pilgerpass können Sie für NOK 50 in den regionalen Pilgerzentren (Informationen) und an den folgenden Stellen in Oslo kaufen:

- **Pilegrimssenter Oslo** Informationen
- **Oslo Kathedrale**, Karl Johansgate 11, 0154 Oslo, ☏ 23 62 90 10,
  post.domkirken.oslo@kirken.no, www.oslodomkirke.no, Mo bis Do, Sa und So: 10:00 bis 16:00, Fr: Mitternachtskirche von 16:00 bis 6:00
- **Diozöse Oslo**, St. Hallvards plass 3, 0192 Oslo, Eingang von Egedes gate, ☏ 23 30 11 60, Mo bis Fr 9:00 bis 15:00

▷ Es besteht die Möglichkeit, den Pilgerausweis bereits in Deutschland zu bestellen und sich zuschicken zu lassen (€ 10):

- **Pilgerpastor Bernd Lohse**, Hauptkirche St. Jacobi, Jakobikirchhof 22, 20095 Hamburg, ☏ 040 30 37 37 13, lohse@jacobus.de
- **Helfried und Renate Weyer**, Eckdahl 38, 21614 Buxtehude, ☏ 041 61 71 30 25, weyer@helfried-weyer.de, www.olavsweg.de (Bestellformular)

Der Olavsbrief

Den Olavsbrief (*Olavsbrevet*) erhält jeder Pilger geschenkt, der die letzten 100 km nach Trondheim gelaufen ist und dies anhand des Pilgerpass nachweisen kann. Auf dem Gudbrandsdalsleden ist Berkåk in Rennebu (☞ 27. Etappe) der 100-km-Punkt. Den Olavsbrief erhalten Sie im Pilgerzentrum Nidaros (☞ Informationen).

Telefon, Mobilfunk und Internet

- ☏ Vorwahl Norwegen: 00 47
- ♦ Gespräche nach Deutschland: 00 49
- ♦ Gespräche nach Österreich: 00 43
- ♦ Gespräche in die Schweiz: 00 41

Wenn Sie die Landesvorwahl wählen, lassen Sie in der folgenden Telefonnummer die erste Null in der Ortsvorwahl weg. Gespräche nach Norwegen, aus Norwegen heraus oder innerhalb des Landes verursachen üblicherweise Mehrkosten.

📱 Auch wenn Norwegen grundsätzlich über eine gute Abdeckung durch Mobilfunknetze verfügt, werden Sie auf einigen Etappen **nur schwachen oder keinen Empfang** haben. Dies ist v. a. in den Fjells (z. B. in Ryphusan) und den tiefen Wäldern (z. B. nach Eidsvoll) der Fall. Die Notrufnummer 112 funktioniert aber auch, wenn Sie keinen Empfang haben.

@ Außerhalb der Großstädte kommen Sie nicht an Internetcafés vorbei. Die Netzabdeckung unterliegt derselben Problematik wie der Mobilfunk.

Unterkunft

🛈 Liste aller Übernachtungsmöglichkeiten
  💻 www.pilegrimsleden.no/de/plan/overnattingssteder

Bedenken Sie, dass der Olavsweg erst seit etwa 2010 (Deklarierung zum Europäischen Kulturweg) wieder an Aufschwung gewonnen hat. **Die Infrastruktur ist nicht zwingend mit anderen Pilgerwegen vergleichbar**, hat sich aber in den letzten Jahren stetig verbessert. Trotzdem werden Sie nicht alle 10 km zu einer Übernachtungsmöglichkeit gelangen. An einigen Tagen müssen Sie sich (wenn Sie nicht mit dem Zelt unterwegs sind) dann zwischen einer kurzen Etappe um die 15 km und einer langen Etappe von 25 bis 30 km entscheiden. Bei 660 km für den gesamten Weg sollte man sich das gut überlegen.

In den letzten Jahren sind viele **Herbergen extra für Olavsweg-Pilger** entstanden. Diese sind meist nicht nur die kostengünstigsten (von der gratis Übernachtung bis NOK 300, ca. € 32), sondern auch die authentischsten Unterkünfte mit dem meisten Charme: Sie werden immer wieder Herbergen in mittelalterlichen Bauernhöfen oder im *stabbur* finden, dem norwegischen Lagerhaus.

Allerdings müssen Sie bei einigen dann auch auf Komfort verzichten: Ein kleines, mittelalterliches Holzbett oder eine Matratze auf dem Boden des Schlafraums stehen für die Nacht bereit, der mitgebrachte Schlafsack ist oft zwingend notwendig. Auch gibt es an ein paar (wenigen) Stellen nur die Möglichkeit, in einer einfachen Hütte ohne Elektrizität, fließend Wasser oder Bad zu übernachten.

✋ Eine Bitte dazu gleich vorneweg: Im Interesse aller Olavsweg-Pilgerer möchte ich darauf aufmerksam machen, dass die **unbemannten Selbstversorger-Unterkünfte** sauber zu hinterlassen sind.

Einfaches Pilgerrefugium

An anderen Orten müssen Sie in einem von den verhältnismäßig teuren **Hotels oder Pensionen** (von NOK 400 bis 700, ca. € 42 bis 75) absteigen, wenn Sie nicht sehr lange Etappen auf sich nehmen oder Strecken mit Bus, Bahn oder Schiff überbrücken wollen. Achten Sie darauf, ob es extra Preise für Pilger gibt, auch bei den **Hütten der Campingplätze**. Letztere unterscheiden sich preislich sehr, je nachdem ob Sie allein oder mit anderen Pilgern unterwegs sind (Preis pro Hütte, nicht pro Pers.).

In großen Städten (Oslo, Hamar, Lillehammer, Trondheim) ist die Auswahl an Übernachtungsmöglichkeiten natürlich sehr viel größer. **Wildcamping** ☞ Zelten.

Updates

Der Conrad Stein Verlag veröffentlicht Updates zu diesem Buch, die direkt von der Autorin oder von Lesern dieses Buches stammen. Sie finden diese auf der Verlagshomepage 💻 www.conrad-stein-verlag.de. Der links abgebildete QR-Code führt Sie direkt dorthin.

Verkehrsmittel am Weg

Es gibt ein gut ausgebautes Netz an öffentlichen Verkehrsmitteln von Oslo nach Trondheim – aber spontan ist es, v. a. in den abgeschiedenen Gegenden außerhalb von Oslo, Hamar, Lillehammer und Trondheim, nur schwer zu nutzen. Es gibt dort nicht so regelmäßige Verbindungen wie aus der Heimat gewohnt, am Wochenende noch seltener. Dies ist v. a. um das Dovrefjell herum, aber auch im Gudbrandsdal der Fall, wo die Herbergen zudem oft nicht in oder an einer Ortschaft liegen.

Auch die Nah- und Fernverkehrszüge von Oslo und Trondheim haben samstags und v. a. sonntags ausgedünnte Fahrpläne. Nichtsdestotrotz besteht zwischen den beiden Städten die Möglichkeit, mit Zug oder Fernbus Strecken zurückzulegen.

✋ Gute Fahrplanauskunft (fast überall auf der Strecke Oslo – Trondheim) 💻 www.ruter.no

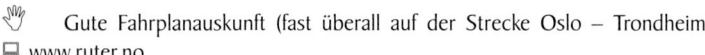 Zugverkehr

🛈 **Norwegische Eisenbahn NSB**, Call Center ☎ 81 50 08 88 (-9 für Informationen in englischer Sprache), 💻 www.nsb.no/en (in Englisch)

🚂 Die **Dovrebahn der NSB** verkehrt 6x täglich (am Wochenende seltener) zwischen Oslo und Trondheim (ca. 7 Std.). Abfahrtszeiten und Preise entnehmen Sie der Webseite 💻 www.nsb.no/en/our-destinations/our-regional-railway-lines/dovrerailway.

▷ Sie hält an folgenden Bahnhöfen, an denen Sie direkt oder in unmittelbarer Nähe vorbeikommen: Oslo S, Oslo Lufthavn Gardermoen, Hamar, Lillehammer, Hunderfossen (ca. 3 km, andere Flussseite), Ringebu, Vinstra (ca. 1,7 km), Otta, Dombås (ca. 6 km), Hjerkinn (je nach Routenwahl mit Umweg), Kongsvoll, Oppdal, Berkåk (ca. 3 km), Trondheim S.

🚌 Busverkehr

Es gibt deutlich mehr Bushaltestellen als Bahnhöfe, v. a. entlang der E6 finden Sie viele Busstopps.

✋ Nur selten entdeckte ich an einer Bushaltestelle einen ausgehängten Fahrplan: Wenn Sie ohne mobiles Internet unterwegs sind, den Bus aber als Notfalloption, z. B. auf langen Etappen, nutzen möchten, sollten Sie sich vorher nach Verbindungen erkundigen.

✋ Gerade in den ländlichen Gegenden gibt es nur seltene, unregelmäßige Busverbindungen pro Tag.

🚌 **Lavprisekspressen**: Fernbus Oslo – Trondheim mit vielen Haltestellen an der E6

▷ Fester Halt zwischen den beiden Städten nur in Kvam, alle anderen Haltestellen müssen bei der Ticketbuchung angemeldet werden.

▷ Verkehrt mehrmals täglich, die Abfahrtszeiten variieren nach Saison und Tag: 💻 www.lavprisekspressen.no.

▷ Fernbusse von Nor-Way Bussekspress, ☎ 81 54 44 44, ✉ ruteinformasjon@nor-way.no, 💻 www.nor-way.no

🚌 **Lokalbusse in den Provinzen** (*fylken*)
▷ Oslo und Akershus 💻 www.ruter.no
▷ Oppland 💻 www.opplandstrafikk.no
▷ Sør-Trøndelag (Auskünfte ab Oppdal bis Trondheim), 💻 www.atb.no

🚢 Schiffverkehr

Über den See Mjøsa fährt der Raddampfer Skibladner (☞ 5. Etappe). Mit dem historischen Schiff können Sie von Eidsvoll nach Hamar, Lillehammer oder Moelv fahren. Einige Pilger umgehen gerne die Strecke nach Eidsvoll durch den Wald (einfache Unterkunft und wenig Einkaufsmöglichkeiten) und die Landstraßen-Abschnitte bis Hamar (☞ 5. bis 8. Etappe).

▷ **Skibladner**, 🖳 www.skibladner.no

Die Fahrt mit einem der elf Hurtigruten-Schiffe, die täglich zwischen Bergen im Süden und Kirkenes im Norden verkehren, ist wohl der Norwegenurlaub-Klassiker: Die Postschiffe halten an 34 Häfen entlang der Westküste, u.a. in Trondheim. Wollen Sie von dort heimfliegen, machen Sie eine Rund-Reise, Sie können aber auch Richtung Bergen fahren, das nur 50 Flugminuten von Oslo entfernt liegt.

▷ **Hurtigruten**, 🖳 www.hurtigruten.com

Wegmarkierungen

Wegmarkierungen: Symbole

Das Hauptsymbol ist das **Olavswegkreuz** (meist rot auf weißem oder schwarz auf rotem Hintergrund). Es ist an Bäumen, Leitplanken, Zäunen u. v. m. angebracht, findet sich als Holzstück, Aufkleber und Blechschild – eine vielfältige Wegmarkierung also, z. T. mit Pfeilen als Richtungsweiser. Zusätzlich zu den Schildern findet sich das Zeichen auf Holzpfosten, den **Olavswegpfosten**. Steht er am Ort einer Sehenswürdigkeit, finden Sie deren Namen darunter. An manchen Stellen dienen auch nur am oberen Ende rot angestrichene Holzpfähle als Wegweiser.

Typische rote Wegweiser

Neben dem Olavswegkreuz finden Sie an einigen wenigen Stellen noch andere Hilfszeichen, z. B. bunte **Pfeile** auf Baumrinden, die den Weg weisen. Auf Teilstrecken, auf denen der Olavsleden auf anderen Wanderwegen oder

Meilenstein mit Olavswegkreuz

Neue grüne Schilder

historischen Straßen verläuft, helfen zusätzlich regionale Wegesymbole (z. B. die Krone des *Gamle Kongevegen* im Dovrefjell).

Schön sind die großen, kaum übersehbaren Hinweisschilder „pilegrimsleden" oder „pilegrimsleia" (*Pilgerweg*), meistens in weißer Schrift auf blauem Hintergrund. Besonders gefallen auch die **Meilensteine**, die sich in unregelmäßigen Abständen am Olavsweg finden und die Entfernung bis Trondheim bzw. Nidaros anzeigen – allerdings sollten Sie den Angaben nicht immer Glauben schenken. Die Kilometer entsprechen meist nicht dem tatsächlichen Abstand.

In der Pilgersaison 2017 wurde damit begonnen und bis 2018 soll es abgeschlossen sein, neue Schilder entlang des gesamten Weges aufzustellen. Diese Schilder ähneln nun dem, was Wanderer aus Deutschland und dem Alpenraum kennen: Auf den grünen, pfeilförmigen Schildern sind die nächsten Orte oder auch die nächste Pilgerherberge samt Kilometerangabe zu finden.

Wegmarkierung: Gut gekennzeichnet?

Musste ich die Markierung des Wegs 2014 noch als „z. T. verbesserungswürdig" beschreiben, trifft dies 2017 nicht mehr zu: In den letzten drei Jahren haben das nationale und die regionalen Pilgercenter viel für die Verbesserung getan – mancherorts sogar etwas zu viel (z. B. auf der letzten Etappe), wie mir einige Pilger zutrugen und wie ich es auch selbst an ein paar wenigen Stellen erlebte. Am ehesten hatte ich in den größeren Städten Probleme, den Weg zu finden, was ich v. a. der Flut an Informationen in diesen Umfeldern sowie den Baustellen zurechne. Wetter- und jahreszeitlich bedingt kann es natürlich immer mal zu Schwierigkeiten wie zugewachsenen Schildern, umgestürzten Pfosten u. Ä. kommen.

Trotz der Verbesserungen in den letzten Jahren sind Karten unabkömmlich. So muss man ab und an auch einmal suchen, um das nächste Zeichen zu finden – und das gehört zu so einer äußeren und inneren Wegefindung doch auch dazu, oder was meinen Sie?

Schon jetzt können Sie sich auf Etappen freuen, auf denen die Wegefindung problemlos und die Markierung hervorragend ist, z. B. im Dovrefjell. Und auch an den Stellen, an denen die Kennzeichnung nicht ausreichend ist, werden Sie den Weg mithilfe der Karten und Hinweise in diesem Buch finden. Es ist zudem damit zu rechnen, dass die Kennzeichnung in den nächsten Jahren weiterhin immer besser wird.

Zelten

In Norwegen gilt seit 1957 das **Jedermannsrecht** (*Allemannsretten*), das jedem erlaubt, die Natur als Aufenthaltsort frei zu nutzen, also auch darin zu zelten – aber nur mit der nötigen Rücksichtnahme auf Mensch, Tier und Pflanzen. Bezogen auf Wildcamping bedeutet das:

▷ Sie zelten auf eigene Gefahr: Achten Sie auf Jagd- und Schutzzonen, beachten Sie Wettervorhersagen.
▷ Schlagen Sie Ihr Zelt in der freien Landschaft auf, d. h. min. 150 m vom nächsten Haus entfernt und nicht auf landwirtschaftlich genutzten Flächen, außer Sie haben die Einwilligung des Eigentümers oder Pächters.
▷ Bleiben Sie nicht länger als zwei Tage an einem Ort.
▷ Offenes Feuer ist vom 15. April bis 15. September verboten.
▷ Verlassen Sie Ihren Zeltplatz so, wie Sie in vorgefunden haben – sauber.

ℹ **Campinggas** dürfen Sie nicht im Flugzeug transportieren. In Oslo können Sie Campingausrüstung in den Sportgeschäften Intersport, G-Sport, Anton Sport und XXL erwerben.

Der Olavsweg in 32 Etappen

Olavswegpfahl

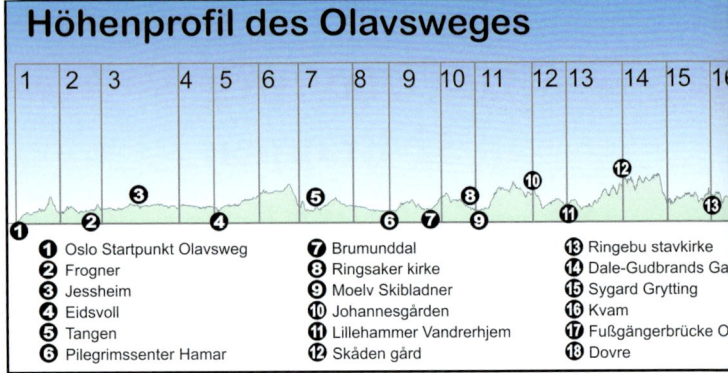

1. Etappe:
Oslo Meilenstein – Aaraas Pilegrimsherberge

➲ 18,1 km, ⌛ ca. 4 Std. 35 Min., ↑ 457 m, ↓ 349 m, ⇧ 18-324 m

0,0 km	⇧ 17 m	Hallvardskatedralen ⌘
2,1 km	⇧ 85 m	Nitedal fyrstikfabrik 🏭 ✕ ■
4,0 km	⇧ 121 m	Østre Aker kirke ✝
9,2 km	⇧ 167 m	Furuset kirke ✝
11,0 km	⇧ 143 m	Haugenstua stasjon 🚊 🚌
14,1 km	⇧ 323 m	Gjelleråsen ⛺
18,1 km	⇧ 128 m	Aaraas Pilegrimsherberge ⌂ 🏠

Es geht los! Allerdings ist der Weg aus Oslo heraus nicht der schönste. Es erwarten Sie Industrie, Kreisel und Verkehr, an einigen Stellen müssen die E6 und andere stark befahrene Straßen überquert oder unterlaufen werden. Die ersten Kilometer gehen daher v. a. aufgrund des Asphalts in die Knochen. Natur und Höhenmeter erwarten Sie dann aber doch noch im Gebiet Gjelleråsen und am Ende die wohlverdiente Erholung in einer wunderschönen Pilgerunterkunft.

Oslo  0010-1295

🛈 **Oslo Visitor Centre** im Gebäude Østbanehallen neben dem Hauptbahnhof,
☎ 81 53 05 55 (Mo bis Fr 9:00 bis 16:00), ✉ info@visitoslo.com,
🖥 www.visitoslo.com, 📅 Mai bis September: Mo bis So 9:00 bis 18:00

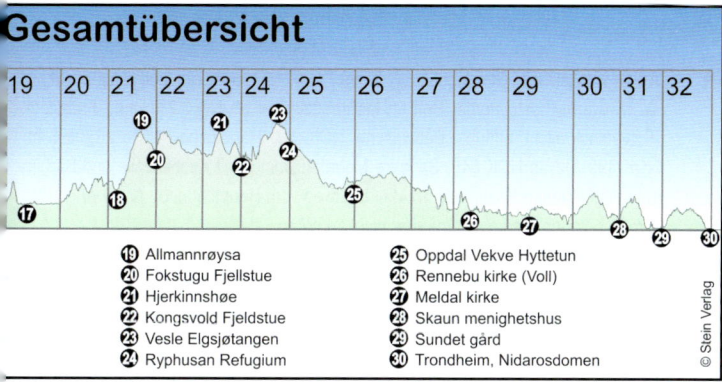

Gesamtübersicht

- ⑲ Allmannrøysa
- ⑳ Fokstugu Fjellstue
- ㉑ Hjerkinnshøe
- ㉒ Kongsvold Fjellstue
- ㉓ Vesle Elgsjøtangen
- ㉔ Ryphusan Refugium
- ㉕ Oppdal Vekve Hyttetun
- ㉖ Rennebu kirke (Voll)
- ㉗ Meldal kirke
- ㉘ Skaun menighetshus
- ㉙ Sundet gård
- ㉚ Trondheim, Nidarosdomen

🚌🚐🚕⛴ 💻 www.ruter.no (☞ Reise-Infos von A bis Z, Verkehrsmittel)

Airport Express Train, einfache Fahrt NOK 180, 22 Min. bis Hauptbahnhof Oslo S (Verbindung besteht alle 10-20 Min.), 💻 www.flytoget.no

Nahverkehrszüge, Linien R10 (Drammen), R11 (Skien/Larvik) und L12 (Kongsberg), einfache Fahrt NOK 93, 22-23 Min. bis Hauptbahnhof Oslo S, 💻 www.nsb.no

Flybussen, einfache Fahrt NOK 160, 50 Min. bis Busterminal, 💻 www.flybussen.no

Norgestaxi, ☏ 08000, 73 92 49 00, Flytaxi: bei Vorbuchung Festpreis Flughafen – Hauptbahnhof tagsüber NOK 749, nachts NOK 949 (am Wochenende NOK 150 extra), 💻 www.norgestaxi.no

Oslo-Gardermoen, 💻 www.osl.no

Pilegrimsenter Oslo, ☞ Informationen,

▷ 🍴 **Café**: 🕘 Mo bis Fr 10:00 bis 15:00

▷ **Tägliches Mittagsgebet** (Hauptsaison) von 11:00 bis ca. 11:20 in der ✝ Gamle Aker kirke, ca. 50 m vom Pilgercenter entfernt. Das Zentrum bleibt während dieser Zeit geschlossen.

☺ Das Pilgercenter kann Sie mit allen Wegekarten für beide Olavsweg-Varianten (Ost und West) ausrüsten (allerdings nur grobe Übersichtskarten). Hilfreich ist die detaillierte Karte von Oslo bzw. aus Oslo hinaus. Sie können sich hier über mögliche Schwierigkeiten oder Änderungen auf dem Weg informieren, bezüglich nötiger Ausrüstung beraten lassen und den **Pilgerpass** kaufen (☞ Reise-Infos von A bis Z, Pilgerpass und Olavsbrief).

🏠 **Oslo Vandrerhjem Haraldsheim**, Haraldsheimveien 4, ☏ 22 22 29 65, ✉ oslo.haraldsheim@hihostels.no, 💻 www.haraldsheim.no, Bett im Mehrbettzimmer ab NOK 290, EZ ab NOK 560, DZ ab NOK 700, Preise inkl. Frühstück, Bettwäsche, Handtücher, WLAN

- **Anker Hostel** Oslo, Storgata 55, ☎ 22 99 72 00, ✉ bookinghostel@anker.oslo.no, 🖥 www.ankerhostel.no/de, Bett im Mehrbettzimmer ab NOK 234 ohne Frühstück (Schlafsack nicht erlaubt, Bettwäsche NOK 50, Handtücher NOK 20), EZ ab NOK 495, DZ ab NOK 648. Saubere Mehrbettzimmer mit Küchenzeile und Bad im zentral gelegenen Hostel, ca. 15 Min. Laufweg vom Hauptbahnhof. An einer großen Straße gelegen, Verkehrslärm aber nicht zu hören.
- **Perminalen Hotel**, Øvre Slottsgate 2, ☎ 24 00 55 00, ✉ post.perminalen@iss.no, 🖥 www.perminalen.no, Bett im Mehrbettzimmer ab NOK 425 (Handtücher NOK 25), DZ ab NOK 960, Preise inkl. Frühstück und Bettwäsche. Alle Zimmer des zentral gelegenen Backpackerhotels haben ein eigenes Bad, ca. 10 Min. Laufweg vom Hauptbahnhof
- **Ekeberg Camping**, Ekebergveien 65, ☎ 22 19 85 68, ✉ post@ekebergcamping.no, 🖥 www.ekebergcamping.no, 🕐 Mai/Juni bis 1. September, Zelt NOK 220 (inkl. 2 Pers.), City-Campingplatz
- **Bunnpris Grønland Basar**, Tøyengata 2, 🕐 24 Std. 7 Tage die Woche
- **Kiwi**, Thorvald Meyersgata 11, 🕐 Mo bis Sa 7:00 bis 23:00, So 9:00 bis 23:00
- **Rema 1000**, Universitetsgata 7, 🕐 Mo bis Fr 6:00 bis 23:00, Sa 10:00 bis 20:00
- **Minneparken / Hallvardskatedralen**, St. Hallvards plass, ☎ 22 19 44 68, ✉ oslo.ladegard@kul.oslo.kommune.no, 🖥 www.osloladegard.no (Oslo ladegård ist ein Barockhof aus den 1720er-Jahren gegenüber dem Park mit Führungen inkl. Ruinenpark), 🕐 Park frei zugänglich. Im Gedächtnispark Minneparken finden sich u.a. die Ruinen der im frühen 12. Jh. gebauten Kathedrale, die nach einem der wichtigsten mittelalterlichen Heiligen in Norwegen benannt ist. Hallvard Vebjørnsson ist heute noch der Patron Oslos. Da die St.-Hallvard-Kathedrale eine sehr wichtige Rolle in der Wallfahrtsgeschichte des Landes einnimmt, wurde beschlossen, den Startpunkt des Olavswegs 2016 in den Ruinenpark zu verlegen, um den Pilgerweg noch authentischer zu machen.
- **Oslo Domkirken**, Karl Johans gate 11, ☎ 23 62 90 10, ✉ post.domkirken.oslo@kirken.no, 🖥 www.oslodomkirke.no, 🕐 Mo bis Do, Sa und So: 10:00 bis 16:00, Fr: Mitternachtskirche von 16:00 bis 6:00. Der barocke Dom wurde 1697 eingeweiht. Der neugotische Turm mit Bronzespitze von 1850 gestaltet die Stadtsilhouette. Sie ist die Hauptkirche der Diözese Oslo und Landeskirche Norwegens, viele Veranstaltungen der königlichen Familie werden hier abgehalten.
  - ⊙ In der Kathedrale erhalten Sie Pilgerpass und Karten für den Olavsweg in Oslo.
- **St. Olav domkirke**, Akersveien 1, ☎ 23 21 95 00, ✉ domkirken@okb.katolsk.no, 🖥 www.katolsk.no. Die Kathedrale von 1896 ist Sitz der römisch-katholischen Diözese und Pfarrkirche der St.-Olavs-Gemeinde von Oslo.

- ♦ **Gamle Aker kirke**, Akersbakken 26, ☎ 23 62 91 20, ✉ post.sentrum@oslo.kirken.no, 💻 www.gamle-aker.no, 🕐 Di bis Do 10:00 bis 15:00. Das älteste noch stehende Gebäude Oslos aus dem 11. Jh.
- ♦ **Østre Aker kirke**, Ulvenveien 110, ☎ 23 62 95 40, ✉ post.ostre-aker@oslo.kirken.no, 💻 www.oslo.kirken.no/ostre-aker, 🕐 Di bis So 10:00 bis 15:00, Sonntagsgottesdienst 11:00
- ♦ **Furuset Kirke**, Ulsholtveien 37, ☎ 23 62 97 20, ✉ post.furuset@oslo.kirken.no, 💻 www.oslo.kirken.no/ellingsrud-furuset, Sonntagsgottesdienst 11:00
- 🏛 **Akershus festning**, ☎ 23 09 39 17, ✉ akershusfestning@mil.no, 💻 www.akershusfestning.no, Festungsmauern 🕐 Mai bis September: täglich 6:00-21:00, Eintritt frei, Burg 🕐 Mai bis August: Mo bis Sa 10:00 bis 16:00, So 12:00 bis 16:00, September bis April: Mo bis Fr 11:00-16:00, Sa und So 11:00 bis 17:00,

Blick über den Hafen-Fjord von Oslo

Eintritt NOK 100 (inkl. Audio-Guide). ✋ Im Sept. 2017 war die Burg aufgrund von Bauarbeiten geschlossen, vorher wegen Öffnung erkundigen.

- ⌘ **Middelalderparken / Gamle Oslo**, 🖥 www.middelalder.no. In dem frei zugänglichen Mittelalterpark befinden sich Überreste der wahrscheinlich ältesten Kirche Oslos, der Clemenskirche, und der zu Zeiten Olavs bedeutsamen Marienkirche (ursprünglich um 1000 n. Chr. errichtete Holzkapelle). Bis 2015 Platz des ersten Meilensteins, seit der Wandersaison 2016 ist neuer Startpunkt des Olavswegs die 🚇 Hallvardskatedralen.
- ♦ **Norsk Folkmuseum**, Museumsveien 10, ☏ 22 12 37 00, ✉ post@norskfolkemuseum.no, 🖥 www.norskfolkemuseum.no, 🕑 15. Mai bis 14. September: Mo bis So 10:00 bis 18:00, 15. September bis 14. Mai: Mo bis Fr 11:00 bis 15:00, Sa und So 11:00 bis 16:00, Erwachsene NOK 130, Kinder NOK 40. Norwegens größtes kulturhistorisches Museum (Freilichtmuseum und Ausstellungen)
- ♦ **Königspalast**, Slottsplassen 1, ☏ 22 04 88 20, 🖥 www.royalcourt.no, Besichtigung nur mit Führung, alle 20 Min. 🕑 Mitte Juni bis Mitte August: Mo bis Do 11:00 bis 17:00, Fr 12:00 bis 17:00, Sa und So 10:00 bis 17:00, Führungen in Englisch: 12:00, 14:00, 14:20 und 16:00, Erwachsene NOK 135, Kinder NOK 105
- ♦ **Nationalgalerie**, Universitetsgata 13, ☏ 21 98 20 00, ✉ info@nasjonalmuseet.no, 🕑 Di, Mi, Fr 10:00 bis 18:00, Do 10:00 bis 19:00, Sa und So 11:00 bis 17:00. Teil des Nationalmuseums für Kunst, Architektur und Design (Öffnungszeiten varrieren): 🖥 www.nasjonalmuseet.no. Erwachsene NOK 100 (Tagesticket für beide Ausstellungsorte), Kinder unter 18 frei, Do für alle Besucher frei. Beinhaltet u. a. eine der vier Gemälde-Variationen von Edvard Munchs „Der Schrei".

♦ **Munch Museum**, Tøyengata 53, ☏ 23 49 35 00, ✉ info@munchmuseet.no, 🖥 www.munchmuseet.no, 🕐 Anfang Mai bis Anfang Oktober: Mo bis So 10:00 bis 17:00, Erwachsene NOK 100, Kinder unter 18 frei. Beinhaltet u. a. eine der vier Gemälde-Variationen von Edvard Munchs „Der Schrei".

Oslo

Die Hauptstadt Norwegens ist eine Großstadt mit viel Leben. Sie steigen am Hauptbahnhof aus, treten vor die Tür und stehen mitten drin: Einkaufscenter, geschäftige Menschen, Verkehr, Glasfronten. Doch gleich um die Ecke finden Sie aneinandergereiht historische Häuser und Fassaden, ergänzt um prunkvolle Regierungsgebäude, Kirchen und Museen sowie den Hafen mit futuristischer Nationaloper. Das alles auf engem Raum, Sie können die wichtigsten Sehenswürdigkeiten rund um das belebte Zentrum mit vielen Einkaufs- und Einkehrmöglichkeiten gut zu Fuß abklappern: Straßenkünstler, Pubs, Musik- und Sportbars sowie andere internationale Restaurants, Cafés und Bars kreieren Urlaubsatmosphäre.

🛈 Zum ersten Meilenstein im Minneparken und damit dem Anfang des Olavswegs können Sie mit den Bussen 34 und 74 oder den Trams 18 und 19 fahren (🚌 🚋 Haltestelle St. Halvards plass). Auch der Weg vom Oslo Pilgerzentrum bis zum Startpunkt ist markiert.

Der erste Meilenstein

Wenn Sie an der 🚉 **Oslo Sentralstasjon** starten (ca. 1,2 km bis zum ersten Meilenstein), gehen Sie Richtung Fjord und Opernhaus. Dort wenden Sie sich, auf das Wasser blickend, links und folgen auf dem Bürgersteig der breiten Autostraße Dronning Eufemias gate, die zur Bispegata wird. Lassen Sie den ⌘ Middelalderparken rechts liegen, gehen Sie über die neu gebaute Brücke und weiter geradeaus bis zur kreuzenden Oslo gate. An der Kreuzung gegenüber finden Sie den Eingang zum Ruinenpark ⌘ **Hallvardskatedralen** mit dem **ersten Meilenstein** „643 km til Nidaros".

Wenn Sie Ihr Startfoto gemacht, Ihre Gedanken und Kräfte gesammelt haben, können Sie quer durch den Park nach oben laufen und links der St. Halvards gate folgen oder Sie gehen zurück auf die Bispegata, folgen ihr weiter hoch und gehen oberhalb des Parks links in die St. Halvards gate. Halten Sie sich auf der Straße links.

i Nach etwa 800 m geht links die Straße *Galgeberg* ab, hier führt die **Westweg**-Variante des Gudbrandsdalsleden entlang.

Der **Ostweg** verläuft auf dem Bürgersteig der leicht nach oben führenden St. Halvards gate weiter geradeaus (🛒 Coop Prix: Mo bis Fr 7:00 bis 23:00, Sa 8:00 bis 21:00). Diese wird zum Strømsveien (🛒 Kiwi: Mo bis Sa 7:00 bis 23:00), auf der Sie 600 m bis zum großen Kreisel mit vielen Autobahnauf- und abfahrten laufen. ✋ Gehen Sie nicht durch die Unterführung, sondern biegen Sie vorher links ab und gehen Sie hoch zur 🚏 Shell-Tankstelle (🚌 Estangata), bei der Sie die Straße Ensjøveien auf dem ersten Zebrastreifen überqueren können.

Keine 100 m weiter links biegen Sie rechts in die Straße Langengen ein. Folgen Sie den Markierungen auf den schmalen Fuß- und Radwegen im Zickzack durch das Wohn- und Industriegebiet Helsfyr (für ca. 300 m).

Sie stoßen auf die Kurve einer Vorfahrtsstraße (Svovelstikka). Vor dieser wenden Sie sich schräg links und gehen auf der Fyrstikkalléen direkt rechts zwischen den Häusern bzw. Firmengebäuden hindurch. In den alten Mauern der **Nitedal fyrstikfabrik** von 1880 finden Sie Einkaufs- und Einkehrmöglichkeiten sowie ein öffentliches WC (2,1 km).

🛒   **Rema 1000**, Karoline Kristiansens vei 2, 🕐 Mo bis Fr 7:00 bis 20:00, Sa 9:00 bis 18:00

☕   **Baker Hansen Fyrstikktorget**, Karoline Kristiansens vei 4, 🕐 Mo bis Fr 8:00 bis 17:30, Sa 9:00 bis 15:00

✕   **Karoline Pubs Spiseri Fyrstikktorget**, Karoline Kristiansens vei 7, 🕐 Mo 11:00 bis 18:00, Di bis Do 11:00 bis 22:00, Fr 11:00 bis 23:00, Sa 12:00 bis 20:00

Verlassen Sie die Cafépassage durch den gegenüberliegenden Torbogen und folgen Sie dem Grenseveien bis zur Kreuzung, an der Sie links abbiegen, um auf der breiten Straße zu bleiben. Nach etwa 150 m überqueren Sie den Grenseveien an der Ampel nach rechts und gehen geradeaus in die Straße Innspurten durch die Industrie- und Bürogebäude sowie Sportanlagen von Valle-Hovin. Hier

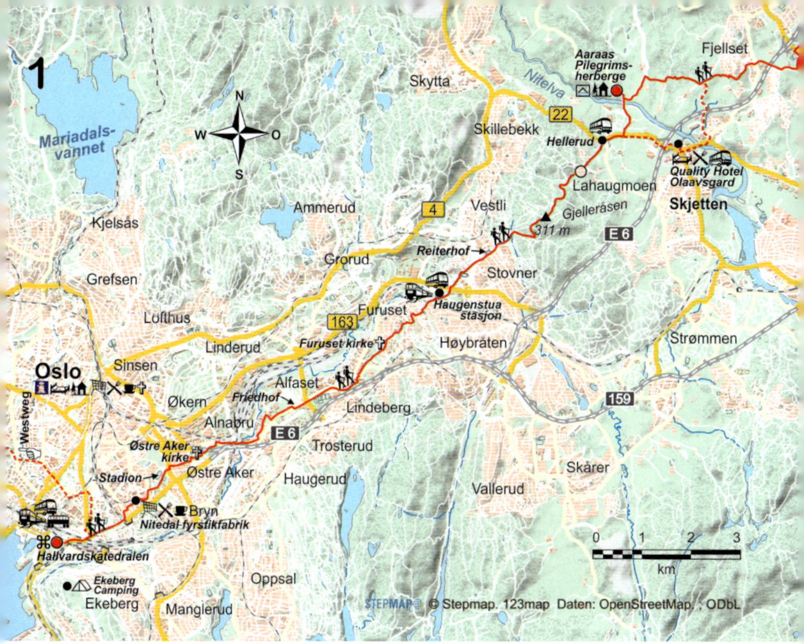

(2,9 km) wird viel gebaut. Wenn Sie keine Wegmarkierungen entdecken: Gehen Sie zwischen Arena (rechter Hand) und den Gebäuden der *Hovin wideregende scole*/der Eissporthalle (linker Hand) hindurch oder rechts um die Arena herum. Sie stoßen auf das Ende einer parkähnlichen Anlage (Wegweiser „The Pilgrim-path") und folgen dem kleinen Fußgänger- und Radweg über die Brücke.

Nach dieser weisen Sie die Olavsweg-Schilder nach links, nicht dem Schild „Østre Aker kirke" nach rechts folgen. Die Kirche ist schon in Sichtweite:

Østre Aker kirke

Der kleine Weg führt als Schleichpfad an Häuserreihen vorbei, eine Wiese und eine kleine Straße sind noch zu queren, dann stehen Sie vor dem Friedhof. Gehen Sie links hoch, dann rechts einbiegen – Sie erreichen die ✝ **Østre Aker kirke** (4 km).

☺ Ein schöner Platz zum Rasten und Wassernachfüllen. Sie können auch einen Stempel holen und die Toiletten besuchen – scheuen Sie sich nicht, nachzufragen.

Verlassen Sie das Gelände an der Kirche vorbei oberhalb des Friedhofs. Ein kleiner sandiger Feldweg führt Sie über die E6 und für etwa 250 m oberhalb einer Straße entlang. ✋ Verpassen Sie hier nicht, links hinab auf die Straße Persveien zu wechseln, auf der Sie nach rechts weitergehen. Dafür müssen Sie die gut befahrene Straße vor Ihnen zunächst überqueren, um auf den linksseitigen Gehweg zu kommen. Nehmen Sie beide Zebrastreifen, sodass Sie über den Kreisel hinweg gelangen, auf dem Bürgersteig geht es dann immer geradeaus an der Schnellstraße entlang.

Rechts stößt die E6 wieder zum Olavsweg und verläuft parallel dazu. Gehen Sie weiter auf dem Persveien geradeaus, durch den nächsten Kreisel hindurch und weiter auf den Strømsveien. Am nächsten **großen Kreisel** (rechts können Sie einen ✗ McDonalds und eine ⛽ Esso-Tankstelle sehen) biegen Sie links auf einen Fußweg ein, der durch eine Art Zaun in ein kleines Wohn- und Industriegebiet führt – etwas abseits der Autos ist hier etwas mehr Ruhe.

Folgen Sie dem Tittutveien leicht abwärts für gut 500 m und biegen Sie dann rechts in den Arvesetveien, sodass Sie zurück Richtung der viel befahrenen Straße kommen. Hier ist ein kleiner ✗ Imbiss, nach dem Sie vor dem Kreisel links hoch gehen, an Werkstatt, Auto-Shop und Harley-Davidson-Shop vorbei und auf dem Strømsveien weiter geradeaus bis zu einem muslimischen Friedhof (ca. 6,9 km).

Queren Sie am **Friedhof** die Straße über den Zebrastreifen, sodass Sie nun am rechten Straßenrand gehen, und laufen Sie durch die Unterführungen unter den Autobahnen hindurch. Gehen Sie neben dem Strømsveien für ca. 700 m immer geradeaus, dann auf einem kleinen Weg weiter am IKEA vorbei (rechts liegen lassen). Den gelben Pfeilen folgend geht es mitten durch ein Industriegebiet. Am Ende laufen Sie links über eine Brücke, um erneut eine der Schnellstraßen zu überqueren und in einem Industriegebiet zu landen.

Gehen Sie auf der Straße Micheletveien ca. 250 m geradeaus. Verlassen Sie sie nach rechts hinauf auf einen kleinen Pfad, der bald zum Weg wird und schön durch ein Wohngebiet nach oben führt. Vorbei am Sportlerheim Furusethejmen erreichen Sie nun nach 9,2 km die ⛪ **Furuset kirke** (☞ Oslo) und Ihren zweiten Meilenstein: Er zeigt „623 km til Nidaros", wobei man bis hier noch keine 20 km zurückgelegt hat – Sie merken also, die Zahlenangaben auf den *milestones* stimmen nicht unbedingt. Gehen Sie geradeaus und leicht rechts an der Kirche vorbei.

ℹ In **Furuset** gibt es einen 🚉 Bahnhof (ca. 500 m entfernt). Der Olavsweg führt allerdings knapp 2 km später in Haugenstua direkt am Bahnhof vorbei (☞ Reise-Infos von A bis Z, Verkehrsmittel).

Folgen Sie den Olavswegzeichen für ca. 1,7 km auf und ab auf asphaltierten Fuß- und Radwegen durch ein Wohngebiet (9,6 km) mit Parkanlagen (**Verdensparken**). Sie gelangen an den 🚉 🚌 Bahnhof Haugenstua. Lassen Sie diesen links liegen und gehen Sie geradeaus weiter, unter der Autostraße Østre Aker vei hindurch und in weitere Wohnsiedlungen hinein.

Es geht vorbei an Grünanlagen, Schulen, Kindergärten und Sportplätzen bis zu einem **Reiterhof** (rotes Holzgebäude links am Weg). Hier geht links ein kleiner Trampelpfad ab, der parallel zur Autostraße, aber abseits des Verkehrs führt, sodass sich die Fußsohlen von dem vielen Asphalt kurz erholen können. Laufen Sie unter einer Straße hindurch und rechts hoch auf einen schönen Stock-und-Stein-Pfad in ein lichtes Wäldchen. Der Pfad führt auf eine kleine Kuppe, halten Sie sich immer geradeaus (alle schmalen Abzweigungen liegen lassen).

✋ Achten Sie auf **gelbe Pfeile**, die den Weg weisen. Auch die **regionalen Wandermarkierungen**, ein blauer und roter Strich an Baumstämmen angebracht, bieten Orientierungshilfe. Erstmals ist Vorsicht geboten, wo man mit den Füßen hintritt: Wurzeln und moosbesetzte Steine können glitschig sein, gerade bei Nässe.

Hinabgestiegen vom Hügel queren Sie den Waldweg, auf den Sie stoßen, um gegenüber auf einem weiteren kleinen, steinigen Pfad durch dichten Wald hinaufzulaufen. Auf dem Pfad steil nach oben geht es bis zu einer Weggabelung, an der Sie links dem gelben Pfeil des Olavswegs folgen (nicht den regionalen Wanderschildern). Es geht durch das Gebiet **Gjelleråsen** fast gänzlich geradeaus – sollten Sie keine Markierung sehen, bleiben Sie auf dem Hauptweg und ignorieren alle Abzweigungen. Sie kommen an dem Hinweisschild „311 m" vorbei, hinter diesem finden Sie einen schönen ⊼ Rastplatz mit Bänken. Ab hier geht es abwärts aus dem Wald hinaus (auf dem Weg hinab weitere ⊼ Bänke) und wieder in ein besiedeltes, stetig wachsendes Gebiet (Lahaugmoen, ca. 16 km). Sie stoßen auf das eingezäunte Areal mit dem großen grauen Gebäudekomplex der Firma Staples, laufen auf dem Schotterweg über eine kleine Holzbrücke an dem Zaun entlang und auf der Straße Dragonveien zwischen den Firmen weiter geradeaus bis zum Kreisel. Hier gehen Sie gegenüberliegend weiter und am Kaptein Koss vei vorbei, sodass Sie rechts hinab durch einen Zaun auf einem schönen Steinpfad weiterlau-

Wegmarkierung im Wald

fen. Folgen Sie dem Weg hinab bis zur Straße Trondheimsveien (linker Hand ✘ Pappa Ginos Pizza). Gehen Sie rechts, über den Kreisel hinweg und auf dem Trondheimsveien bis kurz hinter die 🚌 Bushaltestelle Hellerud (Bus Nr. 321).

☞ Laufen Sie hier weiter geradeaus, um nach zwei Kreiseln nach **Skjetten** mit dem 🛏 **Quality Hotels Olaavsgard** zu gelangen (Weg ca. 1,3 km).

Gehen Sie hinter der Bushaltestelle (17 km) links über die Straße und gleich wieder links über den Zebrastreifen. Sie laufen nun für knapp 500 m auf der linken Straßenseite des Kragerudveien entlang. ✋ Verkehr! Sie lassen links den Hotelkomplex der Moxy Hotels sowie die Hütten des Norsk Hyttecenter liegen. Wechseln Sie die Straßenseite, wenn Sie links das Exporama Konferenzcenters liegen sehen. Gehen Sie rechts den Weg hoch, der kurz von der Straße wegführt, dann aber zu dieser zurückkehrt und parallel dazu verläuft. Geschützt vom Autoverkehr laufen Sie über einen breiten Fluss, dann ein kurzes Stück wieder auf der Straße, bis der Ramstadveien rechts abgeht (Schild „Hauger Matstue"): In diesen würde der Olavsweg weiterführen.

Zum heutigen Etappenende in der 🏠 🏨 **Aaraas Pilegrimsherberge** gehen Sie allerdings weiter auf der Straße entlang nach oben (Achtung, Kurve!). Auf der linken Seite liegt der wunderschöne Hof mit Event-Scheune und der extra für Pilger erbauten Unterkunft nebst kleiner Backstube (18,1 km).

☺ Aaraas Pilegrimsherberge

Diese liebevoll hergerichtete Unterkunft existiert erst seit dem Sommer 2017 – ein großer Gewinn für den Olavsweg, nicht nur, weil der Hof von Margrethe und ihrem Mann Olav nur 200 m von der Route entfernt liegt, sondern auch wegen der Atmosphäre und der Herzlichkeit, die einem hier entgegenspringt. Das Ehepaar ist vor 6 Jahren an den Hof von Olavs Eltern gezogen und hat seitdem viel Zeit, Mühe und Geld investiert. Mit dem Anbau der Unterkunft extra für Pilger haben sie 2016 angefangen – „for the good feelings in life", wie die überaus herzliche Gastgeberin mir bei einem der vielen Gespräche zwischen Ankunft und Aufbruch mitteilte, also etwa für die „schönen Dinge im Leben", das „gute Gefühl", nicht um Geld zu verdienen. So kommen Pilger nun in den Genuss einer mit wunderschönen Holzbalken, Steinmauern und einem luxuriös anmutenden Bad versehenen Unterkunft mit persönlicher Note, und das für wenig Geld. Mein Tipp: Lassen Sie sich von Margrethe bekochen, Sie werden es nicht bereuen!

📷 🏠 **Aaraas Pilegrimsherberge**, Årosvegen 307, 1480 Slattum, ☏ 46 92 22 14,
✉ aaraastunet@gmail.com, 💻 www.aaraasgard.no, 📅 1. Juni bis 1. September (außerhalb dieser Zeit auf Anfrage), zwei Stockbetten und zwei Betten auf der Empore: pro Pers. NOK 300 (ohne Pilgerpass NOK 350) inkl. Frühstück, Küche und Aufenthaltsraum nutzbar. Preis für die Aaraas suite B&B (2-5 Pers.) auf Anfrage (Frühstück NOK 50), Zelt NOK 100. Bettwäsche NOK 50, Dinner NOK 150, Lunchpaket NOK 50, Wachmaschine NOK 20, WLAN

Aaraas Pilegrimsherberge

🛏 ✕ **Quality Hotel Olaavsgard**, Hvamstubben 11, 2013 Skjetten, ☏ 63 84 77 00,
✉ booking@olavsgaard.no, 💻 www.olavsgaard.no, EZ NOK 545 (Extrapreis für Pilger), DZ NOK 750, Preise inkl. Frühstück. WLAN, TV. Das Hotelrestaurant hat übliches norwegisches Preisniveau. ℹ Das Hotel bietet zwar keinen ländlichen Charme oder Pilgeratmosphäre, allerdings soll Olav der Heilige der Sage nach hier die örtlichen Wikinger besiegt haben (1022 n. Ch.). Trotz der Lage an der E6 ist der Autolärm bei geschlossenem Fenster nicht zu hören

✕ **Pappa Ginos Pizza**, Trondheimsveien 2, 2013 Skjetten,
💻 www.papaginospizza-skjetten.com, 📅 Mo bis So 12:00 bis 23:00

2. Etappe:
Aaraas Pilegrimsherberge – Arteid Vestre gård

➲ *18 km*, ⏳ *ca. 4 Std. 30 Min.*, ↑ *439 m*, ↓ *395 m*, ⇧ *101-220 m*

0,0 km	⇧ 126 m	Aaraas Pilegrimsherberge ⌂ 🏠
4,6 km	⇧ 192 m	Skedsmo kirke ✝
7,0 km	⇧ 113 m	Abzweigung Herberge Ullereng gård ⊼ ⌂
11,3 km	⇧ 150 m	Frogner Gamle kirke ✝
11,9 km	⇧ 124 m	Frogner 🛏 ✕ 🍺 🛒 🏧
14,5 km	⇧ 150 m	Lindeberg stasjon 🚌 🚆
16,4 km	⇧ 210 m	St. Olavs gang ✡
17,0 km	⇧ 182 m	Unterstand Rulla ⊼
18,0 km	⇧ 165 m	Arteid Vestre gård ⌂

Wälder, Felder, Pilgerhütte! Auch hier erwarten Sie wieder viele asphaltierte Fuß- und Radwege entlang mehr oder weniger befahrenen Straßen. Doch es gibt auch längere Abschnitte, die durch Wald, Feld und offene Landschaften führen. Sehenswert sind die Kirchen von Skedsmo und Frogner, landschaftliches Highlight ist die lange Waldpassage, in der der St. Olavsgang liegt. Am Ende wartet die stabbur der Farm Arteid Vestre, eine extra für Pilger wunderschön urig hergerichtete und günstige Selbstversorger-Holzhütte.

Gehen Sie vom Aaraas-Hof zurück Richtung Brücke (ca. 200 m) und biegen Sie links in die Straße Ramstadveien ein, die Sie kurz entlang des Flusses leitet, dann aufwärts an ein paar Häusern vorbeibringt. Biegen Sie vor der nächsten Häuseransammlung (Store Ramstad) rechts ab (Schild „Ramstad-Søndre") und laufen Sie auf dem breiten Schotterweg erst hinab, dann wieder hinauf, bis links vom Weg eine ⊼ Bank mit Olavswegpfahl auftaucht (1,4 km). Hier geht links ein Grasweg in die Felder hinein, der Sie auf den Wald zu und rechts an diesem hinab bringt. Der schmale Pfad führt aufwärts in den schönen, lichten Wald hinein, es geht über eine Holztreppe und schließlich wieder hinaus. Halten Sie sich rechts zwischen Wiesen, Feldern und Bäumen hindurch, bis Sie auf die breite Feldstraße Gamle Trondheimsvei stoßen. Folgen Sie ihr nach links bis zur Kreuzung (mit dem Jogstadsveien). Gehen Sie quer darüber (2,3 km) – ein kleiner Pfad führt Sie weg von den Straßen gut gekennzeichnet an Jungbäumen entlang durch zwei Äcker.

Der Weg führt Sie nach oben in Richtung der Häuser von Skedsmokorset und an diesen vorbei. Queren Sie die Straße (Brånåsveien) und gehen Sie weiter auf der Schotterstraße an einer Neubausiedlung (rechter Hand) vorbei. Kurz dahinter geht es links ab (✋ Achtung, Olavswegpfahl aufgrund von Bewuchs schlecht zu sehen), der kleine Weg führt Sie über eine Holztreppe vor einer Schnellstraße hinab und links durch die Unterführung unter dieser hindurch. Folgen Sie den Zeichen nach links. An der Bushaltestelle Vest vollveien (🚌 Nr. 422 Oslo und 842 Lillistrøm) vorbei gehen Sie unter der E6 hindurch und leicht aufwärts. Der Rad- und Fußweg bringt Sie direkt zur ✠ **Skedsmo kirke** (4,6 km).

✠ **Skedsmo kirke**, Gjoleidveien 2, 2020 Skedsmokorset, ☎ 66 93 89 50, ✉ post@skedsmo.kirken.no, 🖥 www.skedsmo.kirken.no, Sonntagsgottesdienst 11:00. Von der ursprünglichen Holzkirche, die bereits 1022 während der Christianisierung gebaut wurde, sind nur noch die Wände des Schiffs erhalten. Die heutige Steinkirche steht seit dem 13. Jh.

Wenden Sie sich vor der Kirche nach links, dort finden Sie auch ein Olavsdenkmal. An diesem vorbei geht es einen kleinen Weg zwischen den Häusern hindurch und an der Sten-Tærud skole vorbei (dort finden sich 17 ✣ Grabhügel aus der jüngeren Eisenzeit, ca. 600-1030 n. Chr.). Gehen Sie durch den Tunnel unter der Landstraße 120, wenden Sie sich rechts hoch und direkt wieder nach links, sodass Sie auf dem Weg neben der Straße Leirsundveien Richtung Feld gehen. Nehmen Sie den zweiten, nach links abbiegenden Feldweg. Er führt Sie am Hof Vestre Farseggen vorbei (5,8 km) und in einen lichten Wald hinein (Schild „Old Titsveg"), in dem Sie immer wieder ⊼ Bänke finden.

Sie kommen an einem Zaun mit Zetteln (6,4 km), die Pilgergedanken festhalten (Aktion der Skedsmo-Kommune mit Schulklassen), und etwa 300 m weiter an einer ⊼ Lichtung mit kleiner Tischgruppe vorbei, wo Sie noch einmal Kraft schöpfen können – es steht Ihnen ein langes, zermürbendes Wegstück entlang einer Landstraße durch offene Landschaft bevor. Nach der Lichtung wird der Wald noch lichter und führt hinab bis nach **Leirsund**, zu Beginn eine Ansammlung von typisch norwegischen Holzhäusern. Kurz davor finden Sie eine Pilgerbank und den Hinweis, dass Sie hier nach links in den Acker hinein zur Unterkunft **Ullereng gård** abbiegen können (Schild „Pilegrimsherberge 400 m"). Am Ortsende führt Sie der Olavsweg nach links über den schmalen Fluss Leira (7,8 km).

✋   Sie können auch erst hier zur Herberge ⌂ **Ullereng gård** abbiegen, es geht vor dem Fluss links in den Engerveien (ca. 700 m). Von diesem geht direkt am Anfang die Straße Sundstuveien fast parallel dazu rechts ab und führt zum 🚉 Bahnhof Leirsund (ca. 300 m).

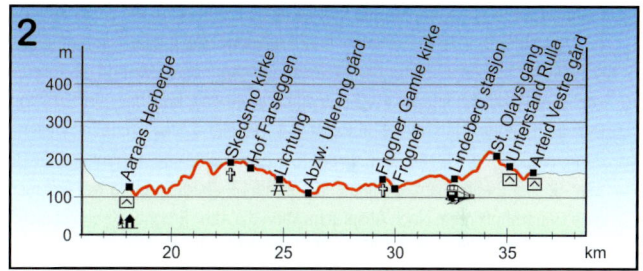

☐ **Ullereng gård**, Bølerveien 123, 2015 Leirsund, ☏ 97 50 55 77, ✉ annelinegud@gmail.com, 🗓 Mai bis August (und auf Anfrage), ca. 600 m vom Olavsweg entfernt, pro Pers. NOK 250. Das rot gestrichene *stabbur* hat 5 Schlafplätze sowie Küche und Dusche, WC im Nebengebäude.

Folgen Sie hinter dem Fluss dem asphaltierten Fuß- und Radweg, bis es links steil hoch in einen mit Privatweg gekennzeichnetem Feldweg geht, der Sie durch das Anwesen eines Reiterhofs bringt. Gehen Sie danach links zurück auf den Radweg und bleiben Sie auf diesem für 2 km – immer entlang der Landstraße (Gauteidvegen) über offenes Land und durch kleine Ansiedlungen hindurch.

Linker Hand tauchen am Horizont die Kirchen von Frogner auf, verpassen Sie nicht die Abzweigung vom Fußweg weg (🪑 Tischbank) ins Feld hinein. Der Trampelpfad führt Sie durch die Felder hindurch (✋ Vorsicht, Umknickgefahr) hoch zu den ✝ 🪑 **Frogner kirken** (11,3 km). Gehen Sie vor dem „Santiago de Compostela"-Schild rechts und am 🚂🚌 Bahnhof vorbei in die Ortschaft **Frogner**. Hier liegen direkt zu Beginn linker Hand ein Imbiss, ein Kiwi Supermarkt und ein kleines Café.

☺   Im **Kafe Mat og Glede** gibt es einen guten Cappuccino für NOK 35, nette Bedienung und man kommt leicht in Kontakt mit Einheimischen.

Frogner  2016

- 🛒 **Kiwi Supermarkt**, Duevegen 19, 🕐 Mo bis Fr 7:00 bis 22:00, Sa 9:00 bis 21:00
- ✗ **Frogner pub og grill**, Duevegen 7, ☎ 63 82 12 90
- ☕ **Kafe Mat og Glede**, Duevegen 15, ☎ 63 82 11 50, 🕐 Mo, Di, Fr 10:00 bis 17:00, Mi und Do 10:00 bis 19:00, Sa 10:00 bis 15:00
- ✝ **Frogner kirke / Frogner Gamle kirke**, Gamle Kirkevei 19, ☎ 63 86 79 50, ✉ kirkekontoret@sorumkirke.no. In der ruhigen Atmosphäre von Kirche und Friedhof können Sie auf einer der Bänke rasten, Wasser nachfüllen und die Toilette benutzen. Die Holzkirche musste 1925 neu errichtet werden, nachdem sie 1918 von einem Blitz getroffen worden und abgebrannt war. Die ältere Steinkirche mit steilem Satteldach, die Frogner Gamle kirke, finden Sie direkt hinter dem „Santiago de Compostela"-Schild. Sie wird auf das späte 12., frühe 13. Jh. datiert und war wahrscheinlich eine Bauernhofkirche. Nach Absprache kann die Alter-Frogner-Kirche besichtigt werden: ☎ Randi Ulvestad: 63 82 11 88, Magnhild und Alv Okkenhaug: 63 82 09 90, Olaug und Kjell Hexeberg: 63 82 018.

Auf der Straße Frognervegen folgen Sie den Zeichen geradeaus und biegen an der kleinen ⛽ Tankstelle und 💊 Apotheke rechts ab. Es geht wieder auf einem asphaltierten Fuß- und Radweg entlang einer Landstraße (Trondheimsvegen), durch einige Unterführungen hindurch und über einen Kreisel hinweg. Als Hinweise dienen neben den gut zu sehenden Olavswegzeichen auch Schilder nach Hamar und der Radweg 7.

👣   Gehen Sie auf dem Trondheimsvegen weiter geradeaus, um zur 🏠 Unterkunft Fløgstad gård (☞ 3. Etappe: Kløfta) zu gelangen (ca. 3,1 km).

Frogner kirke

Etwa 900 m nach dem Kreisel gelangen Sie nach rechts (Lindebergvegen) zum **Viadukt** von 🚆 🚌 Lindeberg, unter dem Sie hindurchgehen. Hinter diesem finden sich wieder gelbe Pfeile, die Sie für ca. 200 m auf der wenig befahrenen Straße entlangleiten, dann geht es rechts in einen steinigen Feldweg hinein (Revestien). Bald beginnt ein wunderschönes Waldstück: Vom breiten Weg geht es rechts auf einen kleinen Pfad, der über Steine und Wurzeln nach oben auf den **Vilbergfjellet** führt (✋ Umknick-, Ausrutschgefahr). Von diesem hinabgehend macht Sie nach ca. 1,5 km auf dem Waldpfad ein Schild auf den nach links abzweigenden ❀ **St. Olavs gang** (16,4 km) aufmerksam, der allerdings nicht zwingend sehenswert ist. Geradeaus führt der Olavsleden steil bergab aus dem Wald hinaus.

St. Olavs gang

Nach Olavs Tod begannen die Menschen, *Zeichen* in der Natur dem heiligen König und seiner Geschichte zuzuordnen. Im Volksglauben heißt es, dass Olav und seine Männer an dieser Stelle ihre Boote über den Berg geschoben haben (es ist bekannt, dass Wikinger ihre Schiffe tatsächlich so von einem zum anderen Wasser transportiert haben): Der 200 m lange und 3-4 m tiefe Riss im Berg soll das Ergebnis davon sein.

Links geht es auf einem breiten Feldweg bis zu einer Lichtung (17 km): Geradeaus sehen Sie die **Hütte Rulla**, linker Hand einen ⊼ Unterstand mit Feuerplatz, rechter Hand eine weitere kleine rote Hütte, an deren Vorderseite eine Markierung nach rechts weist. Nehmen Sie diese nicht zu wörtlich, sondern gehen Sie quer über die Lichtung, sodass Sie leicht rechts zwischen der Rulla und der roten Hütte hindurchgehen. Folgen Sie dem kleinen Waldpfad, bis Sie vorbei an einem Feld zum Bauernhof ◸ **Arteid Vestre gård** (☞ Kløfta) gelangen, dem Etappenziel (18 km).

Durchs Feld nach Arteid Vestre

☺ In einer typisch norwegischen *stabbur* ist die Pilgerbehausung untergebracht. In der urigen, rotbraunen Holzhütte finden sich in der oberen Etage eine voll ausgestattete Wohnküche mit Schlafsofas sowie 2 Räume mit jeweils 2 Betten und nochmals Schlafplätze im Dachstuhl. Fließend Wasser sowie WC und Dusche auf dem Hof. Fußmassagegerät!

🏠 🚗**Arstun Vandrerhjem**, Aasgaardvegen 183, 1923 Sørum, ☏ 91 10 86 71 (16:00 bis 22:00), ✉ post@arstunvandrerhjem.no, 🖥 www.arstunvandrerhjem.no, ca. 10 km vom Olavsweg entfernt, Bett im Mehrbett-Zimmer NOK 260 NOK, EZ NOK 510, DZ ab NOK 510, Schlafsack mitbringen, Bettwäsche und Handtücher NOK 70, Frühstück NOK 120, Lunchpaket NOK 50 Dinner NOK 250, WLAN

3. Etappe:
Arteid Vestre gård – Risebru pilegrimsherberge

➲ *32,9 km,* ⏲ *ca. 7 Std. 45 Min.,* ↑ *504 m,* ↓ *502 m,* ⇕ *145-230 m*

0,0 km	⇕ 165 m	Arteid Vestre gård
2,6 km	⇕ 171 m	Kløfta
5,4 km	⇕ 158 m	Ullensaker kirke
15,3 km	⇕ 213 m	Jessheim
15,5 km	⇕ 209 m	Sundbytunet overnatting
17,6 km	⇕ 193 m	See Ljøgodttjern / Raknehaugen
17,8 km	⇕ 196 m	Abzweigung Hovin kirke
19,7 km	⇕ 208 m	See Nordbytjernet
21,7 km	⇕ 198 m	Abzweigung Hotels Gardermoen
28,0 km	⇕ 197 m	Elstad sykehjem
32,9 km	⇕ 167 m	Risebru pilegrimsherberge

Über Felder und Landstraßen! Wieder erwarten Sie viele Asphaltwege, aber auch ein paar erholsame, schöne Waldpassagen und Seen, die zur Rast einladen. In der Einkaufsstraße von Jessheim haben Sie fast die Hälfte geschafft und können hier an zwei Stellen abkürzen (in der Stadt und vor dem See Ljøgodttjern), wenn Sie Kilometer sparen wollen.

ℹ Die Etappe ist lang, dafür übernachten Sie am Ende des Tages in einer urigen Pilgerherberge, anstatt in einem der modernen, teuren Hotels auf dem Weg. Wem die knapp 33 km nach Risebru zu viel sind (am nächsten Tag wartet dann allerdings eine kurze, erholsame Etappe), der kann nach 15,5 km in Jessheim bleiben oder 6 km weiter nach Gardermoen abbiegen oder überbrückt einige Kilometer mit dem Bus, wobei die Verbindungen nicht gut sind und die Busse z. T. nur werktags oder sehr selten fahren.

Verlassen Sie den Hof mit der Pilgerstube im Rücken geradeaus und folgen Sie dem breiten Asphaltweg Arteidvegen übers Feld. Dabei queren Sie nach ca. 1,4 km die E6 und halten sich kurz danach rechts, um auf dem Lindebergveien weiter zu gehen. Sie gelangen an das Hinweisschild zum Industriegebiet von **Kløfta** (ca. 1 km bis zum Bahnhof).

Kløfta  2040

- **Arteid Vestre gård**, Arteidvegen 214, ☏ 92 23 00 44, ✉ dag@arteid.no, ⌛ Mai bis September, Bett NOK 150 (7 Plätze), Schlafsack mitbringen, auf Anfrage Dinner (NOK 100 bis 150) und Frühstück NOK 50. ✋ Vor Ankunft anrufen
- ♦ **Fløgstad gård**, Trondheimsvegen 640, ☏ 92 63 64 22, ✉ henrik.ebne@gmail.com, 🖥 www.airbnb.no (im Suchfeld „Fløgstad gård" eingeben), ⌛ April bis Oktober, ca. 3,1 km vom Olavsweg entfernt, Preis für das gesamte Haus mit 4 Betten ca. NOK 750 plus Airbnb-Servicegebühr
- ♦ **Off-grid Haus**, Trondheimsvegen 640, ☏ ✉ s. Fløgstad gård, pro Pers. NOK 250 mit eigenem Schlafsack, NOK 320 mit Bettwäsche und Handtüchern. 4 Betten in einem alternativen Haus, d. h. Kochen und Heizen über Holzofen, Komposttoilette und eine über Fußpumpe betriebene Dusche (Warmwasser über Holzofen)
- **Romerikssenteret**, Trondheimsveien 86, u.a. mit Rema 1000 und Spar, ⌛ Mo bis Fr 10:00 bis 20:00, Sa 10:00 bis 18:00
- **Ullensaker kirke**, ☏ 63 92 65 20, ✉ ullensaker@ullensaker.kirkene.net, Sonntagsgottesdienst 11:00. In der auch Romeriksdomen genannten Kirche aus dem Jahre 1958 findet man einen reich verzierten Altar von 1633 und Speckstein-Kunst von ca. 1140

Gehen Sie nach rechts und auf der Brücke (✋ Verkehr!) über die E6, dann die erste Straße (Godtland) direkt wieder links rein. Auf dem Asphalt laufen Sie nun parallel zur links hinter dem Lärmschutzzaun liegenden E6 durch eine Siedlung und schließlich durch die **Golfanlage** des Miklagard Golfclubs hindurch. Aus diesem heraus, gelangen Sie über eine Straße zu einem ⛺ 🅿 Rastplatz (die Shell-Tankstelle links von Ihnen hat ein super WC). Folgen Sie dem Olavsweg durch die Unterführung: Von Weitem sehen Sie schon die weiße 🚌 ✝ **Ullensaker kirke**, auf

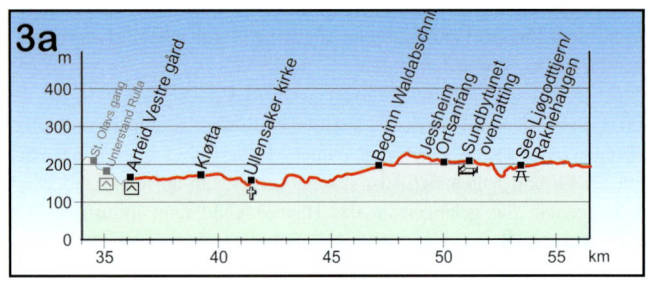

die Sie direkt zulaufen. An der Kirche (5,4 km) können Sie Wasser auffüllen und auf einer Bank rasten.

Gehen Sie an der Kirche links vorbei in das Feld hinein – der Weg ist ab hier mit „Den Wingerske Kongevei" („Königsstraße") gekennzeichnet. Sie laufen an einem (norwegischen) Informationsschild über die Ullinshof middelalderkirke vorbei (ehemalige Kirche im Mittelalter, die dem heiligen Olav gewidmet war). Der Weg wird zum schmalen Pfad und bringt Sie hinab zu einer ⊼ Bank (6,4 km). Auf einer Brücke geht es über einen schmalen Fluss und weiter an Feldern und Großsträuchern entlang (links fließt der Bach). Aufwärts gehen Sie erneut an ⊼ Bänken (eine mit Tisch) vorbei, bis Sie auf die Straße Rambydalsvegen stoßen (der Wingerske Kongevei endet hier).

Gehen Sie nach links und folgen Sie der Straße bergauf und bergab an Höfen und Feldern vorbei für ca. 1,3 km. Biegen Sie links auf die Randbygrenda ab (Bushaltestelle Flatby, 🚌 Nr. 436) und folgen Sie ihr für etwa 800 m, bis auf Ihrer linken Seite ein Hof auftaucht. Hier biegen Sie rechts in den Randbyvegen. Der schottrige, breite Feldweg führt durch Äcker und Felder auf einen Wald zu, nur selten sehen Sie Höfe und Traktoren. Es geht nach 1,7 km vom Feldweg links ab (am

Schmaler Weg am Feldrand

Briefkasten Randbyvegen 180), Sie gehen nur 100 m hoch, dann weist ein kleines Pilgerschild mit Pfeil rechts in den Wald hinein. Folgen Sie dem Pfad nur für etwa 250 m, es geht direkt wieder links ab und aufwärts auf dem wunderschönen Trampelpfad, der sich weiter hoch und runter durch den lichten Wald aus Birken und Nadelbäumen schlängelt.

Der Pfad wird breiter, halten Sie sich geradeaus und aufwärts (nicht links) und folgen Sie den Laternen am Wegesrand. Sie laufen auf der Kuppe entlang und an der Pfadfinderhütte Speiderhytta (13,2 km) vorbei langsam hinab. Auf der linken Seite tauchen die gelben Schilder „Syktebanen" (Schießstände) auf, der Weg teilt sich: Gehen Sie rechts hoch etwas steiler über Stock und Stein, kurz danach erreichen Sie einen großen, runden Platz mit überdachter Tischgruppe (13,7 km), Auf dem breiten Weg verlassen Sie den Wald, gehen auf dem asphaltierten Stensvegen hinab zur Straße Gamle Trondheimsveg und folgen diesem nach rechts durch einen Vorort von Jessheim.

Es geht auf der Brücke über Gleise und eine Straße. Weiter unten treffen Sie an der Ampelanlage auf den Trondheimsvegen. Biegen Sie rechts in diesen ein und folgen Sie ihm bis zum Kreisverkehr. Gehen Sie hier rechts hoch zum nächsten Kreisel (🅰 🍴 KIWI, oberhalb des Kreisverkehrs 🚆 🚌 Jessheim stasjon), an dem Sie links gehen, und auf dem Bürgersteig neben der Straße durch die **Innenstadt von Jessheim** 🛏 🚆 🍴 (15,3 km). Am Ende der Einkaufsstraße – in der Sie von den gängigen Imbissbuden über Sushi und Cafés bis hin zu Bushaltestellen, Bänken und Bankautomaten alles finden – gelangen Sie wieder an einen

Kreisel, an dem Sie links über den Zebrastreifen und auf dem Gardermovegen weitergehen.

> ✋ Wenn Sie hier am Kreisel geradeaus hoch in den Trondheimsvegen statt links hinüber gehen, können Sie knapp 4 km abkürzen, indem Sie der Straße einfach 2 km folgen (zurück auf den Olavsweg an der 🚌 Haltestelle Romerike folkehøgskole). Sie verpassen aber die Seen Ljøgodttjern und Nordbytjernet (Weg 5,9 km bis zum Busstopp).

↦ Auf der anderen Seite des Gardermovegen finden Sie die exklusive Unterkunft Sandbytunet.

Jessheim  2050

- ↦ ✗ **Restauranten Smaken av Sundbytunet**, Gardermovegen 6,
  ☎ 67 20 76 00, ✉ booking@sundbytunet.no, 🖥 www.sundbytunet.no,
  EZ ab NOK 955, DZ ab NOK 1.050, Preise inkl. Frühstück.
- 🛒 **Jessheim Storcenter**, Storgata 6, 🕐 Mo bis Fr 10:00 bis 21:00, Sa 10:00 bis 19:00, 🖥 jessheimstorsenter.no, ✗ 🏦 ⚙
- ♦ **MENY Jessheim** (im Storcenter), 🕐 Mo bis Fr 9:00 bis 21:00, Sa 9:00 bis 20:00, ✗
- ♦ **Obs**, Romsås allé 1, 🕐 Mo bis Fr 8:00 bis 22:00, Sa 8:00 bis 20:00
- ♦ **Obs**, Romsås allé 41, 🕐 Mo bis Fr 7:00 bis 22:00, Sa 8:00 bis 20:00
- ♦ **KIWI**, Gotaasalleen 9 und Gardermovegen 30, 🕐 Mo bis Sa 7:00 bis 23:00
- ✝ **Hovin kirke**, ☎ 66 10 81 45, ✉ sverre.lauten@ullensaker.kirkene.net. Die weiße, kreuzförmige Hovin kirke von 1695 ist die älteste Kirche der Ullensaker-Kommune. Wenn Sie einen Stempel haben oder einen Blick in dir Kirche werfen möchten, rufen Sie unter der angeschlagenen Telefonnummer an.

Gehen Sie die Straße Gardermovegen hinunter, über den nächsten Kreisel hinweg und an den 🛒 Supermärkten (linker Hand) Kiwi und Obs vorbei. Sie stoßen auf eine breite Straße und laufen ein kurzes Stück rechts zum nächsten Kreisverkehr. Gehen Sie hier links über den Zebrastreifen und halten Sie sich dort auf dem Rad- und Fußweg, der links von der Straße hinabführt (Hinweisschild: Kulturdenkmal Kjestaraknehaugen). Der asphaltierte Weg leitet Sie über eine schmale Brücke an einzelnen Häusern vorbei, wird dann sandig und führt leicht aufwärts in den Wald hinein. Sie gehen unter der E6 und den Bahngleisen durch und stoßen auf den Kongsrudhaugenveg. Laufen Sie nach links und an der Häuseransammlung **Haug** vorbei (☺ Pilgerwegweiser „New York Paris Haug").

An seinem Ende stoßen Sie auf eine rote Scheune links von Ihnen. Gehen Sie nicht durch die Birkenallee weiter (↪ es sei denn, Sie wollen hier abkürzen, dann gehen Sie durch die Birkenallee bis zum Gardermovegen/Stussenvegen), sondern nehmen Sie den kleinen Pfad links vor der Scheune. An dieser vorbei gelangen Sie zum idyllischen ⊛ ⛺ **See Ljøgodttjern** mit den Grabhügeln von Raknehaugen (17,6 km). Gönnen Sie sich eine Pause oder umrunden Sie direkt das rechts von Ihnen liegende Wasser (↪ nach ca. 385 m am See, an den ersten Häusern, finden Sie links den Ljøgodtvegen, der zur ✝ Hovin kirke abzweigt). Sie stoßen wieder auf den Gardermovegen, gehen über den Zebrastreifen und rechts bis zum Stussenvegen, in den Sie links einbiegen.

↪   Um zur Hovin kirke zu gelangen (ca. 1 km), folgen Sie dem Ljøgodtvegen bis zum Krokfossvegen, gehen links und direkt wieder links in den Hovinvegen.

↪   Von der anderen Straßenseite des Gardermovegen her sehen Sie das Ende der Birkenallee. Die Abkürzung ohne See und Hovin kirke ist ca. 400 m lang statt 1,3 km um den See herum.

Raknehaugen
Es ist der mit ca. 77 m Durchmesser und 15 m Höhe größte Grabhügel Nordeuropas. Das am See Ljøgodttjern gelegene Grabdenkmal stammt aus der Zeit der großen Völkerwanderung in Europa (ca. 400 bis 600 n. Chr.). Einer lokalen Legende nach ist hier der König Rakni (spätes 9. Jh.) zwischen zwei weißen Pferden und unter mehreren Schichten aus gestapeltem Holz begraben (💻 www.akershus.no, „Raknehaugen" in das Suchfeld eingeben).

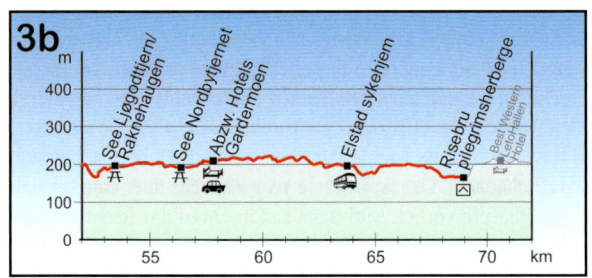

See Nordbytjernet

Der Stussenvegen führt als Brücke über die Gleise und die E6, gehen Sie dann links in den Wald. Auf dem Trampelpfad gelangen Sie nach einem kurzen Stück entlang der E6 hinauf zu einem breiteren Weg, dem Sie nach rechts folgen. Bleiben Sie geradeaus: Sehen Sie links von sich das erste Wasser durch die Bäume hindurch schimmern (See Svarttjernet) und kurz darauf auch rechts? Das ist der Zeitpunkt, rechts hinab zum großen **See Nordbytjernet** (19,7 km) abzubiegen. Sie finden direkt am Wasser eine ⌔ Bank, gehen Sie hier rechts über die Brücke und auf dem Weg fast komplett einmal um den See herum.

An einem ⌔ Grillplatz (20,7 km) und ⚓ Strand mit Steg vorbei gehen Sie über zwei kleine Holzbrücken auf gelbe Häuser oberhalb des Sees zu. Laufen Sie hier nicht weiter am Wasser entlang, sondern biegen Sie rechts hoch auf einen kleinen Schleichweg, der Sie auf die Zufahrt zu der gelben Siedlung führt. Sie gehen rechts zum breiten Trondheimsvegen (21,4 km) mit der 🚌 **Haltestelle Romerike folkehøgskole**, den Sie überqueren. Auf dem Fußweg auf der anderen Seite laufen Sie links entlang. Nehmen Sie am Kreisel die Unterführung geradeaus und gehen Sie auf dem Rad- und Fußweg weiter an einer Siedlung (rechter Hand) vorbei und an der Landstraße (erneut der Trondheimsvegen) entlang.

✍ Gehen Sie nicht durch die Unterführung, sondern am Kreisel links über die Autobahn, um auf dem Jessheimvegen zu den 🛏 Hotels von Gardermoen (☎ 2060) zu gelangen.

🛏 **Thon Hotel Oslo Airport**, Balder allé 2, ☎ 63 92 94 00,
✉ osloairport@thonhotels.no, 🖥 www.thonhotels.com, EZ ab NOK 640,
DZ ab NOK 795, Preise inkl. Frühstück, WLAN,
modernes Kongress- und Business-Hotel, 🚗 Shuttlebusse
♦ **Thon Hotel Gardermoen**, Balder allé 22, ☎ 64 00 45 00,
✉ gardermoen@thonhotels.no, 🖥 www.thonhotels.com, DZ ab NOK 595,
Preise inkl. Frühstück, WLAN, modernes Hotel in Flughafennähe, Shuttlebusse, 🚗.
✋ In der Hauptpilgersaison von Mitte Juni bis Mitte August geschlossen!
♦ Scandic hotell Gardermoen, Jessheimvegen 467, ☎ 63 92 66 00,
✉ gardermoen@scandichotels.com, 🖥 www.scandichotels.no,
EZ und DZ ab NOK 680, Preise inkl. Frühstück, WLAN, 🚗 Shuttlebusse

An einem großen buddhistischen Center vorbei gelangen Sie zum nächsten Kreisverkehr. Gehen Sie geradeaus hinüber und direkt links auf dem Bürgersteig über eine Brücke über die Autobahn zum nächsten Kreisel, an dem Sie rechts hoch laufen. Die ⛽ Tankstelle Circle K taucht rechts von Ihnen auf (24,3 km), biegen Sie hier links in den Lievegen ab (Schild „Militær flystation"). Gehen Sie einen guten halben Kilometer am Straßenrand entlang, bis rechts die erste große Straße abbiegt, der Blikkvegen. Dieser folgen Sie wiederum für gut 800 m, dann biegen Sie rechts auf den Dagsjøvegen ab und haben eine kleine Pause von den Landstraßen: Schön geht es für 2,2 km auf dem Weg durch Wald und Feld, bis Sie (vor Elstad) zur breiten Autostraße 462 gelangen. Gehen Sie nach links, es geht zermürbende 4 km kurvig bergauf. ✋ Vorsicht, Sie gehen auf der Straße, kein Fußgängerweg!

🚌 Bevor Sie der Straße nach links folgen, gehen Sie an der Bushaltestelle **Elstad sykehjem** vorbei (28 km). Hier fahren die (Schul-)Busse 3535, 3573 oder 3771 (✋ werktags, unregelmäßig) bis zur Haltestelle Risebro vor der Pilgerherberge (🖥 www.ruter.no).

Sie passieren das nach links weisende Hinweisschild zu den ✠ Massengräbern von Trandumskogen und die 🚌 Bushaltestellen Fløgstad, Fløtten und Østli, bis es links von der Straße ab und über eine Zauntreppe in ein Wäldchen hineingeht

(32 km). ✣ Sie können auch auf der Straße 462 weitergehen und so zur Pilgerherberge gelangen.

Ein kleiner Pfad führt Sie um den vor Ihnen liegenden See herum. Sie gelangen über eine kleine Brücke zu einem Weidegrundstück. Gehen Sie quer durch die Schafe und Ziegen hindurch (sollten dort welche weiden) und steigen Sie am Ende erneut über einen Zaun. Wenden Sie sich nach links, dort liegt die gemütliche ⌂ **Pilgerunterkunft Risebru** (32,9 km), 1,5 km weiter finden Sie das Best Western Hotel (☞ 4. Etappe).

⌂   **Risebru pilegrimsherberge**, Risebruvegen 6, 2054 Mogreina, ☎ 92 02 18 97, 90 19 69 42, ☎ 90 19 69 42, ✉ akrikjos@online.no, ⏲ 1. Mai bis 31. August, pro Pers. NOK 300 (mit Pilgerpass), NOK 350 (ohne Pilgerpass), Preise inkl. Frühstück (Selbstbedienung), kleine Mahlzeiten zum Verkauf, Bettwäsche NOK 50, vor Ankunft anrufen. 🚌

🛏 ✕ **Best Western LetoHallen Hotel**, Kolonivegen 43, 2072 Dal, ☎ 63 95 91 00, ✉ firmapost@letohallen.no, 🖥 www.letohallen.no, EZ NOK 690, DZ NOK 890, Pilgerpreise inkl. Frühstück und Lunchpaket, WLAN, 🚐 Airport-Shuttle

Risebru

Die Pilgerherberge auf dem Bauernhof von 1600 ist in einem Holzhaus untergebracht, das zeitweise ein Jungengymnasium war. Der historische Teil ist um einen Anbau erweitert worden, für den die Nägel von einst genutzt worden sind: Sie wurden in den Räumen gefunden, wo früher das Schuhhandwerk gelehrt wurde. Heute sind es die Schlafräume, in denen man noch sieht, was die Jungs vor langer Zeit an die Decken und Wände geritzt und gekritzelt haben.

Pilgerherberge Risebru

4. Etappe: Risebru pilegrimsherberge – Eidsvoll gamle prestegård

⊃ *15,1 km,* ⧖ *ca. 3 Std. 30 Min.,* ↑ *214 m,* ↓ *202 m,* ⇕ *162-215 m*

0,0 km	⇧ 167 m	Risebru pilegrimsherberge
1,5 km	⇧ 211 m	Best Western LetoHallen Hotel
4,6 km	⇧ 201 m	Råholt kirke
6,2 km	⇧ 192 m	Eidsvoll Verk stasjon
7,8 km	⇧ 186 m	Eidsvollsbygningen
11,3 km	⇧ 177 m	Tischgruppe
15,1 km	⇧ 180 m	Eidsvoll gamle prestegård

Wohltuend! Die kurze Etappe ist erholsam nach dem langen Vortag. Allerdings laufen Sie erneut viel auf oder an Landstraßen entlang, aber auch ein Feld- und ein Waldstück wollen durchquert werden. Highlight ist sicher die historische Stätte Eidsvoll Verk, wo 1814 die norwegische Verfassung unterzeichnet wurde. Danach gehen Sie am Fluss entlang – eine willkommene Abwechslung zu den Straßen. Am Ende warten eine schön restaurierte Pilgerstube in direkter Nähe zur Eidsvoll-Kirche oder ca. 4 km weiter eine Selbstversorgerunterkunft in einem alten Schulhaus. Beide Herbergen sind den Besuch wert!

Ein kurzer steiler Anstieg bringt Sie vom Hof auf eine asphaltierte Straße, der Sie über einen Kreisel hinaus weiter folgen. Auf der rechten Seite sehen Sie das ⇌ ✕ **Best Western Hotel** (☞ 3. Etappe). An diesem vorbei nehmen Sie den Fuß- und Radweg, der Sie zur ⛽ Circle-K-E6-Tankstelle und zum Beginn von

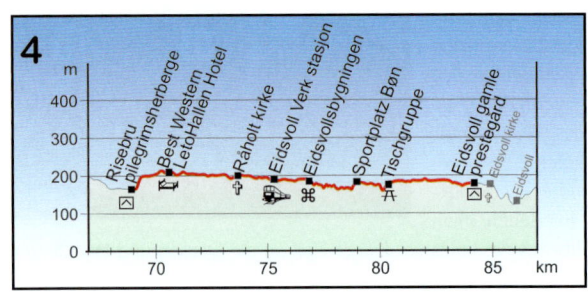

4. Etappe: Risebru pilegrimsherberge – Eidsvoll gamle prestegård

Råholt führt. Gehen Sie weiter am Trondheimsvegen entlang, Unterführungen leiten Sie an mehreren Stellen unter der Straße hindurch. Lassen Sie auch die ⛽ Esso-Tankstelle (On-the-Run-Shop) rechts liegen, dann sehen Sie zu Ihrer rechten Seite die ✝ **Råholt kirke** (4,6 km).

Der Olavsweg führt durch die Unterführung zur Kirche und an ihr vorbei. Auf dem Trondheimsvegen gelangen Sie schließlich zur 🚆 🚌 Eidsvoll Verk stasjon (Nahverkehrszüge von/nach Oslo und Eidsvoll).

Råholt 🛒 ✕ ☕ ✝ 🏦 🌷 ♨ ✉ 2070

- 🛒 **AMFI Eidsvoll**, Gladbakkvegen 1, 🕐 Mo bis Fr 10:00 bis 20:00, Sa 10:00 bis 18:00, 💻 www.amfi.no, ☕ 🏦 🌷 ♨
- ♦ **Kiwi mini pris**, Gladbakkvegen 2 A, 🕐 Mo bis Fr 7:00 bis 23:00
- ♦ **Spar**, Gladbakkgutua 3, 🕐 Mo bis Fr 7:00 bis 22:00, Sa 9:00 bis 20:00
- ✝ **Råholt kirke**, Råholtvegen 98b (Gemeinde Råholt), ☎ 63 96 52 20, 📧 raaholt@eidsvoll.kirken.no, 💻 www.eidsvoll.kirken.no, 🕐 Do 13:30 bis 16:30

Gehen Sie nach dem Bahnhof links über die Brücke. Nach etwa 350 m biegt rechts eine kleine Nebenstraße ab. Bleiben Sie ca. 1,1 km auf dem Carsten Ankers veg, bis Sie zum Verfassungsgebäude ⌘ **Eidsvollsbygningen** kommen, das wunderschön im Park zu Ihrer Rechten liegt (7,8 km).

⌘ 🍴 **Eidsvoll Verk – Eidsvollsbygningen**, Carsten Ankers veg, 2074 Eidsvoll, ☎ 63 92 22 10, 📧 kontor@eidsvoll1814.no, 💻 www.eidsvoll1814.no,

Eidsvollsbygningen

Eintritt inkl. 45-Min.-Führung NOK 125 (Gruppen und Kinder reduzierte Preise), 🏛 Museum und Besucherzentrum Wergelands Hus mit ☕ Café Standpunkt: 1. Mai bis 31. August täglich 10:00 bis 17:00 (außerhalb dieser Zeit: Di bis Fr 10:00 bis 15:00, Sa und So 11:00 bis 16:00. Mit dem Pilgerpass erhalten Sie kostenlos eine Tasse Kaffee.

Geburtsstätte der norwegischen Verfassung

Eidsvollsbygningen erhielt seine enorme nationale Bedeutung am 17. Mai 1814. Am heutigen Nationalfeiertag wurde hier auf der Reichsversammlung die erste norwegische Verfassung verabschiedet. Norwegen war nun erstmals ein eigenständiger Staat, abgekoppelt vom absolutistisch regierten dänisch-norwegischem Reich.

Carsten Anker (1747–1824): Neben dem dänischen Prinzen Christian Frederik, der zur Zeit des Umbruchs das norwegische Land regierte und 1814 zum König von Norwegen gewählt wurde, ist der historische Augenblick dem Politiker und Besitzer des Eisenwerks (Eidsvoll Verk) zu verdanken: Carsten Anker, der lange in Kopenhagen lebte und enger Berater des dänischen Prinzen war. Er stellte sein Privathaus, das Eidsvollsbygningen, für die Reichsversammlung zur Verfügung.

Im Mai 2014 feierte Norwegen 200-jähriges Jubiläum. Zu diesem Anlass wurde der historische Ort umfangreich restauriert und kann wieder besichtigt werden.

Gehen Sie nicht weiter geradeaus über die Brücke, sondern am Verfassungsgebäude und dem Café vorbei und folgen Sie dem **Fluss Andelva** nach rechts. Ein kleiner Weg führt Sie an diesem entlang, bis Sie unter der Eisenbahnbrücke den Fluss überqueren und nach oben zurück auf eine Straße gelangen, an der Sie rechts den **Sportplatz Bøn** finden (10 km).

Gehen Sie auf der gegenüberliegenden Seite in den Feldweg und biegen Sie hinter dem nächsten Gebäude nach links ab. Es geht mitten durch das Feld auf ein Wäldchen zu, durch das Sie erst steil nach unten gehen, um es dann steil nach oben zu verlassen. Hier wartet auch schon eine ⛩ Tischgruppe auf müde Pilgerbeine – und die Rast können Sie brauchen, denn an dieser und den Häusern von Dønnum vorbei sind 2,1 km auf der Asphaltstraße Dønnumskia zurückzulegen.

✋ Tipp: Rufen Sie nun die Gastgeberin des ⌂ Eidsvoll Gamle prestegård an, damit Sie nicht warten müssen, bis Ihnen die Pilgerherberge aufgeschlossen wird (☎ 48 89 51 51). Allerdings dauert es auch dann nicht lange, wenn Sie erst zur ✝ Eidsvoll-Kirche gehen und von dort anrufen.

Am Ende der Straße biegen Sie rechts ab und gelangen zu den ersten Häusern von Eidsvoll. Die Schilder weisen schon Richtung ✝ **Eidsvoll kirke** (☞ 5. Etappe). Biegen Sie aber nicht links zu dieser ab, sondern verlassen Sie am Schild den Olavsweg (14,6 km), um zur Pilgerherberge zu gelangen. Dafür gehen Sie auf dem Camilla Colletts veg geradeaus, am Friedhof zu Ihrer Linken vorbei. Rechts vor Ihnen taucht das große weiße Gebäude des ⌂ **Eidsvoll gamle prestegård** (☞ 5. Etappe: Eidsvoll) auf, das restaurierte „Alte Pfarrhaus" mitten im parkähnlichen Garten (15,1 km). 4,6 km weiter finden Sie mit der Haug herberge eine ebenso reizvolle Unterkunft, wenn auch einfacher ausgestattet: In der liebevoll hergerichteten Selbstverpflegerunterkunft in einem alten Holz- oder auch einem originellen Gewächshaus gibt es nur fließendes kaltes Wasser und eine Außentoilette (☞ 5. Etappe: Eidsvoll).

☺ Wunderschön bunt und freundlich eingerichtete Einzel- und Mehrbettzimmer in einem großen, gemütlichen Holzhaus mit Platz für 16 Pilger. Hier sind auch die Proberäume der örtlichen Theatergruppe untergebracht.

Fußweg zum Zentrum von Eidsvoll 🏛 ✖ 🍺 🍷 🏦 💐 🛒 🚢 🚂 🚌: ca. 15 bis 20 Min. an der Kirche vorbei, den Berg hinab und über den Fluss.

5. Etappe:
Eidsvoll gamle prestegård – Lysjøhimet

◯ 19 km, ⌛ ca. 4 Std. 45 Min., ↑ 443 m, ↓ 292 m, ⇧ 123-330 m

0,0 km	⇧ 180 m	Eidsvoll gamle prestegård
0,7 km	⇧ 178 m	Eidsvoll kirke
1,9 km	⇧ 134 m	Eidsvoll
4,6 km	⇧ 197 m	Haug pilegrimsrast / herberge
9,8 km	⇧ 200 m	Notunterstand Ljødalstuvegen
10,6 km	⇧ 207 m	See Holtdammen
13,6 km	⇧ 271 m	See Fløyta
15,1 km	⇧ 276 m	Badeplatz am See Fløyta
19,0 km	⇧ 330 m	Lysjøhimet

Es geht in den Wald! Zwar verlaufen die ersten Kilometer um Eidsvoll noch auf asphaltierten Rad- und Fußwegen oder auf der Straße, doch nach etwa der Hälfte der Etappe sieht man nur noch Bäume. Am See Fløyta vorbei gelangen Sie an eine von zwei möglichen, sehr einfachen Übernachtungsmöglichkeiten mitten im tiefen Wald, die echte Pilgergefühle hervorrufen.

🛈 Wenn Ihnen die Etappe durch den Wald mit dem proviantbepackten Rucksack zu beschwerlich oder das Nachtquartier – eine Hütte ohne Elektrizität und fließend Wasser – zu simpel sein sollte, können Sie von Eidsvoll mit dem **Skibladner** (☞ Eidsvoll) nach Hamar oder mit der **Dovrebahn** (☞ Reise-Infos von A bis Z, Verkehrsmittel) nach Tangen oder Hamar fahren. Auch finden Sie keine 7 km nach der Lysjø-Hütte mit dem Hof SannFredstun eine wunderschöne Unterkunft in einem alten Schulhaus.

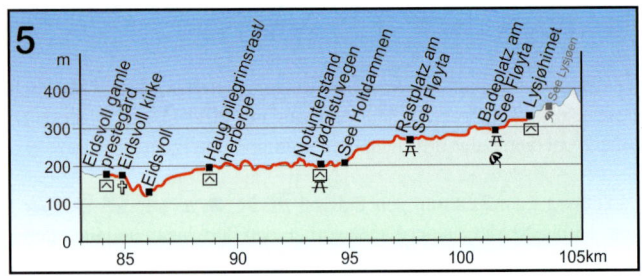

Eidsvoll kirke

Nach mehreren Bränden ist die heutige Kreuzkirche mit im Rokokostil geprägter Inneneinrichtung v. a. das Ergebnis der Restaurierung von 1885. Die Wände des Altarraums (Chor) und der beiden Querschiffe stammen aber von der ursprünglichen Kirche aus dem Jahre 1200. Sie entstand unter König Sverres Styringstid (1177-1202) und gilt als älteste Steinkirche Norwegens in Kreuzform.

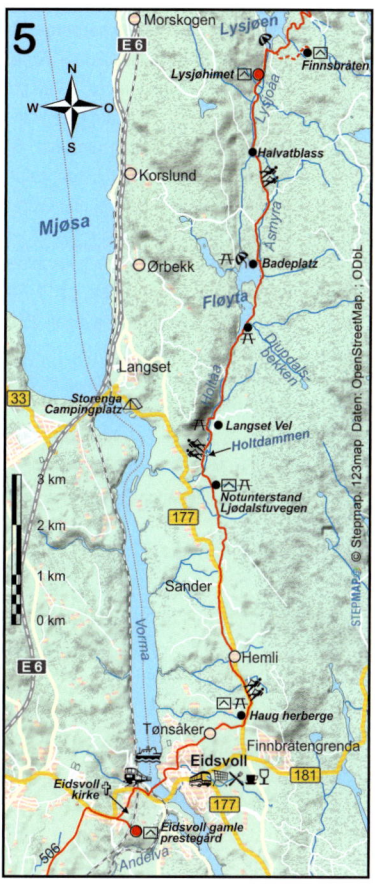

An der Kirche vorbei laufen Sie hinab zur Straße, unter dieser hindurch und nach rechts auf dem Fuß- und Radweg bis zu den Brücken. Hier begrüßt Sie eine Gedenkstatur zur norwegischen Verfassung und der Text der Nationalhymne. Links hinab vor dem Fluss Vorma führt die Straße zur Anlegestelle des *Skibladners* und zur Eidsvoll stasjon, der Olavsweg führt Sie geradeaus über den Fluss zum Zentrum von **Eidsvoll**.

In Eidsvoll sollten Sie **Proviant für zwei Tage** kaufen. Die nächste Einkaufsmöglichkeit ist über 40 km entfernt in Tangen (☞ 7. Etappe).

Eidsvoll 2080

Eidsvoll gamle prestegård, Camilla Colletts veg 27, ☎ 93 27 12 13, 48 89 51 51, ✉ kristin@eidsvoll.kirken.no, Mitte Mai bis Mitte August, pro Pers. NOK 250, Schlafsack mitbringen, Etagenbad und große Gemeinschaftsküche, Bettlaken NOK 50, Bettwäsche NOK 100, Waschmaschine. Kontakt aufnehmen, damit das alte Pfarrhaus aufgeschlossen wird.

5. Etappe: Eidsvoll gamle prestegård – Lysjøhimet

◨ **Haug pilegrimsrast og herberge**, Østsidavegen, ☏ Anne Mette Mortvedt: 95 11 10 32, Ole Andreas Isager: 90 89 99 54, NOK 50 für eines der 3 Betten im Haupthaus (Schlafsack mitbringen), NOK 200 pro Pers. im luxuriösen Doppelbett des gläsernen Gewächshauses (Vorhang), Zelten mit Benutzung des Plumpsklos, der Außendusche und der Küche umsonst. Sie finden einen Schlüssel zum Haupthaus im Schlüsselkasten an der Eingangstür (Code 1960). Bezahlung und Preisliste (verschiedene Nahrungsmittel und Getränke im Verkauf) im Haus.

✞ **Eidsvoll kirke**, Breidablikk, ☏ 63 96 52 20, ✉ kirkekontoret@eidsvoll.kirken.no, 🕒 Fr 13:30 bis 17:00, Sonntagsgottesdienst 11:00

🛒 **Rema 1000**, Sundet, 🕒 Mo bis Fr 7:00 bis 23:00, Sa 8:00 bis 21:00

◆ **Kiwi 047 Eidsvoll**, Vormavegen 25, Mo bis Fr 7:00 bis 23:00, Sa 7:00 bis 21:00

🚢 **Skibladner**, ☏ 61 14 40 80 ✉ skibladner@skibladner.no, 🖥 www.skibladner.no, Pilgerpreis (der Wasserweg über den Mjøsa hat schon seit Beginn der Wallfahrt eine große Rolle gespielt): einfache Fahrt NOK 100, unabhängig von der Entfernung. Der älteste in Betrieb befindliche Raddampfer der Welt (Baujahr 1856) fährt von Ende Juni bis Mitte/Ende August einmal täglich (außer montags) die am Mjøsa-See und Olavsweg liegenden Orte Lillehammer, Moelv, Gjøvik (Westweg), Hamar und Eidsvoll an. ✗

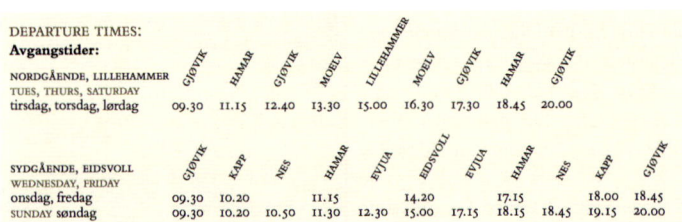

Folgen Sie der Straße nach der Brücke geradeaus und biegen Sie dann links ab. Es geht nach oben und nachdem Sie an der ⛽ Shell-Tankstelle nochmals links abgebogen sind, geht es aus der Stadt hinaus. Sie laufen auf die Häuseransammlung Finnbråtengrenda zu, vor der Sie an der Kreuzung links in den Østsidavegen gehen (Verkehrsschild „Minnesund 177" und Informationsschild über das Eisenzeit-Grabfeld von Tønsåker). Knapp 200 m auf dem Straßenrand der 177 gelaufen, finden Sie links die ◨ ⛺ **Haug herberge** mit dem braunen Haupthaus (Schlüsselkasten an der Ecke neben der Haustür) und dem Gewächshaus hinten dran. Hier können Sie auch einfach nur überdacht Rast machen und Wasser auffüllen.

Verlassen Sie die Straße 1 km später vor der nächsten scharfen Rechtskurve links hinab, Sie gehen über die Einfahrt und quer über das (Privat-)Grundstück. Sie laufen nun fast durchgehend parallel zur oberhalb liegenden 177. Einmal müssen Sie die Landstraße noch überqueren (🚌 mit 🅗).

Originelle Pilgerunterkunft: das Gewächshaus der Haug herberge

Die Schilder zeigen Ihnen dort den Weg bis zur nächsten Linkskurve (Hausnummern 401-407), in der es rechts ab ins Feld geht (direkt an einigen Häusern unterhalb vorbei). Die nun folgende Strecke bis zum Waldanfang verläuft abwechselnd auf kleinen Trampelpfaden und breiteren Feldwegen vorbei an einzelnen Höfen und zwischen diesen hindurch.

✋ Seien Sie auf den Trampelpfaden vorsichtig, wo Sie Ihre Füße hinsetzen, denn es geht über Steine, Wurzeln und mit Nadeln, Blättern und Moos bedecktem Boden. Hinauf und hinab ist das stolprig, bei Nässe Ausrutschgefahr.

Nachdem Sie auf einem schmalen Weg die beiden Gittertore durchquert haben (Schild „Schließen Sie die Tore hinter der Weide wieder"), beginnt ein gemütlicher, breiter Weg durch ein paar zusammenhängende Häuseransammlungen hindurch. Sie passieren den 🏠 **einfachen Notunterstand** (Schlafsack und Isomatte benötigt) auf dem Ljødalstuvegen und knapp 600 m danach die Abzweigung zum ⛺ Storenga Camping (schmale Straße Habberstadvangvegen links von Ihnen). Nachdem Sie den kleinen See Holtdammen (10,6 km) passiert haben, folgen Sie der Rechtskurve nach oben aus den Häusern raus und auf einer Brücke über den Fluss. Dahinter geht es gleich wieder links an einer Schranke vorbei hinein in den Wald. Der breite Pfad führt Sie nun immer geradeaus auf der rechten Seite des Bachs entlang und leicht nach oben bis zum **See Fløyta** – um sich herum dürften Sie nichts anderes als Bäume und viele neue Olavswegmarkierungen sehen.

☺ Das Ufer des Fløyta, an dem Sie der Olavsweg entlangführt, lädt zur Rast ein (13,6 km): Eine schöne Sicht auf den See haben Sie z. B. von einer Landzunge aus (⊼ Bank und Steine am Ufer), die Sie links einer kleinen Holzbrücke kurz hinter der Staumauer am Seeanfang finden.

Sie kommen allerdings auch nach weiteren 1,5 km auf dem Olavsweg am Ende des Sees zu einer größeren Landzunge mit mehreren ⊼ ⚑ Tischgruppen und Plumpsklo. Um dorthin zu gelangen, müssen Sie am See entlang bis zur Brücke laufen, hinter der Sie an der T-Kreuzung ein Schild links zur Badestelle weist. Um aber auf dem Pilgerweg zu bleiben, biegen Sie hier nach rechts ab. Etwa 700 m weiter geht es erneut nach rechts und vom See leicht ansteigend weg.

Sie gelangen an eine Dreiwegekreuzung, auf dessen niedrigem Hügel Sie einen kleinen ⊼ Rastplatz mit Holzbänken und einer Feuerstelle finden (17,4 km). Gehen Sie hier links an dem Grundstück mit rotem Haus und Spiel-

Waldweg mit Holzbohlen

platz vorbei. Kurz darauf wird der breite Waldweg zu einem kleinen Trampelpfad, der Sie mitten durch den Wald führt. Linker Hand begleitet Sie wieder der Bach. Bretter und Bohlen erleichtern den Weg über den idyllischen Pfad, der manchmal von kleineren Baumstämmen versperrt wird. Die einzigen Geräusche stammen von den Glocken, die an den Hälsen der frei herumlaufenden Schafe baumeln.

An einer Kreuzung weist Sie ein großes „Pilegrimsleden"-Schild links über die Brücke. Dahinter geht es rechts vom Trampelpfad auf einen breiteren Waldweg, der Sie nun direkt zur links am Weg liegenden ⌂ **Hütte Lysjøhimet** bringt (19 km). Etwa 1,8 km entfernt finden Sie eine weitere einfache Unterkunft, die ⌂ Hütte Finnsbråten. Wer vor einer Tagesetappe von 25 km nicht zurückschreckt, kann auch noch knapp 7 km dranhängen und bis zur urgemütlichen Unterkunft ⌂ SannFredstun (☞ 6. Etappe) laufen.

☺ Lysjøhimet

Die simple und grade deshalb so geruhsame Lysjø-Hütte liegt mitten im Wald, in der Nähe zum 🞻 See Lysjøen. Es gibt 1 Zimmer mit 3 Betten, eine (Schlaf-)Couch im Wohnbereich und eine kleine Küche (ohne Herd). Eine Latrine und Holz für den Kamin befinden sich im roten Holzhäuschen auf der rechten Seite des Weges unterhalb der Hütte. Die Einfachheit und Abgeschiedenheit von jeglicher Zivilisation macht den idyllischen Ort zu etwas Besonderem.

⌂ **Storenga Camping**, Østsidavegen 860, 2092 Minnesund, ☎ 63 96 83 52,
✉ hans.petter.flesvig@gmail.com,
🖥 www.nafcamp.no/campingplasser/1073-Storenga-Camping,
📅 1. Mai bis 1. September, ca. 2,3 km vom Olavsweg entfernt,
Hütten NOK 250 bis 450, Zelt NOK 150 (plus NOK 30 pro Pers.)

⌂ **Lysjøhimet**, Lysjøen, 📅 Mai bis September. Die Übernachtung ist umsonst, Sie können aber etwas spenden oder Geld für Holz dalassen, sollten Sie welches verwendet haben. Schlafsack mitbringen. ✋ Kein Strom, kein fließend Wasser.

🛈 Der See Lysjøen und eine Art Feriensiedlung (Lysjødammen) sind etwa 700 m entfernt. Wasser können Sie aus dem See, besser aber direkt aus dem Bach holen: Folgen Sie dem Weg ein kurzes Stück nach oben, dort kommt eine gute Stelle, an der Sie rechts hinab zum Bach gelangen können.

♦ **Finnsbråten**, 2338 Espa, ☎ 91 74 37 12, ✉ sistensr@bbnett.no, p. P. NOK 150, Schlafsack mitbringen, unbewirtschaftete Hütte mit 4 Betten, Latrine in anderem Gebäude, Gas zum Kochen vorhanden, ca. 1 km vom Olavsweg entfernt (bergauf!). ✋ Unbedingt vorher anrufen, die Hütte ist verschlossen! Weg ☞ 6. Etappe

6. Etappe: Lysjøhimet – Hestnes Nordre gård

➲ *17,3 km*, ⌛ *ca. 4 Std.*, ↑ *289 m*, ↓ *451 m*, ⇧ *156-466 m*

0,0 km	⇧ 330 m	Lysjøhimet ⌂
0,7 km	⇧ 352 m	See Lysjøen ☞
3,4 km	⇧ 355 m	See Granerudsjøen ⌇
6,7 km	⇧ 381 m	SannFredstun ⌂
12,1 km	⇧ 449 m	Beginn Trampelpfad im Wald
15,0 km	⇧ 331 m	Nilsbergvegen
16,9 km	⇧ 159 m	Marché restaurant ✕
17,3 km	⇧ 168 m	Hestnes Nordre gård ⌂

Man sieht den Wald vor lauter Bäumen nicht! Die gesamte Etappe führt durch Wald, mal auf kleinen Trampelpfaden, auf denen Sie jeden Fuß vorsichtig setzen sollten, und mal auf breiten Wegen wie die über den Romsæterberget. Meist werden Sie von Bächen begleitet, oft blitzt einer der Seen durch die Nadeln – wenn Sie nicht gerade direkt an einem entlanglaufen. Schließlich kommen Sie am größten, dem Mjøsa-See, an. Ihre einzigen Begleiter sind neben Wasser und Bäumen nur die Schaffamilien mit ihrem Glockengebimmel.

Folgen Sie dem Waldweg knapp 700 m nach oben bis zum ☞ **See Lysjøen**, vor diesem wenden Sie sich rechts. Laufen Sie an der Hüttensiedlung Lysjødammen vorbei und geradeaus ein kleines Stück den Pfad hinauf. Hier weist ein Schild nach oben Richtung ⌂ **Finnsbråten** (☞ 5. Etappe), der Olavsweg geht

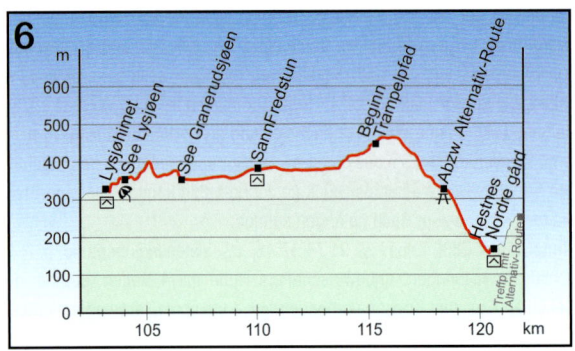

aber vor Hinweis und Schranke links ab in den Wald (Schilder „Gammelsaga" und „Rondanestienroute"). Sie sind nun in der Kommune Stange.

Der Trampelpfad führt Sie zunächst am See entlang, es geht steil nach unten und oben und über einige kleinere Zuflüsse. Der Pfad verlässt dann den See gen Osten, der Wald wird hier etwas lichter und der Bodenbewuchs dichter. Folgen Sie vorsichtig den gut sichtbaren Olavswegzeichen (ansonsten helfen die blau angemalten Hölzer der regionalen Wanderwege weiter, die in den Bäumen hängen), bis Sie auf einen breiten Weg stoßen (2,3 km). Gehen Sie hier nach rechts (Schild „Rondanestien"), nach einigen Metern weist Sie das Olavswegkreuz direkt wieder nach links.

Der Waldweg (Lagvaldalen) bringt Sie zum ⌂ **See Granerudsjøen** (Pilgerbank und Informationsschild Korsvika), an dem Sie entlang- und vorbeigehen.

Sie stoßen auf eine größere Waldstraße (links der Fiskerplatze Ottsjøen) und folgen ihr ca. 800 m nach rechts. An der nächsten T-Kreuzung (5,5 km) wenden Sie sich links auf den Schotterweg Granerudvegen. Lassen Sie die Abzweigung nach Haugen links liegen, direkt danach geht ein kleiner Weg links von der Straße ab (Pilgerwegweiser „SannFredstun"). Durch ein Tor gelangen Sie nach Spitalen Søndre. Auf dem Hof wohnen die Besitzer der wunderschönen Unterkunft ⌂ **SannFredstun**. Zu dieser gelangen Sie, wenn Sie das Grundstück durch ein Tor wieder verlassen haben und der Straße Spitalsvegen nach links für knapp 450 m gefolgt sind. ☺ Auf der linken Straßenseite finden Sie das alte, liebevoll umfunktionierte Schulhaus (6,7 km). Folgen Sie dem breiten Spitalsvegen weiter geradeaus vorbei an Nordre Spitalen bis zu den Schildern

„Gransjøen" und „Lalumsvangen" (8,1 km). Biegen Sie hier rechts Richtung **Stange** ein (*Vegegift*: Straßennutzungsgebühren für Fahrzeuge) und folgen Sie dem stetig leicht ansteigenden Waldweg. Nachdem Sie links eine abgehende (und wieder zurückführende) Schotterstraße nicht beachtet haben, ignorieren Sie auch die rechts abgehende (und wieder zurückführende) Schotterstraße, an der Sie oberhalb das Schild „Romsætra 0,7" finden (9,2 km). Sie gehen nicht rechts Richtung Romsætra, sondern weiter den Hügel hoch. Es geht dann links ab auf einen geschotterten Weg und an den links liegenden Holzgattern (Schild „Korpbergsvea") vorbei. Ein Trampelpfad führt Sie in den Wald hinein und 2,9 km durch diesen hindurch.

Als Markierung dienen u. a. gelbe Pfeile und naturfarbene Holzblöcke in den Bäumen. Gehen Sie auf dem Trampelpfad vorsichtig über Bachläufe und matschige Stellen sowie über glitschige Steine und Wurzeln.

Sie kommen an einer Privathütte mit Feuerstelle und drei Holzbänken vorbei (linke Seite). Der Pfad führt Sie kurz darauf an ein großes, gerodetes Feld, gehen Sie dieses vorsichtig hinab. Der Pfad wird etwas breiter, folgen Sie ihm nach rechts und hinab bis zur breiten Straße (Parkbank). Wenden Sie sich auf dem Nilsbergvegen nach rechts in Richtung der ersten Häuser von Nilsberg. Kaum 300 m weiter erreichen Sie die Abzweigung der Straße Kjeldsrudvegen (15,2 km). Hier führt der Pilegrimsleden weiter geradeaus, zur Herberge weist das Schild „Hestnes Nordre Gård 2 km" deutlich links hinab.

Bleiben Sie geradeaus auf dem Nilsbergvegen (ca. 2,2 km bis beide Routen wieder zusammenstoßen), wenn Sie nicht in Hestnes Nordre gård, sondern in **Tangen** (ca. 8,5 km) übernachten wollen (7. Etappe).

Zum heutigen Etappenende, oder falls Sie einkehren möchten (Marché restaurant, ca. 2 km), folgen Sie dem Weg links die Straße hinab. Lassen Sie das Kulturhus Espa rechts liegen, biegen Sie nach links ab und bleiben Sie auf der Straße Falletvegen hinab Richtung **Mjøsa-See**. Kurz bevor Sie die E6 erreichen, auf der linken Seite eine Shell-Tankstelle (Lebensmittel zum Verkauf), geht es rechts in einen Weg hinein. An der Kurve liegt die Autobahnraststätte Marché. Gehen Sie an ihr vorbei, dann finden Sie linker Hand den Hof **Hestnes Nordre gård** (17,3 km).

Espa

 2338

⌂ **Hestnes Nordre gård**, Stenbyvegen, ☎ 62 58 02 01, 90 84 75 34,
✉ mahestne@bbnett.no, 🗓 1. Mai bis 31. August, pro Pers. NOK 100, Schlafsack mitbringen, Außentoilette, keine Dusche, 6 Betten in unbeheiztem *stabbur* mit Küche, ✋ vor Ankunft anrufen

SannFredstun

◆ **SannFredstun**, Spitalen Søndre, Erikstuvegen 38, ☎ 95 73 11 56, 95 73 17 96, ✉ info@sannfredstun.no, 🖥 www.sannfredstun.no, 🗓 Mai bis Oktober, pro Pers. NOK 150, Schlafsack mitbringen, Zelt NOK 80. Unterkunft in altem Schulhaus mit Gemeinschaftsküche (Kleinigkeiten an Nahrung zum Verkauf), draußen finden Sie die Komposttoilette und Dusche (Warmwasser). Das von Manfred und Sandra liebevoll eingerichtete Haus beherbergt neben den 2 Zimmern mit 7 Betten ein heimeliges Wohnzimmer (2 Doppelschlafsofas, 1 Klappbett) mit Holzofen, Esstisch, Radio und einer Auswahl an (deutschen) Büchern – perfekt für einen entspannten Nachmittag nach dem Wandern!

✕ **Raststätte Marché**, E6 Espa, 🗓 Mo bis Mi und Sa 9:30 bis 19:00, Do, Fr und So 9:30 bis 20:00, gratis WLAN

7. Etappe:
Hestnes Nordre gård – Store Gillund gård

➲ 23,3 km, ⏳ ca. 5 Std., ↑ 435 m, ↓ 451 m, ↕ 123-299 m

0,0 km	↕ 168 m	Hestnes Nordre gård
7,2 km	↕ 178 m	Tangen
21,8 km	↕ 196 m	Stange kirke
23,3 km	↕ 152 m	Store Gillund gård

Seeblick! Auf den Feldwegen haben Sie immer wieder einen schönen Blick auf den Mjøsa-See und über die Täler mit ihren Feldern und Wäldern. Die zum großen Teil asphaltierten Wege ziehen sich zwar an manchen Stellen, dafür ändert sich mit der ruhig daliegenden Landschaft von Stange – ohne große Berge oder dramatische Effekte – wieder das Gefühl für das Land, das Sie auf dem Olavsweg durchqueren. Ablenkung verspricht daher nicht nur der Blick auf den Mjøsa, sondern auch der auf eines der üppigsten landwirtschaftlichen Gebiete mit seinen wechselnden Getreide-, Obst- und Gemüsefeldern und unzähligen historischen Höfen, die Orte von bedeutsamen Funden (meist) aus der Eisen- und Wikingerzeit waren.

Gehen Sie zurück auf die Straße vor der Hütte und folgen Sie dem Stenbyvegen nach oben, weg vom See (✋ keine Markierungen). Sie stoßen zurück auf den Nilsbergvegen und den von rechts kommenden Olavsweg (1,2 km). Biegen Sie links ab auf die Schotterstraße, die Sie durch Espa hindurch hinab in Richtung des vor Ihnen ausgebreitet liegenden **Mjøsa-Sees** und der E6 bringt.

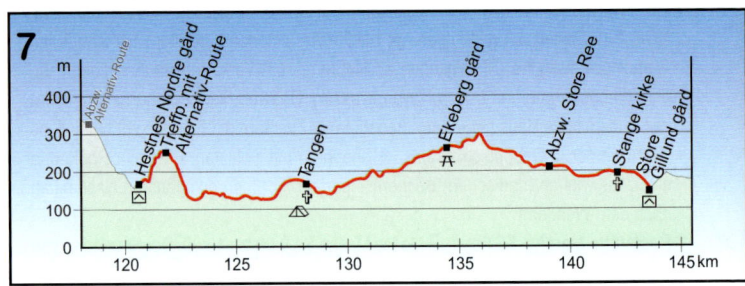

7. Etappe: Hestnes Nordre gård – Store Gillund gård

Sie stoßen auf die Asphaltstraße Espavegen, der Sie nach rechts folgen (Schild „Tangen"). Es geht ca. 1,4 km entlang der links von Ihnen liegenden Gleise, dann macht die Straße eine leicht ansteigende Rechtskurve. Hier gehen Sie links in den Pilegrimsvegen (3,6 km), der Sie unter den Gleisen hindurch und entlang des Sees führt. Halten Sie sich links und folgen Sie dem kleinen Weg am Mjøsa entlang.

Auf dem Pilegrimsvegen gehen Sie geradeaus durch die vor Ihnen liegenden Häuser, überqueren die Gleise und biegen dahinter links ab. Sie laufen auf der Autostraße, bis links **Tangen** beginnt (ca. 7,2 km). Überqueren Sie erneut die Gleise, nach denen es links ab Richtung Bahnhof Tangen gehen würde (Dovrebahn Reise-Infos von A bis Z, Verkehrsmittel).

Sie gehen rechts (Tangstubakken) und kommen nach 200 m zum Spar (letzte Einkaufsmöglichkeit vor Hamar). An diesem vorbei gelangen Sie ca. 100 m weiter zum links abgehenden Kirkebakken, auf dem Sie zur Tangen kirke gehen können. Der Olavsweg führt Sie aber weiter geradeaus und ca. 300 m später am Refling Hagens veg vorbei, der links zum ⛺ **Tangenodden Camping** abzweigt (7,8 km).

Tangen  2337

⛺ ✕ **Tangenodden Camping**, Tangenveien 54, ☎ 90 19 89 17,
✉ info@tangenodden.no, 🖥 www.tangenodden.no, ca. 500 m vom Olavsweg entfernt, Hütten für 1-4 Pers. ab NOK 650, Zelt NOK 160 (plus NOK 20 pro Pers.), 📅 ganzjährig geöffnet, Schlafsack mitbringen, WLAN, Bettwäsche NOK 100, Waschmaschine NOK 200, Campingplatz direkt am 🜚 Ufer des Sees mit Restaurant, Strand und Shop

⛺ **Husmannsplassen Skomakerbakken**, Ekebergveien 791, ☎ 95 98 09 68,
✉ frank.ostby@gmail.com, ca. 200 m vom Olavsweg entfernt, pro Pers. NOK 150 in einer von zwei einfachen, unbewirtschafteten Hütten (12 Betten insgesamt), Zelt NOK 50, 📅 Mai bis September, Schlafsack mitbringen, Küche mit Propan, einfache Waschmöglichkeit außerhalb, kein Strom

🛒 **Spar**, Tangstubakken 2, 📅 Mo bis Fr 7:00 bis 22:00, Sa 9:00 bis 20:00, 🜚

✝ **Tangen kirke**, Kirkebakken 7, hölzerne Kirche von 1861 mit achteckigem Grundriss, 📅 im Sommer in der Regel täglich 8:00 bis 14:00 und 18:00 bis 20:00 (☎ Kirchenrat: 62 57 89 30)

✣ **Kulturhus Fredheim**, Frode Kayser: ☎ 97 00 87 08, ✉ fkayser@online.no, Inger Sleppen: ☎ 91 78 17 33, ✉ Ingsle53@hotmail.com, 🖥 www.kulturhusfredheim.no. Museum im ehemaligen Wohnhaus der berühmten Schriftstellerin und Poetin Ingeborg Refling Hagen (1895-1989), deren zentrale Themen der Kampf gegen Faschismus und Nationalsozialismus waren. Dauerausstellung (u. a. mit Werken von Henrik Wergeland) und wechselnde Ausstellungen, Konzerte, Veranstaltungen etc.

Gehen Sie auf dem Tangstubakken weiter über den **Fluss Vikselva**. Die Straße heißt nun Tangenvegen (222) und bringt Sie – vorbei an der ✣ Villa Fredheim mit Büste der Schriftstellerin im Garten – aus dem Ort hinaus. Knapp 900 m nach dem Fluss geht es von der Landstraße links ab in einen kleinen Feldweg, der Sie vor einem einzelnen rotbraunen Gebäude nach oben in den Wald führt.

Sie stoßen auf einen breiteren Weg, auf dem Sie für nur 50 m nach rechts gehen, um dann direkt links in einen kleinen Pfad einzubiegen. Sie gelangen wieder auf eine breite Straße und gehen hier nach links oben. Nach ca. 120 m geht es wieder rechts in den Wald hinein. Auf dem zunächst ansteigenden, dann wieder hinabführenden Weg laufen Sie, bis Sie auf eine sandige Straße kommen. Hier biegen Sie rechts ab auf den Vardebergvegen.

Keine 200 m weiter geht es an den Wegweisern „Vardeberg" und „Ekeberg" wieder nach rechts. Auf dem Ekebergvegen (nach 0,5 km kommen Sie an die Abzweigung links zu den einfachen Hütten ⌂ Husmannsplassen Skomakerbakken) gehen Sie die nächsten 3 km durch vereinzelt stehende Häuser und Bauernhöfe, durch Felder und Waldstücke, an Kuhherden und Pferdekoppeln vorbei – es sind dabei einige steile Anstiege zu meistern. Da ist es schön, dass Stühle und ein Tisch vor der Farm ⌘ Ekeberg gård ( Tangen) zum Rasten einladen (keine Übernachtungsmöglichkeit mehr seit 2018).

Begegnung am Weg

Gehen Sie weiter auf dem Weg geradeaus, nun etwas gemäßigter durch Wälder und einzelne Siedlungen. Aus dem Wald hinaus geht es steil nach unten. Sie laufen über offenes Feld und haben einen schönen Blick über die weite Landschaft, vor sich können Sie bald schon den Turm der Stange-Kirche sehen.

Vorbei an der von Bäumen gesäumten Straße, die hoch zu den historischen Gebäuden der heutigen Ochsenfarm „Store Ree" führt (18,7 km), wird der Weg zu einer asphaltierten Straße.

Nach 600 m biegen Sie in der Rechtskurve links ab (Wegweiser zur Kirche). Es geht knapp 250 m weiter rechts ab, auf dem kleinen Feldweg Almsgutua gehen Sie leicht ansteigend direkt auf die ✝ **Stange kirke** zu: Die 2,2 km ziehen sich, aber wie üblich können Sie hier Wasser tanken oder ablassen (21,8 km).

ℹ Von der Kirche aus stehen Ihnen innerhalb der nächsten 4 km gleich mehrere Unterkünfte mit unterschiedlichem Preisniveau zur Verfügung. Siehe dazu die Abschnitte ☞ Stange und ☞ Ottestad (8. Etappe).

Schöner Blick von der Stange kirke

Gehen Sie an der Kirche geradeaus vorbei und folgen Sie dem Kirkevegen für ca. 3 km, wenn Sie zum 🚉 **Bahnhof Stange** möchten (Dovrebahn, z. B. nach Hamar, 👉 Reise-Infos von A bis Z, Verkehrsmittel).

Stange kirke

Steinkirche mit für die gotische Architektur des Mittelalters typisch spitzem, über 20 m hohem Westportal. Benannt nach dem Bauernhof Stangir, auf dem sie 1225 gebaut wurde, gab die Stange-Kirche der Gemeinde ihren Namen. Nach einem Brand im Jahre 1620 erhielt sie verschiedene Stücke in Barockstil, u. a. eine reich mit biblischen Motiven geschmückte Kanzel von 1630.

Auf dem Parkplatz vor der Kirche finden Sie den **Meilenstein „503 km til Nidaros"**. Gehen Sie an diesem vorbei nach links auf den Vestbygdvegen Richtung Hamar. Bleiben Sie für ca. 600 m auf der Landstraße (✋ Vorsicht, es kann für norwegische Verhältnisse viel Verkehr herrschen).

Hier biegt links der Gillundsveg vom Olavsweg ab Richtung See. Nehmen Sie diesen, um ca. 800 m weiter zum Hof 🏠 **Store Gillund gård** zu gelangen (23,3 km). Sie können aber auch 3 km auf dem Vestbygdvegen weiterlaufen bis zur idyllischen Pilgerherberge 🏠 **Herkestad gård** (☞ 8. Kapitel), die direkt am Olavsweg liegt.

Stange 🏠 🛏 ✝ 🛒 ✕ 🚌 ✉ 2335

🏠 **Store Gillund gård**, Gillundvegen 83, ☎ 62 57 16 77, 40 40 49 47,
✉ helops@online.no und ingops@online.no,
💻 www.stangevestbygd.no/aktorer/store-gillund-gard, ca. 800 m (abwärts) vom Olavsweg entfernt, 1 Pers. NOK 400, 2 Pers. NOK 600, Kaffee und Tee kostenlos, Schlafsack mitbringen, 4-Bett-Zimmer (plus 4 weitere Schlafmöglichkeiten) im Ferienhaus mit Bad, Küche und Wohnzimmer mit TV, Selbstversorgung

🏖 **Badeplatz Gillundstranda** am Mjøsa-See weniger als 1 km entfernt.

🛏 **Fokhol gård**, Fokholgutua 216, ☎ 62 57 19 79, ✉ fokhol@fokhol.no,
💻 www.fokhol.no, ca. 2,7 km vom Olavsweg entfernt, EZ NOK 250-480, DZ NOK 730. ✋ Die Übernachtung auf dem Bio-Bauernhof steht nur Gruppen von min. 8 Pers. zur Verfügung, Vorausbuchung notwendig, Frühstück und Buffet im Angebot

✝ **Stange kirke**, zentrales Kirchenamt *Stange menighetssenter Vollbo*, Vollasvingen 1,
☎ 62 57 89 30, ✉ kirkekontoret@stangemenighet.no,
💻 www.stangemenighet.no, 🕐 Sommer: Mo bis Fr 11:00 bis 15:00

8. Etappe:
Store Gillund gård – Pilegrimssenter Hamar

➲ 16,1 km, ⏳ ca. 3 Std. 30 Min., ↑ 100 m, ↓ 123 m, ⇧ 123-193 m

0,0 km	⇧ 152 m	Store Gillund gård ⌂
3,9 km	⇧ 172 m	Herkestad gård ⌂
7,3 km	⇧ 133 m	Clubhaus Atlungstad Golfclub 🍴
9,0 km	⇧ 125 m	Naturlehrpfad ☼ ⛩
12,4 km	⇧ 123 m	Abzweigung Vandrerhjem Hamar ⌂ ✕
16,1 km	⇧ 125 m	Pilegrimssenter Hamar ⌂ ⊙

In die Stadt! Zu Beginn stehen Ihnen zermürbende 4,6 km auf der Landstraße bevor, links liegt wunderschön der Mjøsa-See. Je näher Sie Hamar kommen, umso stärker ändert sich die Umgebung von ländlich zu städtisch. Vom Stadtanfang bis zu dem an den Domruinen liegenden Pilgercenter warten dann noch fast 4 km auf einem Spazierweg am See auf Sie.

☺   Achten Sie auf dem Vestbygdvegen auf Schilder, die in den Hofeinfahrten stehen: Je nach Saison bieten einige Bauernhöfe hier ihre Him- und Erdbeeren direkt vom Feld zum Verkauf an (z. B. eine Schale mit Himbeeren für ca. NOK 30).

🚌   Am Vestbygdvegen und auf dem Sandvikavegen (nach gut 7 km) finden Sie regelmäßig Bushaltestellen, an denen Busse nach Hamar halten (z. B. Linie 54). Allerdings bestehen die Verbindungen nicht über den gesamten Tag und nur werktags (☞ Reise-Infos von A bis Z, Verkehrsmittel).

Gehen Sie zurück zum Vestbygdvegen und auf diesem links weiter. Sie passieren nach gut 1,7 km auf der Landstraße die Abzweigung (direkt vor dem Bauernhof Sakslund) zum Hotel 🛏 Staur gård und kurz dahinter rechts die Abzweigung zum ⌂ Husmannsplassen Møyrud.

Vorbei am Gehöft Elton Nordre (kleines Hofcafé mit unregelmäßigen Öffnungszeiten), gelangen Sie zum Hof ⌂ Herkestad gård (3,9 km). Nach weiteren 1,6 km auf dem Vestbygdvegen finden Sie die Abzweigung deutlich markiert, die Sie von der Landstraße wegbringt.

Herkestad gård

☺ Herkestad gård

Ihre Gastgeberin Bente möchte einfach nur ein Teil des Olavswegs sein – und das spürt man auch: Der Herkestad-Hof und der Pilgerweg, die bilden sofort eine Einheit, wenn man von der Straße in den Vorgarten abbiegt und über die Koppel mit den Ponys auf den Mjøsa-See blickt, der fast wie ein stilles Meer anmutet. Dazu trägt Bente auch mit ihrem vollsten Vertrauen in die Pilger bei, die notfalls per Telefon ins Haus geleitet werden und für die Getränke und Obst auf dem Tisch vor der Tür bereitstehen. Zudem weiß die herzliche Frau viele schöne Geschichten über die „Kornkammer Norwegens" zu erzählen, die die Strecke auf dem asphaltierten Vestbygdvegen abwechslungsreicher machen. In ihrem wunderschön bunt gestalteten Holzhaus fühlt man sich sofort wohl, ein modernes Bad und warmes Essen machen die „Zur-Ruhe-kommen"-Aura, die einen hier empfängt, perfekt.

Biegen Sie links auf den von Bäumen gesäumten Schotterweg ein. Sie gelangen auf diesem durch zwei Steinsäulen auf das Privatgrundstück des **Atlungstad gård**: Bitte respektieren Sie das! Auf dem Ottestadstien-Weg gelangen Sie zum Golfplatz Atlungstad und gehen ca. 800 m auf dem Hauptweg durch diesen hindurch. Am

Ende des Grüns (7,1 km) gehen Sie links hinab zum ☕ **Café im Clubhaus des Golfclubs** (Sandvikaveien 222, 📞 Mai bis Oktober: Mo bis So 8:00 bis 20:00) und dem ⌘ **Atlungstad Brennereimuseum** (💻 www.atlungstadbrenneri.no).

> Zur Herberge △ Fjetre gård gehen Sie hier, am Ende des Golfplatzes, geradeaus auf dem Sandvikavegen weiter.

Ottestad 🛏 △ ☕ ⌘ 📄 2312

🛏 **Staur gård**, Vestbygdevegen 226, ☎ 41 57 12 22, ✉ vertskap@staur.no, 💻 www.staur.no, ca. 1,3 km vom Olavsweg entfernt, EZ NOK 1.045, DZ NOK 1.620, Zimmer mit Bad, TV, WLAN, ✋ nur für Gruppen ab 5 Pers., Vorausbuchung notwendig

△ **Herkestad gård**, Vestbygdevegen 370, ☎ 99 35 26 53, ✉ annebentepedersenki@gmail.com, pro Pers. NOK 250, Bettwäsche NOK 50, großes Bauernhaus mit 18 Betten, Frühstück NOK 100, andere Mahlzeiten auf Anfrage möglich (ca. NOK 150), Küche zur Selbstverpflegung nutzbar. ✗ Für Pilger stehen Getränke und Obst auf dem Tisch im Vorgarten des Hofs (gegen einen kleinen Obolus).

♦ **Husmannsplassen Møyrud**, Grimerudvegen 118, ☎ 95 80 70 32, ✉ post@moyrud.com, 💻 www.moyrud.com, ca. 900 m vom Olavsweg entfernt, pro Pers. in einem der zwei 4-6-Pers.-Zimmer NOK 300, Bad, Küche, Waschmaschine, Schlafsack mitbringen, Bettwäsche NOK 50. Zelt NOK 50, Mahlzeiten auf Anfrage

♦ **Fjetre gård**, Sandvikavegen 185, ☎ 40 47 93 19, ✉ sinnerud@bbnett.no, 💻 www.fjetre.no, ca. 700 m vom Olavsweg entfernt, pro Person NOK 650 (inkl. Bettwäsche und Handtücher), EZ-Zuschlag NOK 300, Frühstück NOK 150. Haus mit 12 Betten (im DZ) und Küche auf altem Bauernhof. ✋ Vorzugsweise für Gruppen (ab 6 Pers. Rabatt von NOK 50 pro Pers.), vorher anfragen!

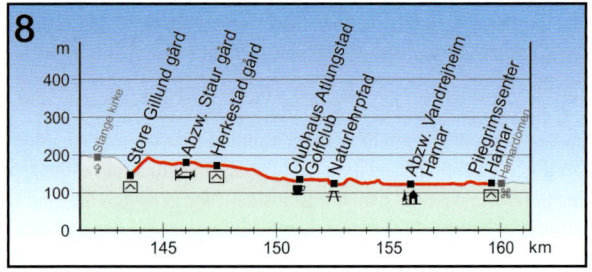

Folgen Sie dem Pfad an der Brennerei vorbei und am See entlang knapp 700 m später bis zur Kläranlage Hias. Gehen Sie um diesen Industriepark herum, folgen dem Weg etwas vom See weg und halten sich dann links: Sie gelangen an den wunderschönen ⊛ **Naturlehrpfad Naturstien Nordsveodden** (ca. 300 m lang), der Sie wieder direkt am Mjøsa entlang durch ein kleines Wäldchen führt. Hier gibt es viele ⊼ Rastmöglichkeiten, u. a. auf einem Steg im Wasser.

Halten Sie sich, wenn der Pfad sich gabelt, rechts. Am Ende des Lehrpfades gelangen Sie über eine Straße nach rechts hoch auf den breiten Sandvikavegen. Folgen Sie der Straße auf dem Fuß- und Radweg nach links. Sie haben immer wieder einen schönen Blick über den See hinweg auf die Domstadt mit der Kuppel der Olympiahalle.

Sie gelangen an Bahngleise, überqueren Sie diese und halten Sie sich links. Folgen Sie weiter dem Sandvikavegen zum Kreisel (🍴 ☕ 🛒 Vikasenteret, u. a. mit dem Discounter Extra 🛒 Mo bis Fr 7:00 bis 23:00, Sa 8:00 bis 21:00), überqueren diesen auf dem Zebrastreifen und gehen links über die Brücke nach **Hamar**. Direkt am nächsten Kreisel (12,4 km) finden Sie die erste Übernachtungsmöglichkeit ausgeschildert, das 🛏 ✕ **Vandrejheim Hamar**.

Zum Pilgercenter direkt an den Domruinen sind es vom Kreisel aus noch 3,7 km. Folgen Sie den Olavswegzeichen über den Kreisel hinweg und hinter diesem nach links über den Zebrastreifen Richtung ⛽ 🍴 Shell/7-Eleven. Biegen Sie davor links ab und gehen Sie in der Unterführung unter den Gleisen wieder links. Ab hier ist der Fußgängerweg Richtung „Domkirken" ausgeschildert.

Gehen Sie quer über den Parkplatz zum See und folgen Sie dem Fuß- und Radweg immer am Mjøsa entlang. Sie kommen am 🚆 🚌 **Hamar Bahnhof** (Dovrebahn ☞ Reise-Infos von A bis Z, Verkehrsmittel) und am 🛏 Victoria

Hotel vorbei (auf der anderen Seite der Gleise). Überqueren Sie den Parkplatz und gehen Sie um den ⚓ Motorsportboothafen herum (🚢 *Skibladner* ☞ 5. Etappe).

☞ Wenn Sie am Hafen nach rechts durch die Unterführung gehen, kommen Sie an einen großen Platz mit ✕ Schnellrestaurants und ☕ Cafés und weiter geradeaus zur ✝ Hamar Domkirke.

☺ Biegen Sie nach der Unterführung direkt rechts in die Strandgata und nehmen Sie an der nächsten Ecke im „BBQ for everybody" einen Burger (ab NOK 100) – einfach lecker!

Am Ende des kleinen Hafens finden Sie einen ♀ Kiosk. Gehen Sie an diesem vorbei und folgen Sie der Promenade, die von vielen Bewohnern für Sport und Freizeit genutzt wird. Sie passieren u. a. das ⌘ Glockenspiel im See, den Hochwasserstein, einen kleinen Strand und eine ehemals militärisch genutzte Reithalle. Es geht am Mjøsa entlang bis zu den ersten historischen Gebäuden (dem mittel-

❶ Hamar Domkirke
❷ Hamardomen / Domkirkeruinene
❸ Hedmarksmuseet
❹ Vikingskipet
❺ Glockenspiel im See
❻ Hamarstua
Ⓐ Pilegrimssenter Hamar
Ⓑ Hamar Vandrerhjem Vikingskipet
Ⓒ Hedmarktoppen Folkehøgskole
Ⓓ Seiersted Pensjonat
Ⓔ First Hotel Victoria
Ⓕ Clarion Collection Hotel Astoria

alterlichen Bischofssitz) des ⌘ **Hedmarksmuseet**. Gehen Sie hier nicht links in den Park mit den ✝ **Domruinen**, sondern biegen Sie nach dem Promenadenweg direkt rechts in die Straße Storhamargata ein: Hier liegt auf der linken Seite das weiße Gebäude des △ ⊙ **Pilgercenters Hamar** (16,1 km).

Hamardomen: Die Ruinen der mittelalterlichen Kathedrale
Vermutlich wurde mit dem Bau des Hamardomen um 1152/53 begonnnen, doch erst im frühen 14. Jh. erreichte die Kathedrale ihre ehemals beeindruckende Höhe

Hamardomen

(bis zu 50 m hoch) und Länge (56,8 m). Sie bestand aus Kalkstein vom Furuberget (☞ 9. Etappe) und war für die nächsten drei Jahrhunderte der wichtigste Pilgerort zwischen Oslo und Trondheim. Die Domkirche verlor 1537 an Bedeutung, als im Zuge der Reformation die beiden Bistümer Oslo und Hamar vereinigt wurden, und erlitt im Siebenjährigen Schwedischen Krieg (1567) erhebliche Schäden. Die Kirche verfiel mit der Zeit immer mehr und die Menschen holten sich die Steine, um damit Häuser zu bauen. Schließlich musste die historische Stätte geschützt werden – der ausgefallene Glasbau von 1998 ist das Ergebnis davon.

Hamar

🛈 🛏 🏠 △ ⊙ 🍴 ✕ ☕ 🍺 ✝ ⌘ ❀ 🏦 ☎ ♨
🚌 🚐 ⛴ ✉ 2301-2326

🛈 **Hamar Touristinformation**, Grønnegata 52, ☎ 40 03 60 36, ✉ post@hamarregionen.no, 💻 www.hamarregionen.no, 🕒 Mo bis Fr 9:00 bis 15:30 (Mitte Juni bis Ende August: länger sowie Sa und So geöffnet)

⊙ △ **Pilgrimssenter Hamar**, ☎ Informationen. Ein Bett im 4er- oder 6er-Zimmer NOK 300, Preis inkl. Bettwäsche und Handtücher, Gemeinschaftsbad und -küche, WLAN. Kleine Fertiggerichte stehen zum Verkauf (Selbstbedienung). ✋ Rufen Sie an, um den Türcode zu erhalten (Vorausbuchung empfohlen): ☎ 47 47 82 66

8. Etappe: Store Gillund gård – Pilegrimssenter Hamar

Hamar Vandrerhjem Vikingskipet, Åkersvikvegen 24, ☏ 62 52 60 60, post@vikingskipet.no, 🖥 www.vikingskipet.no, ca. 600 m vom Olavsweg entfernt, Bett im Schlafsaal NOK 410, EZ ab NOK 745, DZ ab NOK 880, Preise inkl. Frühstück, Bettwäsche, Handtücher, WLAN. Gegenüber der ✠ Olympiahalle, ⏲ Restaurant Ny & Ne: täglich 6:00 bis 22:30

Hedmarktoppen Folkehøgskole, Limhusveien 15, ☏ 62 51 93 70, hotell@hedmarktoppen.no, 🖥 www.hamar-hytteutleie.no, ⏲ 1. Juni bis 15. August, ca. 2,5 km vom Olavsweg entfernt, Zimmer im Studentenwohnheim: EZ NOK 515 bis 600, DZ NOK 815 bis 970, 3er-Zimmer NOK 955 bis 1.190, Preise inkl. Frühstück, Zelt NOK 185 bis 205 (plus NOK 20 pro Pers.), 4/5-Pers.-Apartments ab NOK 1.010/1.515, 4/7-Pers.-Ferienhütte NOK ab 1.010/1.525, Bettwäsche NOK 115, Handtücher NOK 45, Endreinigung NOK 400/450 (Hütten und Apartments)

Seiersted Pensjonat, Holsetgata 64, ☏ 62 52 12 44, 99 71 70 66, hamarbooking@gmail.com, 🖥 www.seiersted.no, ca. 1 km vom Olavsweg entfernt, EZ NOK 460 bis 695, DZ NOK 660 bis 985 (fragen Sie nach Pilgerpreisen), Preise inkl. Frühstück, Kaffee und Tee, WLAN. Die Zimmer im zentral gelegenen, jahrhundertealten Gästehaus haben ein eigenes Bad und Balkon.

◆ **First Hotel Victoria**, Strandgaten 21, ☏ 62 02 55 00, 🖥 www.firsthotels.com, victoria@firsthotels.com, EZ ab NOK 880, DZ ab NOK 960, WLAN

◆ **Clarion Collection Hotel Astoria**, Torggata 23, ☏ 62 70 70 00, cc.astoria@choice.no, 🖥 www.nordicchoicehotels.com, ca. 300 m vom Olavsweg entfernt, Zimmer ab NOK 1.040 inkl. Frühstück und Abendessen sowie WLAN

Shell/7-Eleven Vikingskipet, Stangevegen 113, ⏲ Mo bis Fr 6:00 bis 24:00, Sa 8:00 bis 24:00, So 9:00 bis 24:00

☦ **Hamar Domkirke**, Kirkegata 14, ☏ 62 56 37 50, post.hamar@kirken-hamar.no, 🖥 www.kirken-hamar.no, ⏲ 20. Juni bis 20. August: Di bis So unregelmäßig, Gottesdienste Di 8:30 und So 11:00. Die Kathedrale von Hamar wurde 1866 aus Backstein gebaut.

☦ Hamardomen / Domkirkeruinene, ☞ Hedmarksmuseet

✠ ☦ **Hedmarksmuseet**, Strandveien 100, ☏ 62 54 27 00, domkirkeodden@annomuseum.no, 🖥 www.domkirkeodden.no, Park frei zugänglich, Erwachsene NOK 110, Kinder (6-17 Jahre) NOK 50. ⊙ Mit dem Pilgerausweis ist der Eintritt zum Hamardomen kostenlos. ⏲ Ende Mai bis Mitte Juni: Di bis So 10:00 bis 16:00, Mitte Juni bis Mitte August: täglich 10:00 bis 17:00, Mitte August bis Anfang September: Di bis So 10:00 bis 16:00, September täglich 10:00 bis 16:00.

8. Etappe: Store Gillund gård – Pilegrimssenter Hamar

🛈 Großes Freilichtmuseum mit Gebäuden von der Eisenzeit bis zu den frühen Gesellschaften des 20. Jh., mit Kräutergarten, Restaurant (☞ Hamarstua), wechselnden Ausstellungen, dem alten Bischofspalast (Dauerausstellung) und den Ruinen des Hamardomen

▷ Führungen im Sommer (nach Anfrage auf Englisch), Auskunft im Museum und im Pilgercenter

⌘ **Vikingskipet**, Åkersvikvegen 1, ☎ 62 51 75 00, ✉ post@hoa.no, 💻 www.vikingskipet.no. Die Form der Olympiahalle ist einem auf dem Kopf stehenden Wikingerschiff nachempfunden, sie wird im Sommer als Mehrzweckhalle für Konzerte, Ausstellungen etc. genutzt und im Winter dazu als Eisbahn

♦ Das **Glockenspiel im See** besteht aus 24 Glocken und dem Uhrturm. Sie spielen zu jeder vollen Stunde zwischen 9:00 und 21:00

✕ **Hamarstua**, ☎ 62 52 34 62, ✉ bestilling@hamarstua.no, 💻 www.hamarstua.no, 🕐 1. Mai bis 16. Mai: Di bis Sa ab 16:00, So 12:00 bis 18:00, 18. Mai bis 31. Juli: Di bis Sa ab 12:00, So 12:00 bis 18:00, 1. August bis 30. September: Di bis Sa ab 16:00, So 12:00 bis 18:00, Reservierung empfohlen

♦ **Speisewagen des Norwegischen Eisenbahnmuseums**, ☎ 40 44 88 80, 💻 www.norsk-jernbanemuseum.no/de, kleiner Imbiss, 🕐 alle Sommerwochenenden bis Mitte Juni, in der Hauptsaison dann täglich: 11:00 bis 17:00

Blick über den See auf das Kuppeldach der Olympiahalle

9. Etappe: Pilegrimssenter Hamar – Pilegrimsherberget Veldre

➲ *22,3 km,* ⏳ *ca. 5 Std.,* ↑ *472 m,* ↓ *290 m,* ⇧ *123-307 m*

0,0 km	⇧ 125 m	Pilegrimssenter Hamar ⌂ ⊙
0,3 km	⇧ 123 m	Hamardomen ✝ ⌘
0,5 km	⇧ 124 m	Hedmarksmuseet, Hamarstua ⌘ ✕
3,6 km	⇧ 170 m	Naturreservat Furuberget
8,2 km	⇧ 230 m	Furnes kirke ✝
14,7 km	⇧ 163 m	Kongsvegen Pilegrimsherberge ⌂
15,6 km	⇧ 145 m	Pax Gjestehus ⇌
16,3 km	⇧ 163 m	Brumunddal Fußgängerzone ⇌ ⛺ 🍴 ✕ ⬛ 🏦 💊 🚉 🚌
22,3 km	⇧ 307 m	Pilegrimsherberget Konfirmantsalen Veldre ⌂

Ruinen, Naturreservat, Fußgängerzone! Die Etappe beginnt mit dem Wahrzeichen Hamars: Die beeindruckenden steinernen Überreste der Kathedrale, unter einem Glasdach eingepackt, sind allemal einen Besuch wert. Danach geht es idyllisch am See entlang und auf z. T. schmalen, verwurzelten Pfaden durch den Kiefernwald von Furuberget. Hinaus aus dem Naturreservat gelangen Sie zur Furnes-Kirche, hinter der es lange übers Feld bis nach Brumunddal geht – Urlaubsatmosphäre in der Fußgängerzone. Weiter über Felder und durch Wälder gelangen Sie nach Veldre mit Kirche und Pilgerunterkunft im Gemeindehaus.

Vom Pilgercenter aus starten Sie nach rechts, um zum ⌘ ❀ Park des **Hedmarksmuseet** mit ✝ ⌘ **Hamardomen** (☞ 8. Etappe) zu gelangen. Gehen Sie

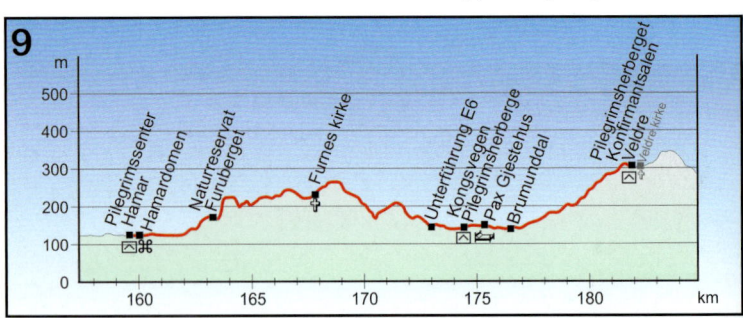

durch die zwei Steinsäulen hinein, an den rechts liegenden, mittelalterlichen Bischofsgebäuden vorbei und auf die mit Glas überdachten Ruinen zu.

☺ Auch wenn Zeit auf einer langen Reise wie dieser kostbar ist: Der Besuch der Ruinen ist ein Muss! Für Pilger ist der Eintritt in das Glasdreieck umsonst und die Guides in ihren mittelalterlichen Gewändern singen Ihnen gerne etwas vor – der Klang ist atemberaubend schön.

Von den Domruinen aus gehen Sie auf dem Pfad weiter zum Haupteingang des Museumsparks und am ✕ Restaurant Hamarstua (☞ 8. Etappe) vorbei, vor dem Ihnen der **Meilenstein** „488 km til Nidaros" die Richtung weist: Folgen Sie dem Weg geradeaus zwischen Restaurant und Eingang hindurch, er führt Sie durch das Freilichtmuseum und an der Bucht entlang. Sie gelangen zu einem als ✕ Café umfunktionierten Speisewagen (Getränke, Mittagstisch, Kuchen) des ✣ Norwegischen Eisenbahnmuseums (☞ 8. Etappe). Nehmen Sie hier den linken Pfad weiter am Wasser entlang.

Sie kommen durch ein kleines Tor, das Sie nach rechts vom Mjøsa weg und auf die Straße Strandvegen führt (2 km). Biegen Sie links ab und folgen Sie dem

Fuß- und Radweg für ca. 350 m, vorbei an einem ⚲ Kiosk (Eis, Getränke), bis Sie zu einem Backstein-Gebäude gelangen. Hier biegen Sie rechts in den Nystuvegen, laufen unter der Zugbrücke hindurch, überqueren die Straße Kornsilovegen und gehen geradeaus auf dem kleinen Weg weiter.

Gehen Sie quer über den Parkplatz eines Fußballfeldes. Rechts liegt nun eine Schule, vor dieser geht links ein schmaler Graspfad ab (Olavswegkreuz „Almueveien"), dem Sie durch Häuser nach oben folgen. Sie gelangen an den Furubergvegen, überqueren Sie diesen nach links und achten sofort auf ein Olavswegkreuz, das Sie rechts von der Straße ab und einen kleinen Waldpfad hinauf weist. Sie gelangen in das **Naturreservat Furuberget** (3,6 km).

Naturreservat Furuberget

Das Naturschutzgebiet auf dem Furuberget ist eine Kalksteinformation zwischen Mjøsa-See und Ringsaker. Aufgrund des harten Kalks fließt das Wasser schnell ab. Der Boden ist daher nährstoffarm und so behaupten sich dort v. a. die genügsamen Kiefern, speziell Pinien. Ergebnis der Kombination aus besonderer Bodenqualität und Klima ist eine reichhaltige und vielfältige Vegetation von Moosen, Pilzen und Flechten, aber auch Walderdbeeren und Orchideen blühen hier. Das Schutzgebiet wird von Rehen, Hirschen und Elchen sowie Hasen, Füchsen und Dachsen bewohnt, bietet vielen Vogelarten eine Heimat und ist Erholungsgebiet für die Bewohner von Hamar.

Es folgt ein etwa 1,2 km langer, schöner Abschnitt durch den Wald, der auch einige Steigungen parat hält. Abwärts geht es erst nach der Abzweigung zum Kalksteinbruch (ca. 200 m bis zur Aussicht über den See, nicht zwingend sehenswert). Gehen Sie geradeaus weiter und folgen dem Pfad, bis Sie aus dem Wald heraus auf einen Kiesweg stoßen (4,8 km).

Sie gehen rechts hoch, biegen an der nächsten Weggabelung links ab und laufen durch die Felder hinab zur asphaltierten Straße Jessnesvegen.

Auf der Landstraße bleiben Sie bis zum Schild nach Jessnes, hier biegen Sie in der Kurve links ab. ✋ Verpassen Sie nicht die Abzweigung knapp 500 m weiter: Hinter dem einzelnen weißen Haus oberhalb von Ihnen geht es rechts ab (Markierung leicht zu übersehen).

Der leicht ansteigende Weg führt auf einen Hof zu. Gehen Sie vor diesem links auf den Feldweg, lassen Sie Farm, Feld und Schafsweiden hinter sich und durchqueren Sie das Wäldchen. Aus diesem hinaus können Sie links vor sich schon die ✟ **Furnes kirke** erspähen. Nehmen Sie den Feldweg hinab zur Straße, die Sie zur

An der Furnes kirke

Kirche bringt (8,2 km). Hier können Sie rasten, Wasser auffüllen und die Toilette benutzen.

✞ **Furnes kirke**, Frøbergvegen 370, 2320 Furnes, Kirchenamt Furnes (Gamle Kongsveg 168): ☎ 41 37 15 30 oder 92 02 18 84 (Kirchenamt Brumunddal: ☎ 62 33 07 70), ✉ furnes.menighetsrad@kirken-ringsaker.no, 🕐 Sommer (i. d. Regel): 8:00 bis 10:00 und 18:00 bis 21:00. Kreuzförmige Kirche von 1708, gebaut aus Steinen des Hamardomen (✉ www.kirken-ringsaker.no).

Weiter geht es auf dem Frøbergvegen (später Gamle Kongsveg), der zu einem breiten Feldweg wird und Sie durch Täler und sanfte Hügel mit Wäldern und Feldern führt. Auf dem Weg hinab dürfen Sie das Olavswegkreuz nicht verpassen (ca. 1,4 km nach der Kirche), das Sie **vor einem rotbraunen Privathaus (Bakketuen)** links in einen kleinen Pfad weist. Gehen Sie auf diesem am Haus vorbei.

Der Weg bringt Sie durch vereinzelt stehende Häuser, kleine Wälder und Felder auf einen Schotterweg, dem Sie leicht nach rechts folgen. Durchqueren Sie die nächste Ansiedlung von Häusern und nehmen Sie am Ende den breiten Weg nach rechts oben. ☺ Wieder warten schöne Blicke über den See, zu dem Sie nun parallel abwärts laufen.

Ein Schild weist Sie links auf die asphaltierte Straße nach Brumunddal, parallel verläuft rechts von Ihnen nun die altbekannte E6, die Sie unterlaufen. Auf der Straße durch die Unterführung (13,4 km) gelangen Sie zu den ersten Häusern von Brumunddal (größte Stadt der Ringsaker-Kommune).

Auf dem Kongsvegen geht es durch ein ruhiges Wohngebiet, in dem Sie erst an der neuen ⌂ **Kongsvegen Pilegrimsherberge** (linke Straßenseite) vorbeilaufen, dann am 🛏 Pax Gjestehus (zu Ihrer Rechten), bis Sie an einen Kreisel gelangen, an dem eine T Shell-Tankstelle und das 🛒 ✕ 🍴 Einkaufszentrum Møllas Storsenter liegen. Biegen Sie links am Kreisel ab und gehen Sie rechts in die **Fußgängerzone von Brumunddal** (16,3 km), in der Sie Restaurants, Cafés, Bankautomaten und einen Brunnen mit Elch-Statur finden. Achten Sie auf die blauen Fußgängerschilder „Pilegrimsvegen".

Brumunddal 🛏 ⌂ 🛒 ✕ 🍴 BANK 🏛 ⛽ 🚌 🚍 📄 2380

⌂ **Kongsvegen Pilegrimsherberge**, Kongsvegen 93, ☎ 99 37 99 21,
✉ kongsvegen93@gmail.com, NOK 300 in einem der vier Betten des Gemeinschaftsraums im Haus mit Küche und WC, aber ohne Dusche. Selbstverpflegung, Frühstück und Bettwäsche auf Anfrage. 🗓 ✋ Eröffnung 1. August 2018

🛏 **Pax Gjestehus**, Kongevegen 36, ☎ 95 73 11 05 (10:00 bis 18:00),
✉ in-braas@online.no, 🖥 www.paxgjestehus.com, EZ NOK 500, DZ NOK 800, Preise inkl. Frühstück. ✋ Reservierung bevorzugt einen Tag vor Anreise per SMS oder E-Mail.

♦ **Kvarstad gård**, Rørsvegen 238, ☎ 91 70 25 45, 46 95 03 77,
✉ hfrogner@gmail.com, 🖥 www.kvarstad-gaard.no, ca. 7 km vom Olavsveg entfernt, Abholdienst Zentrum/Bahnhof Brumunddal NOK 50, pro Pers. NOK 500 (EZ-Zuschlag NOK 100), Preise inkl. Bettwäsche und Handtücher, Frühstück NOK 80, Lunch NOK 60. Auf dem Bauernhof mit Hofladen stehen 13 Betten und Küche zur Verfügung

⌂ **Mjøsa Ferie og Fritidssenter**, Bureiservegen 5, ☎ 62 35 98 00,
✉ post@mjosaferie.no, 🖥 www.mjosaferie.no, ca. 2 km vom Olavsveg entfernt, Hütten und Ferienwohnungen für 1-6 Pers. NOK 550 bis NOK 800, Schlafsack mitbringen, Bettwäsche NOK 80, Zelt NOK 160

🛒 **Møllas Storsenter**, Brugata 16, 🕐 Mo bis Fr 9:00 bis 19:00, Sa 9:00 bis 18:00 (Eurospar 🕐 Mo bis Fr 7:00 bis 22:00, Sa 8:00 bis 20:00. Narvesen 🕐 Mo bis Sa 9:00 bis 20:00, So 11:00 bis 20:00), ✕ 🍴 🏛

✕ **Dala's Restauranthus**, Brugata 12, ☎ 62 35 87 80,
🖥 www.dalasrestauranthus.no, 🕐 Mo bis Do 11:00 bis 22:00, Fr 11:00 bis 23:00, Sa 11:00 bis 2.30, So 13:00 bis 21:00

♦ **Brumunddal Sushi Tuan Dat Le**, Brugata 1, ☎ 62 36 07 00,
🖥 www.brumunddalsushi.no, 🕐 Mo bis Fr 11:00 bis 21:30, Sa und So 12:30 bis 21:30

9. Etappe: Pilegrimssenter Hamar – Pilegrimsherberget Veldre

◆ **Pizzabakeri**, Ringsakervegen 9, ☏ 62 36 90 00, 🖥 www.pizzabakeren.no,
🕐 Mo bis Do und So 13:00 bis 22:00, Fr bis Sa 13:00 bis 23:00

Gehen Sie durch die Fußgängerzone auf den nächsten Kreisel zu und rechts unter diesem hindurch. Halten Sie sich direkt links (an einer ✖ Imbissbude vorbei) und nehmen Sie die Straße (Fagerlundvegen), die Sie aus Brumunddal hinausführt. Kurz nachdem Sie die letzten, vereinzelt stehenden Häuser hinter sich gelassen haben, zeigt Ihnen ein blaues Fußgängerschild den Weg rechts ab (18 km): Er führt Sie durch den **Hof Ånnerud** hindurch ins Feld.

Biegen Sie gleich am Feldanfang links ab in den leicht ansteigenden Schotterweg, auf dem Sie bis zu einer Linkskurve bleiben. Verlassen Sie hier den Weg geradeaus auf einen kleinen Pfad, der Sie immer leicht ansteigend durch Felder, kleine Wälder und einer Ansiedlung von Grundstücken vorbei führt. ✋ Am Ende der Siedlung (Elvsvea) nehmen Sie nicht den Weg rechts über eine Brücke, sondern bleiben auf dem Feldweg geradeaus (Markierung schlecht zu sehen).

„Nidaros"-Schilder führen Sie vom Schotterweg auf die Asphaltstraße Byflatvegen, der Sie nach links folgen, die ✟ **Veldre kirke** ist schon ausgeschildert. Nach gut 250 m biegen Sie links in den Flesakervegen ein. Kurz bevor Sie zur imposanten Kirche gelangen, biegen Sie rechts ab, um auf dem kleinen Feldweg zur ⌂ **Pilegrimsherberget Konfirmantsalen** zu gelangen (22,3 km).

⌂ **Pilegrimsherberget Konfirmantsalen Veldre**, Flesakervegen 15, ☏ 71 93 26,
✉ konfirmantsalen@gmail.com, 🖥 www.konfirmantsalen.blogspot.no,
🕐 Mai bis Oktober, die Türen stehen immer offen (Kontakt per Mail oder Telefon erwünscht), Bett im Mehrbettzimmer NOK 100, Schlafsack mitbringen, Selbstversorgung

☺ Die schöne Selbstversorgerunterkunft der Veldre-Kirche befindet sich in einem roten Holzhaus mit einer Art Terrasse aufs Feld hinaus. In der großen Stube finden sich 3 Betten (Platz für mehr Matratzen). Dazu saubere Duschen und Toiletten sowie eine kleine Küche, in der Kleinigkeiten zu essen gekauft werden können.

✟ ⊙ **Veldre kirke**, Flesakervegen 23, ☏ 62 34 73 70. Junge Holzkirche aus dem Jahr 2000 (🕐 i. d. Regel täglich 8:00 bis 10:00 und 18:00 bis 21:00). ☺ Links der Kirche (vom Parkplatz vor dem Haupteingang aus gesehen) ist die kleine Marienkapelle extra für Pilger angebaut worden und steht immer offen.

10. Etappe: Pilegrimsherberget Veldre – Steinvik Campingplatz

➲ 14,1 km, ⧗ ca. 3 Std. 15 Min., ↑ 168 m, ↓ 350 m, ⇕ 125-341 m

0,0 km	⇧ 307 m	Pilegrimsherberget Konfirmantsalen Veldre
0,3 km	⇧ 301 m	Veldre kirke
3,4 km	⇧ 229 m	Tokstadfurua-Kiefer
5,1 km	⇧ 250 m	Rudshøgda
10,7 km	⇧ 178 m	Sveinhaug gård
11,4 km	⇧ 162 m	Ringsaker kirke
14,2 km	⇧ 126 m	Steinvik Camping og Hyttegrend

Durch Wälder ans Wasser! Sie haben heute eine kurze Etappe durch Wald und Feld vor sich. Ein letztes langes Stück auf Asphalt führt Sie dann an der wunderschön am Mjøsa-See gelegenen Ringsaker-Kirche vorbei zum ebenso schön gelegenen Campingplatz am Wasser.

🛈 Wenn Sie die Strecke von Veldre bis Lillehammer (knapp 55 km) in zwei statt drei Tagen zurücklegen wollen, könnten Sie in Ringli oder im Rehabiliteringssenter Ringen (unbedingt vorher telefonisch anfragen!) übernachten – ca. 6 bzw. 8 km nach dem Campingplatz (☞ 11. Etappe); dann hätten Sie noch einen Tag bis Lillehammer vor sich (33,3 bzw. 31,3 km). Sie würden allerdings die beliebte Pilgerherberge Johånnesgården verpassen. Als Gruppe steht Ihnen ebenfalls die „grüne Berufsschule" Vea grønne fagskole als Übernachtungsmöglichkeit zur Verfügung (5,5 km nach dem Campingplatz).

Auf dem Weg zur Veldre kirke

Gehen Sie vom Konfirmantsalen zurück auf die Straße, rechts zur **Veldre kirke** (☞ 9. Etappe) und

an ihr vorbei. Bleiben Sie auf dem Flesakervegen bis zur Kreuzung (800 m), an der Sie rechts in den Storlisvegen Richtung Wald einbiegen. Es geht für gut 450 m nach oben, dann wieder links. Sie laufen nun abwärts, links von Ihnen Wald, rechts Feld. Der Waldweg wird zur Asphaltstraße, der Sie bis zum querenden Løkendalsvegen folgen. Hier biegen Sie rechts ab und verlassen die Straße ca. 400 m später nach links auf einen kleinen Feldweg. Der Grasweg bringt Sie an einer Schafweide vorbei zu der geschützten, 500 Jahre alten, beeindruckenden ⊛ ⩲ **Tokstadfurua-Kiefer** (3,4 km).

Tokstadfurua-Kiefer

☺ **Tokstadfurua-Kiefer:** Eine Tischbank und eine kleine Hütte mit Gästebuch laden zum Verweilen ein. Die zwei Holzsessel in der Hütte sind so platziert, dass man überdacht Pause machen kann, während man gleichzeitig den imposanten Baum durch die eingelassenen Dachfenster anschaut.

Gehen Sie weiter auf dem kleinen Pfad über eine kleine Holzbrücke. Der Weg wird breiter und die nächste Brücke bringt Sie über die Zuggleise. Gehen Sie geradeaus in den Wald. Sie stoßen am Waldende auf eine Ansiedlung von Häusern, durch die Sie hindurchlaufen bis zum Kreisel. Links dahinter finden Sie ⛽ Shell/7-eleven (mit Shop) und das 🛏 ✕ **Frich's Motell på Rudshøgda**. Gehen Sie geradeaus über Kreisel und Brücke hinweg. Links vor Ihnen liegt ein 🛒 Obs, rechts die Autobahnraststätte ✕ Kroene på Rudshøgda. Überqueren Sie hier die Straße (✋ Achtung, kein Fußgängerüberweg), um auf den Parkplatz zu gelangen, über den Sie hinübergehen.

Rudshøgda 🛏 🛒 ✕ ☕ ⌘ ⛽ 🚐 ▭ 2360

🛏 ✕ **Frich's Motell på Rudshøgda**, Rudsvegen 2-5, ☏ 62 35 50 50,
✉ rudshogda@frich.no, 🖥 www.frich.no, 1 Pers. NOK 500, 2 Pers. NOK 750, Preise inkl. Kaffee, WLAN, Frühstück NOK 129, 🍴 Restaurant: Mo bis Fr 7:00 bis 21:00, Sa und So 9:00 bis 20:00, 🍴 Raststätte: Mo bis Fr 7:00 bis 21:00, Sa 9:00 bis 19:00

10. Etappe: Pilegrimsherberget Veldre – Steinvik Campingplatz

- **Sveinhaug gård**, Åshøgdvegen 606, ☎ 62 36 44 21, 90 93 80 45, ✉ sveinhaug@sveinhauggard.no, 🖳 www.sveinhauggard.no, pro Pers. im DZ NOK 950 (alleine im DZ NOK 1.250), Preise inkl. Frühstück, 3-Gänge-Menü NOK 570. Gartencafé 🕒 Mai, Juni, August: Do bis Sa 11:00 bis 16:00, So 12:00 bis 16:00, Juli: Di bis Sa 11:00 bis 16:00, So 12:00 bis 16:00
- **Obs**, Stolvstadvegen 2, 🕒 Mo bis Fr 8:00 bis 22:00, Sa 8:00 bis 20:00
- Shell/7-eleven, Rudsvegen 5, 🕒 Mo bis Fr 7:00 bis 22:00, Sa 8:00 bis 21:00, So 9:00 bis 22:00
- **Prøysenhuset museum und Prøysenstua**, Prestvegen 1-2, ☎ 62 35 18 00, ✉ proysenhuset@ringsaker.kommune.no, 🖳 www.proysenhuset.no, 🕒 Do und Fr 10:00 bis 16:00, Sa und So 11:00 bis 17:00, Erwachsene NOK 115, Kinder (6-15) NOK 60. Museum und Kulturhaus zum Gedenken an den Schriftsteller und Künstler Alf Prøysen (1914-1970). Café Julie 🕒 wie das Museum

Lassen Sie das Motel rechts hinter sich liegen und gehen Sie den kleinen Fußweg nach links oben. Folgen Sie dem Schild „Prøysenstua" auch an der nächsten Kreuzung, Sie gehen nach rechts auf eine breite Waldstraße und bei der nächsten Gelegenheit links. Parallel verläuft etwas weiter rechts die E6. Sie gelangen an den kleinen ⛺ Platz vor den Prøysenhuset-Gebäuden (links von Ihnen), an dem Sie den abgegrenzten Weg geradeaus weitergehen. Der Pfad führt Sie links am Kulturzentrum Prøysenstua und rechts am **Eingang zur Prøysenhuset museum** vorbei (6,6 km) und ansteigend tiefer in den Wald hinein. Der Weg wird nun breiter, gehen Sie weiter geradeaus und auf einem Pfad durch eine Rodung hindurch. Nach dieser geht es wieder in den Wald und hinab, es folgen ein kurzer Feldabschnitt und ein letztes Wäldchen. Sie stoßen auf eine schmale, querende Asphalt-

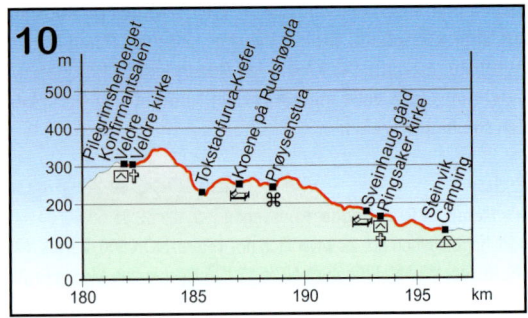

straße (8,4 km), hinter der die Höfe von Ulva liegen (Wegmarkierung am Waldrand etwas versteckt). Biegen Sie links vor diesen ab und laufen Sie auf der Ulvegutua etwa 900 m abwärts, bis Sie auf die Landstraße Åshøgdvegen stoßen.

Folgen Sie dieser nach rechts (kein Fußweg) hinab auf Mjøsa-See und Ringsaker kirke zu. Die Asphaltstraße zieht sich (ca. 2 km bis zur Kirche): Sie kommen an der historischen Pension **Sveinhaug gård** mit Gartencafé vorbei (10,7 km), schließlich erreichen Sie die weiße **Ringsaker kirke** (11,4 km), die direkt am Mjøsa liegt. Neben Wasser und Toilette finden Sie zum See hin auch eine **Pilgerstube**.

Ringsaker kirke
Viele Merkmale der Kalkstein-Kirche weisen darauf hin, dass sie Mitte des 12. Jh. gebaut wurde. Ihre Form ist der einer Kathedrale im Kleinformat nachempfunden. Eine Legende besagt, dass der heilige Olav hier im Jahre 1030 fünf Könige besiegt hat, die ihm und der Christianisierung feindlich gegenüber standen. So ist die Kirche dem König geweiht und ein wichtiger Stopp für Pilger.

Bis zum Campingplatz ist es nicht mehr weit (2,8 km). Gehen Sie vor der Kirche nach rechts und folgen Sie der Straße Storgata auf dem Fußweg. Vor einer Rechtskurve gehen Sie auf dem Feldweg rechts hoch, weg von der Straße und oben vor einem Sportplatz direkt wieder links. Sie gelangen abwärts zurück auf den Fuß- und Radweg an der Storgata und folgen ihr weiter nach rechts. Gehen Sie durch die Unterführung. Rechts von Ihnen liegt nun die **Mjøsa Pizzeria**, nach der Sie links über den Zebrastreifen gehen, um den kleinen Weg links neben der Leitplanke zu nehmen. Der Pfad führt Sie zum See (links von Ihnen) und an diesem entlang (🏕 Parkbänke) bis zur direkt am Wasser liegenden Rezeption des ⛺ **Steinvik Camping og Hyttegrend** (14,2 km).

Moelv   🛌 🏠 ⛺ 🏠 🍽 🍺 ✝ ⚒ 🅿 🚌   2390

- 🛌 **Rehabiliteringssenter Ringen**, Nordre Ringsveg 82, ☎ 62 33 45 00, ✉ post@ringen-rehab.no, 🖥 www.ringen-rehab.no, Preise für Pilger: EZ NOK 600, DZ NOK 450 (inkl. Frühstück und WLAN). Lunch NOK 50, Abendessen NOK 100. Unterbringung normalerweise für Reha-Patienten, jedes freie Bett wird aber Pilgern angeboten. ✋ Rufen Sie vorher an und fragen Sie nach Zimmern
- 🏠 **Herberge Vea grønne fagskole**, Turistveien 92, ☎ 47 37 64 30, ✉ hybel@vea-fs.no, 🖥 www.vea-fs.no, 📅 25. Juni bis 1. August, ☔ Wohneinheiten in der Gartenbau-Hochschule nur für Gruppen, Preis nach Absprache und nur nach Vorreservierung. Bettwäsche und Handtücher werden gestellt, Selbstversorgung, WLAN
- ⛺ **Steinvik Camping og Hyttegrend**, Kastbakkveien 5, ☎ 62 36 72 28, 91 70 38 80, 🖥 www.steinvik-camping.net, Hütte für 4 Pers. Pilgerpreis ab NOK 450, Schlafsack mitbringen, Bettwäsche NOK 100, Zelt NOK 140-160. Der am Wasser gelegene Campingplatz hat einen kleinen 🍽 Shop (📅 9:00 bis 22:00), eine ✖ Pizzeria finden Sie ca. 300 m entfernt (an der Rezeption nach dem Weg fragen). ⚒ 🅿
- 🏠 **Pilgrimsstuggua**, Storgata 554, ☎ 62 33 07 70 oder 91 14 21 94 oder 97 75 86 77, ✉ post@kirken-ringsaker.no, 📅 Juni bis August, Bett im 8-Bett-Zimmer NOK 150, Schlafsack mitbringen. Der Schlüssel der Stube (Küche, Bad) befindet sich im Schlüsselkasten an der Haustür, den Code erhalten Sie im Kirchenbüro der Ringsaker kirke oder telefonisch.
- ♦ **Ringli**, Ringsvegen 44, ☎ 45 41 43 73, 47 45 89 06, ✉ sunde.solvi@gmail.com, 📅 Mai bis September, Bett in einer der zwei Blockhütten mit Selbstversorgung NOK 300 (Handtücher inklusive), Schlafsack mitbringen, Bettwäsche NOK 50, Frühstück NOK 50, Abendessen nach Vereinbarung auf dem alten Bauernhof mit Pferden, Katzen und Hunden
- 🍽 **Kiwi**, Storgata 116, 📅 Mo bis Fr 7:00 bis 23:00, Sa 7:00 bis 23:00
- ♦ **Spar**, Storgata 127, 📅 Mo bis Fr 8:00 bis 21:00, Sa 9:00 bis 20:00
- ✖ **Mjøsa Pizzeria og Restaurant**, Storgata 183, ☎ 62 36 75 76, 📅 Mo bis Do 13:00 bis 23:00, Fr bis Sa 13:00 bis 24:00, So 13:00 bis 23:00
- ✝ **Ringsaker kirke**, Storgata 550, ☎ 62 33 07 70, ✉ post@kirken-ringsaker.no, 🖥 www.kirken-ringsaker.no, 📅 täglich 8:00 bis 10:00 und 18:00 bis 21:00, Führungen im Sommer möglich (vorher anfragen)

11. Etappe:
Steinvik Camping – Johannesgården

➲ 25,1 km, ⏱ ca. 5 Std. 45 Min., ↑ 761 m, ↓ 494 m, ⇧ 123-480 m

0,0 km	⇧ 126 m	Steinvik Camping og Hyttegrend ⛺
1,5 km	⇧ 126 m	Skibladner
4,6 km	⇧ 149 m	Platz Lundehøgda
5,5 km	⇧ 159 m	Vea grønne fagskole
6,2 km	⇧ 202 m	Ringli
7,9 km	⇧ 333 m	Ringen Rehabiliteringssenter
8,8 km	⇧ 340 m	Gedenkstein
16,9 km	⇧ 435 m	Aussichtspunkt (Kløvstadhøgda naturreservat)
22,2 km	⇧ 282 m	Brøttum
25,1 km	⇧ 393 m	Johannesgården

Anstrengende Kilometer zu schönen Aussichten! Es ist ein Wechselbad, das Sie heute zu einem idyllischen Fleckchen Erde führt: Nach dem schönen Waldpfad entlang des Sees und einem Stück auf Landstraße, kommt der ermüdende Serpentinengang hinauf zum Rehazentrum. Die nie enden wollenden Schritte auf Asphalt werden allerdings mit Traumaussichten über den Mjøsa belohnt und es folgt ein spritziger Abschnitt durch den Wald. Eine lange Strecke auf einer breiten Schotterstraße bringt Sie zur Kirche in Brøttum und ein letzter ansteigender Trampelpfad bis Johannesgården mit seiner kleinen Kapelle.

Die Kapelle von Johannesgården am Ziel der heutigen Etappe

✋ Es ist ein schöner Weg vom Campingplatz durch den Wald und am Mjøsa entlang (⊥ einige Tische und Bänke), aber an einigen Stellen sind die Markierungen leicht zu übersehen.

11. Etappe: Steinvik Camping – Johannesgården

Achten Sie nicht nur auf die Olavswegkreuze, sondern auch auf lokale **Wanderschilder aus Holz** (*Moelvrunden*): In kleiner blauer Schrift ist hier der „Pilegrimsleden" angeschrieben.

Waldweg hinter dem Campingplatz

Vor der Rezeption stehend (Blick zum See) folgen Sie dem Weg nach rechts und verlassen dort den Campingplatz durch einen kleinen Durchgang. Sie laufen auf dem Waldweg an einem schmalen Uferstreifen mit ⊼ Bänken vorbei und halten sich möglichst immer direkt am See entlang. Dann geht es etwas vom See weg durch den lichten Mischwald, hier leiten Sie auch neongelbe und -rote Pfeile weiter. An einer weiteren Gabelung folgen Sie dem Wegweiser „Moelvrunden" und „Pilegrimsleden" nach links auf einen kurzen, aber steil ansteigenden Pfad über Steine und Wurzeln. Es geht auf diesem wieder hinab und am See entlang bis zu einer kleinen, sehr idyllischen Bucht, an der Sie vorbei zum kleinen Hafen gehen, den Sie – genau wie die ersten Häuser von **Moelv** (☞ 10. Etappe) – von der Bucht aus rechts vor Ihnen sehen können. Halten Sie sich am See links bis zum ⚑ Kiosk direkt am ⚓ Sportboothafen (1,0 km). Lassen Sie beide links liegen und gehen Sie hinter der kleinen Brücke um den Hafen herum.

✎ Zu 🏬 Supermarkt, ☕ Cafés, 🚌 🚆 Bahnhof (Dovrebahn ☞ Reise-Infos von A bis Z, Verkehrsmittel) gehen Sie nach der Brücke durch die rechts abbiegende Unterführung nach Moelv (ca. 1 km).

Am Ende des Hafens folgen Sie weiter der Straße am Wasser (Strandvegen), vorbei an der ⛴ **Anlegestelle für den Skibladner** (☞ 5. Etappe). Kurz nach dieser stoßen Sie auf die E6. Gehen Sie vor der Brücke (Mjøsabru) links und unter dieser hindurch. Dahinter, auf dem Pfad nach oben, führt der Olavsweg links weg auf einen schönen Trampelpfad, der Sie ca. 2 km durch den Wald bringt. ✋ Markierungen z. T. mangelhaft.

Halten Sie sich an der nächsten Weggabelung rechts und bleiben Sie auf dem leicht ansteigenden Hauptweg, der Sie vom See entfernt. Sie stoßen auf einen Weg, folgen diesem links bis zur Gabelung und nehmen dort den gut begehbaren Waldweg links hinab. Lassen Sie alle Abzweigungen liegen, bis Sie ein Olavswegpfahl (mit 🪑 Bänkchen) an der nächsten Weggabelung nach links weist.

Sie gehen abwärts, über einen kreuzenden Weg (rechts von Ihnen die Fabrik Moelven ByggModul AS) und geradeaus weiter auf einem schmalen Waldpfad, der auf eine asphaltierte Straße stößt. Gehen Sie hier nach rechts und an der Kreuzung geradeaus über die Straße auf den Fußweg. Dieser beschreibt eine kleine S-Kurve. Überqueren Sie die Gleise vor Ihnen und gehen Sie vor zur T-Kreuzung. Biegen Sie hier nach links auf die Landstraße Storgata ab und folgen Sie ihr für die nächsten 1,9 km auf dem Fußweg.

Sie kommen an der ⛽ Best-Tankstelle mit kleinem Shop und Imbiss vorbei und an der Abzweigung zum ⌘ Monument Tolvsteinsringen („Kreis aus zwölf Steinen"), erkennbar am Olavswegpfosten „Tolvstenene" (nach ca. 700 m auf der Storgata). 180 m danach macht der Fuß- und Radweg einen kleinen Schlenker von der Straße weg. Hier finden Sie 🪑 einen Platz mit Bänken (4,6 km).

Die Storgata wird zum Turistvegen, dem Sie über die kleine Brücke Smedstadbrua hinweg für ca. 1 km weiter folgen. Links von Ihnen blicken Sie über den See, rechts auf die mit Wald, Feldern und Weiden bespickten Fjellberge: Hier können Sie oben vor sich schon die großen weißen Gebäude des Rehabilitationszentrums ausmachen, zu denen es ca. 2,3 km hochgehen wird.

> Um die strapazierenden Kilo- und Höhenmeter auf der Straße (Asphalt und Schotter) zu umgehen, können Sie geradeaus auf dem Turistvegen weiterlaufen, bis Sie unterhalb von Brøttum angelangt sind (🚌 Brøttumskrysset). Dort müssen Sie den Sjusjøvegen hoch (Weg insgesamt bis zur Brøttum kirke ca. 12,5 km). Es ist kürzer, aber Sie verpassen tolle Aussichten und einige Waldabschnitte auf dem Olavsweg.

🚌 Sie können auch schon ab Moelv mit dem Bus 270 (Richtung Lillehammer) nach Brøttum oder bis Johannesgården (Haltestelle Krokrampa) fahren. Die Verbindung besteht nur Mo-Fr, 💻 www.ruter.no.

Direkt nach den Gewächshäusern der 🏠 **Vea grønne fagskole**, in der seit kurzer Zeit auch Gruppen übernachten können (☞ 10. Etappe), beginnt der schweißtreibende Teil der Etappe: Biegen Sie rechts in den Ringsvegen ein

(5,7 km) und gehen Sie auf der in Serpentinen verlaufenden Straße nach oben. Sie passieren die Holzhütten von ⌂ **Ringli** (☞ 10. Etappe).

Laufen Sie auf dem Nordre Ringsveg weiter hinauf, bis zu Ihrer linken Seite schließlich die Einfahrt zum 🛏 **Ringen Rehabiliteringssenter** auftaucht (☞ 10. Etappe). Gehen Sie daran vorbei. Keinen Kilometer weiter auf der kurvigen, nicht stark befahrenen Straße passieren Sie zu Ihrer Linken einen Gedenkstein (für am 18. April 1940 gefallene Soldaten), einen weiteren Kilometer später haben Sie den Anstieg geschafft und laufen auf der Kuppe entlang.

☺ Sie haben immer wieder tolle Aussichten über den Mjøsa im Tal.

☹ Rastmöglichkeiten gibt es auf der Straße nicht und kaum Schatten (auch in Norwegen gibt es heiße Sommertage).

Der Nordre Ringsveg führt Sie nun hinab, bis in einer Linkskurve (10,7 km) die Wegweiser nach „Ulven" und „Montessoriskole" (links) sowie „Byen" (rechts) stehen: Auf dem Olavswegzeichen finden Sie einen kleinen Pfeil, der ebenfalls nach rechts zeigt. Biegen Sie also vom Ringsveg ab und gehen Sie auf dem Feldweg hinauf, zwischen vereinzelten Häusern hindurch, an deren Ende links ein kleiner Weg von der Schotterstraße abzweigt. Etwa 30 m weiter geht es bereits wieder rechts ab und auf einem schmalen Pfad in den Wald hinein.

Laufen Sie hinab zu dem kleinen Bach, den Sie überqueren, um weiter geradeaus auf dem Trampelpfad zu gehen. Rechts von Ihnen liegt eine kahl geschlagene Stelle, an deren Ende Sie nach links in den Wald einbiegen. Über Wurzeln geht es

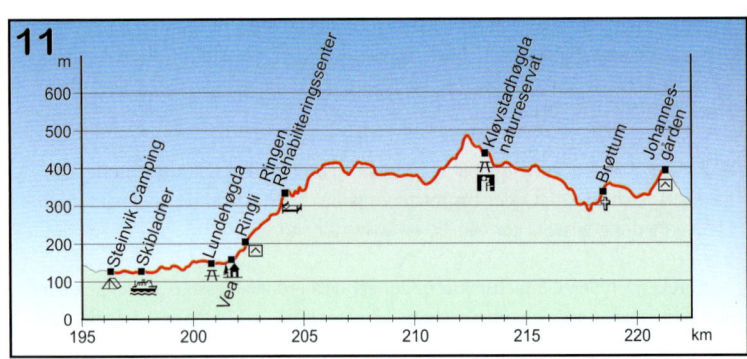

durch die Nadelbäume, folgen Sie dem gut gekennzeichneten Waldpfad hindurch bis zur breiten Kiesstraße (13,2 km), auf der Sie nach links Richtung See gehen.

Sie laufen dann wieder am Hang entlang und parallel zum Mjøsa. Es geht durch vereinzelte Häuseransammlungen hinab, bis es auf der breiten Schotterstraße Kløvstadhøgdvegen in lang gezogenen Kurven wieder aufwärts geht. Nur vereinzelt stehen Farmgebäude und Wohnhäuser, den Rand der wenig befahrenen Straße säumen v. a. Felder, Wiesen und Waldstücke.

Nachdem der höchste Punkt geschafft ist (ca. 16,4 km), geht es eben weiter bzw. leicht absteigend. Sie gelangen ca. 500 m weiter an einen ⊼ **Aussichtspunkt mit Tischbank** und einer Infotafel über das Naturschutzgebiet Kløvstadhøgda naturreservat. Sie lassen Wald und See hinter sich und gehen abwärts an ersten Häusern vorbei. Brøttum mit Kirche können Sie auf dem Hügel vor sich erkennen, Sie laufen aber zunächst auf dem Schotter weiter hinab, bis der Belag zu Asphalt wird (21,6 km).

> Links dem Kløvstadhøgdvegen weiter folgend, gelangen Sie zum ⛺ **Brøttum Campingplatz**.

Zum Zentrum von Brøttum biegen Sie hier rechts ab (Wegweiser „Brøttum skole") und gehen auf dem Bürgersteig hinauf bis zur links von Ihnen liegenden ✟ **Brøttum kirke**, wo Sie wieder rasten sowie Wasser und Kraft tanken können (22,2 km). Auf der anderen Straßenseite finden Sie den 🛒 Joker (ℹ️ letzte Einkaufsmöglichkeit vor Johannesgården; zu der Herberge fährt aus Brøttum der 🚌 Bus 270).

Lassen Sie Supermarkt und Kirche hinter sich und folgen Sie der Straße weiter bergauf. Direkt hinter der Kurve wechseln Sie die Straßenseite und gehen links in die Hofeinfahrt der **Farm Maelum**. Laufen Sie in Richtung des roten Gebäudes, biegen Sie dann aber direkt am Zaun rechts ab und gehen Sie durch das Tor. Sie laufen zwischen Wald und Weideland parallel zur rechts von Ihnen verlaufenden Straße.

Auf dem Feldweg geht es durch ein Tor, um das nächste führt Sie eine Art Klapptür herum. Sie gehen durch ein Wäldchen von Hänge-Birken hinab, erneut ein Tor mit Klapptür-Umgehung, dann am Waldrand entlang und durch ein ähnliches Tor. Durch einen Nadelwald gelangen Sie abwärts zu einer abgeholzten Waldstelle, anschließend geht es wieder hoch.

Sie treffen nun an einer Weggabelung auf das Schild „Johannesgården". Verlassen Sie den geradeaus weiterführenden Olavsweg und nehmen Sie den Trampelpfad nach rechts (knapp 800 m lang), der Ihnen einen letzten Anstieg über Stock und Stein abverlangt. Sie wenden sich nach einer Rechtskurve links durch die Bäume, überqueren die kreuzende Schotterstraße geradeaus und gelangen so auf das Gartengrundstück von 🏠 **Johannesgården**. Rechts liegen Herberge und Kapelle, gehen Sie aber zunächst vorbei zum weißen Hauptgebäude, um sich dort bei der Gastgeberin anzumelden (25,1 km).

☺ Johannesgården

Genießen Sie die Ruhe des herrlichen Fleckchens Natur und der einfachen, gemütlichen Einzelzimmer. Ich kam noch in den Genuss der typisch norwegischen Fischsuppe mit selbst gebackenem Brot, Gastgeberin Karen bietet seit 2015 aber leider kein Essen mehr an. Doch es bleibt ja noch der riesige Garten mit vielen schönen Sitzmöglichkeiten, einem Teich und der kleinen Kapelle, die Johannesgården zu einer erholsamen Oase machen.

Brøttum  2372

- **Brøttum Camping**, Turistvegen 1265, ☎ 99 62 68 03, ✉ simen.mahlum@gmail.com, 🖥 www.brottumcamping.no, 1. Mai bis 1. Oktober, ca. 400 m vom Olavsweg entfernt, Hütte ab NOK 250, Schlafsack mitbringen, Zelt NOK 150
- **Johannesgården**, Holtevegen 190, ☎ 93 03 50 18, ✉ post@johannesgarden.no, 🖥 www.johannesgarden.no, Mai bis August (September vorher anfragen), ca. 800 m vom Olavsweg entfernt, Bett im EZ oder DZ NOK 300, Schlafsack mitbringen (Bettwäsche NOK 80), Etagenbad und Gemeinschaftsküche, WLAN, Handtücher NOK 20, Waschmaschine NOK 30, hofeigene Kapelle und Nahrungsmittel im Verkauf (Kaffee und Tee inklusive)
- **Joker**, Mælumsvegen 5, Mo bis Fr 9:00 bis 21:00, Sa 9:00 bis 18:00.
- **Brøttum kirke**, Mælumsvegen 2, ☎ 62 33 07 70, ✉ post@kirken-ringsaker.no, 🖥 www.kirken-ringsaker.no, unregelmäßige Öffnungszeiten und Gottesdienste

Johannesgården

12. Etappe: Johannesgården – Lillehammer Vandrerhjem Stasjonen

➲ 14,0 km, ⌛ ca. 3 Std., ↑ 229 m, ↓ 427 m, ⇕ 139-389 m

0,0 km	⇑ 393 m	Johannesgården
3,7 km	⇑ 139 m	Nordre Kongsveg
7,1 km	⇑ 217 m	Beginn Feldabschnitt
9,0 km	⇑ 254 m	Hamarvegen
10,6 km	⇑ 260 m	Søre Ål kirke
13,4 km	⇑ 194 m	Lillehammer kirke
14,0 km	⇑ 191 m	Lillehammer Vandrerhjem Stasjonen

Erholung ist angesagt! Es sind nur 14 km, die Sie heute nach Lillehammer bringen, bekannt durch die Olympischen Winterspiele 1994. Auf breiten Straßen werden Sie hinab zum Mjøsa-See geführt und an diesem entlang zur Lillehammer-Kirche, wo der nächste Meilenstein wartet. Die Stadt selbst begrüßt Sie, sollten Sie nicht nur bis zum Vandrerhjem am Stadtanfang laufen, mit Feriendorfcharme in der Fußgängerzone. Sie haben nun etwa das erste Drittel des Olavswegs geschafft.

Sie können nach Verlassen des Grundstücks direkt rechts abbiegen und dem Holtevegen 1,2 km folgen. Sie stoßen dann auf den von links kommenden Pilgerpfad.

Gehen Sie von Johannesgården den Trampelpfad hinab bis zur Wegkreuzung, an der Sie in der vorigen Etappe vom Olavsweg zur Unterkunft abgebogen sind.

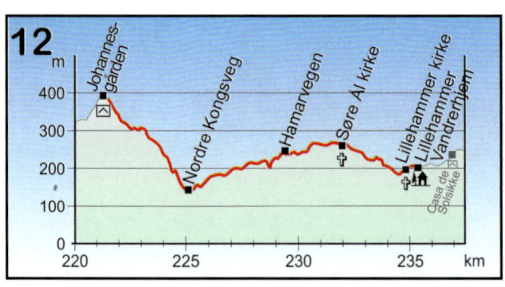

Biegen Sie hier nach rechts wieder auf den Pilgerweg, der Pfad führt Sie hinab durch den Wald. Sie gehen über einen kleinen Bach und auf den Hof eines Privatgrundstücks. Laufen Sie geradeaus weiter, der Pfad wird breiter und führt vorbei an Feldern und lichten Wäldern. Sie stoßen auf die Schotterstraße Holtevegen (1,6 km), der Sie links hinab folgen.

Überqueren Sie 700 m weiter die kreuzende Asphaltstraße und gehen Sie auf dem Bergsengvegen in Serpentinen hinab zum See. Nach 1,4 km auf dem breiten Schotterweg kommen Sie an eine T-Kreuzung und biegen rechts ab. Sie laufen nun für 3,4 km auf dem Nordre Kongsveg (später Kongsvegen) parallel zum Mjøsa, es geht leicht bergauf. Der Straßenbelag wechselt von Schotter zu Asphalt, kurz danach weist Sie das Olavswegzeichen am Anfang einer Rechtskurve vor einem roten Wohnhaus (Nr. 57) links hinab.

Es beginnt ein unter Umständen sehr matschiger **Abschnitt durch Felder** und wild wachsende Landschaftsteile (ca. 1,9 km bis zur Rückkehr auf Asphalt, nämlich auf die Straße Hamarvegen).

> Sollten es z. B. die Wetterumstände nicht zulassen, diesem Pfad zu folgen, können Sie diese Abzweigung links liegen lassen und auf dem Kongsvegen weiter geradeaus gehen. Etwa 600 m später würden Sie dann auf den Hamarvegen stoßen, links abbiegen und ca. 1,1 km auf diesem laufen, bis der Olavsweg von links auch auf die Straße stößt.

Der breite Weg führt auf ein Feld zu, kurz davor biegen Sie auf einen kleinen Trampelpfad rechts ab und folgen diesem am Feldrand wieder hinauf in Richtung eines braunen Holzhauses. Sobald dieses rechts von Ihnen ist, gehen Sie links auf dem schmalen Pfad direkt durchs Feld (ca. 450 m). Sie gelangen von dem Pfad auf eine Straße, die ein Stück hinab zu einem landwirtschaftlichen Hof führt.

Gehen Sie um dessen Müllhäuschen herum und direkt wieder rechts hinauf in das nächste Feld hinein (knapp 300 m durch dieses hindurch). Orientieren Sie sich an den Strommasten, sollten die Zeichen bei hoch stehendem Korn nicht so gut zu sehen sein.

Aus dem Feld hinaus gelangen Sie auf einen Graspfad. Folgen Sie diesem durch ein kleines wildes Waldstück hindurch, über Steine über den kleinen Bach, ein kleines Stück an dem links liegenden Feld entlang und dann weg von diesem weiter durch die verwilderte Waldlandschaft. Der Pfad führt hinauf in Richtung der Autostraße. Rechter Hand liegt ein gelbes Gehöft mit Schafweide, gehen Sie vor dem dazugehörigen Holzzaun links und dann an diesem entlang (links wieder ein Feld, rechts Zaun). Sie stoßen an seinem Ende auf eine kreuzende Schotterstraße, gehen über diese hinweg auf einen breiten Grasweg und wieder durch ein ähnliches Waldstück wie zuvor.

Sie kommen an ein Tor. Gehen Sie auf dem breiten, gemütlichen Weg weiter und durch den lichten Wald über einen Fluss, hinter dem Sie Schafe finden. Verlassen Sie die Weidefläche durch das Tor und gehen Sie auf der Schotterstraße rechts hoch (vorbei an ein paar Häusern). Sie stoßen nun auf den **Hamarvegen**, auf dem Sie ca. 3 km nach Lillehammer hineinlaufen. Biegen Sie links auf die Autostraße ab und wechseln Sie ca. 2 km später von der Straße auf den Fußgängerweg. Am Hang hinter der Stadt können Sie schon die Skisprungschanze erspähen.

An der linken Straßenseite steht die ✞ **Søre Ål kirke**, geradeaus vorbei passieren Sie auf Ihrer rechten Seite die ⛽ Circle-K-Tankstelle und linker Hand den 🛒 Kiwi-Supermarkt. In der S-Kurve dahinter geht es rechts von der Straße ab (12 km). Sie nehmen die **Unterführung** nach links und gelangen so auf die andere Straßenseite.

Über eine Brücke gehen Sie über den Fluss Åretta in ein ruhiges Wohnviertel hinein. Verlassen Sie die Straße nach links auf den Årettavegen, keine 100 m hinabgelaufen geht es rechts in die Møinichens gate. Biegen Sie direkt wieder ab, links auf die Weidemanns gate, auf der Sie zur Straße Bjørnstjerne Bjørnsons gate und an einem Sportplatz vorbei schließlich zur ✞ **Lillehammer kirke** (13,4 km) gelangen, deren gotische Spitze Sie schon von Weitem sehen können.

Laufen Sie über den Friedhof an der Kirche vorbei. Auf der anderen Seite steht links der **Meilenstein** „417 km til Nidaros", an dem **Westweg und Ostweg zusammentreffen**: Ab hier gibt es nur noch einen Olavsweg, der nach Trondheim führt!

Gehen Sie rechts zur Hauptstraße, über die Ampel und biegen Sie links ab (✋ Markierung an der Hauswand schwer zu sehen). Gehen Sie geradeaus am

12. Etappe: Johannesgården – Lillehammer Vandrerhjem Stasjonen

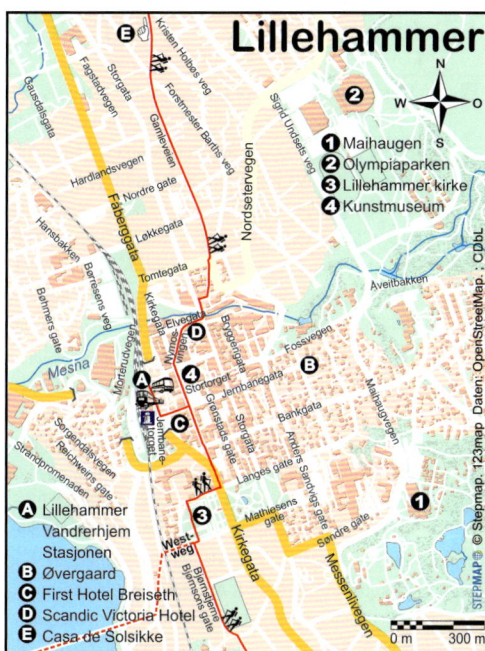

● Kurhaus-Café Stift vorbei, die Kirkegata führt Sie dann an der ● Tankstelle Uno-X und am ● First Hotel Breiseth vorbei. An der Kreuzung danach führt links die Jernbanegata Richtung ● Touristinformation, ● Bahnhof und ● Wanderheim (der Olavsweg würde hier weiter geradeaus führen). Sie gehen direkt auf die **Lillehammer Skyss Stasjon** (Dovrebahn ● Reise-Infos von A bis Z, Verkehrsmittel) und Jugendherberge ● ● ● **Lillehammer Vandrerhjem** mit Café zu (14 km).

☺ Casa de Solsikke
Keine 2 km weiter finden Sie im Privathaus von Ellen Kolberg ein DZ und ein EZ als ruhige Alternative zur Jugendherberge am Bahnhof (● vorher anrufen, ob Betten frei sind). Man merkt dem Haus direkt die Künstlernatur der Gastgeberin an und fühlt sich mit Blick ins Grüne und dem Rauschen des nahen Flusses bei ihr sofort wohl.

Lillehammer
In Lillehammer, auch „Klein Hamar" genannt, gibt es viele Supermärkte, Shops, Cafés, Restaurants, Museen, Bankfilialen, Post und Apotheken. Das Flair der ca. 27.000 Bewohner starken Kleinstadt wird in der Fußgängerzone Storgata spür- und erlebbar. Dabei schließen die meisten Cafés samstags um 16:00 und bleiben sonntags geschlossen. Ein paar Restaurants und Imbisse haben aber auch sonntags geöffnet, z. B. das direkt an Fluss und Brücke gelegene Nikkers, genauso wie der 7-Eleven-Supermarkt.

Lillehammer

2600-2629

- **Lillehammer Turistkontor**, Jernbanetorget 2, ☎ 61 28 98 00, info@lillehammer.com, www.lillehammer.com, Mo bis Fr 8:00 bis 16:00, Sa 10:00 bis 14:00 (Änderungen während der Sommersaison vorbehalten)
- **Lillehammer Vandrerhjem Stasjonen**, Jernbanetorget 2, ☎ 61 26 00 24, post@stasjonen.no, www.stasjonen.no/pilegrim, Bett im Mehrbettzimmer NOK 350, EZ NOK 695, DZ NOK 895, Preise inkl. Frühstück und Handtücher, Gästeküche, gratis WLAN. Die Rezeption finden Sie im Café links vom Eingang. Übernachtungsgäste erhalten hier Rabatt auf Speisen sowie kostenlos Kaffee und Tee. Café (Frühstück): Mo bis Fr ab 6:30, Sa und So ab 7:30 bis jeweils 10:00, Restaurant: täglich 11:00 bis 21:00. Das Hostel ist stark frequentiert, Reservierung empfohlen (Code „pilgrim1718" für den Pilgerrabatt von 10 %).
- **Casa de Solsikke**, Staudevegen 2, ☎ 92 65 99 21, ellenkolberg@gmail.com, Juni bis September, Bett im EZ oder DZ ab NOK 350, Bettwäsche NOK 50, Preis inkl. Frühstück (Bad wird mit Gastgeberin bzw. allen Gästen geteilt), Selbstverpflegung
- **Øvergaard**, Jernbanegata 24, ☎ 61 25 99 99, 92 22 28 93, oevergaard@gmail.com, www.oevergaard.net, EZ ab NOK 455, DZ ab 690, Preise inkl. Bettwäsche, Handtücher und WLAN. Küche, Frühstück NOK 65
- **Birkebeineren Hotel & Apartments**, Birkebeinervegen 24, ☎ 61 05 00 80, booking@birkebeineren.no, www.birkebeineren.no, Hotelzimmer ab NOK 425 (inkl. Frühstück), gratis WLAN, ca. 1 km vom Olavsweg entfernt

In der Fußgängerzone von Lillehammer

- **First Hotel Breiseth**, Jernbanegaten 1-5, ☏ 61 24 77 77,
  ✉ breiseth@firsthotels.no, 🖥 www.firsthotels.com, EZ ab NOK 1.060,
  DZ ab NOK 1.260, Preise inkl. Frühstück, WLAN
- **Scandic Victoria Hotel**, Storgata 84 b, ☏ 61 27 17 00,
  ✉ victorialillehammer@scandichotels.com, 🖥 www.scandichotels.de,
  EZ ab NOK 840, DZ ab NOK 920, Preise inkl. Frühstück, WLAN
- **REMA 1000**, Nymosvingen 2, 🕐 Mo bis Fr 7:00 bis 21:00, Sa 8:00 bis 21:00.
- **7-Eleven**, Lilletorget 1, 🕐 täglich 7:00 bis 23:00, außer Sa 8:00 bis 3:00
- **Kiwi Søre Ål**, Hagevegen 8 b, 🕐 Mo bis Sa 7:00 bis 23:00
- **Café Stift**, Kirkegata 41, ☏ 94 05 31 79, 🖥 www.cafestift.no,
  🕐 Di bis Fr 12:00 bis 1:00, Sa 12:00 bis 3:00
- **Hvelvet**, Stortorget 1, ☏ 90 72 91 00, 🖥 www.hvelvet.no,
  🕐 Mo bis Do 16:00 bis 23:00, Fr bis Sa 16:00 bis 24:00
- **Maihaugen**, Maihaugvegen 1, ☏ 61 28 89 00, ✉ post@lillehammermuseum.no,
  🖥 www.maihaugen.no, Erwachsene NOK 130-170, Kinder NOK 65-85,
  🕐 Parktüren Freilichtmuseum 7:00 bis 22:00, aber nur außerhalb der Museums-
  öffnungszeiten; Museum Juni bis August: Mo bis So 10:00 bis 17:00, September bis
  Mai: Di bis So 11.00 bis 16.00. Touren das ganze Jahr über buchbar, das Café im
  Hauptgebäude hat die gleichen Öffnungszeiten. ☎
- Maihaugen mit 200 historischen Gebäuden aus 500 Jahren (das älteste von 1459)
  und kulturhistorischer Dauerausstellung (seit 1887) gilt als eines der schönsten Frei-
  lichtmuseen in Norwegen. Zum Museum gehören auch die Häuser von Sigrid Undset
  (Bjerkebæk) und von Bjørnstjerne Bjørnsons (Aulestad) sowie ein Postmuseum.
- **Olympiaparken**, Nordsetervegen 45, ☏ 61 05 42 00, ✉ post@olympiaparken.no,
  🖥 www.olympiaparken.no, im Sommer und Winter unterschiedliche Aktivitäten im
  Olympiapark möglich, z. B. Besuch des Sprungturms (der Sprungschanzen), auch
  mit Sessellift, oder eine Fahrt auf der olympischen Bob- und Rodelbahn (ca. 15 km
  entfernt in Hunderfossen)
- **Lillehammer Kunstmuseum,** Stortorget 2, ☏ 61 05 44 60,
  ✉ post@lillehammerartmuseum.com, 🖥 www.lillehammerartmuseum.com,
  Erwachsener NOK 100, 🕐 Di bis So 11:00 bis 16:00 (geführte Touren jeden Sa und
  So um 14:00, im Eintrittspreis enthalten), ☎ Öffnungszeiten wie Museum
- **Lillehammer kirke**, Kirkegata 28, ☏ 61 27 08 88 (9:00 bis 15:00),
  ✉ magnar@kirkekontoret.no, 🕐 Mo bis Fr 8:00 bis 15:00, So 10:00 bis 13:00,
  Sonntagsgottesdienst 11:00
- **Søre Ål kirke**, Hamarveien 200, ☏ 61 27 08 88, ✉ magnar@kirkekontoret.no,
  🕐 unregelmäßig Di bis Fr

13. Etappe: Lillehammer Vandrerhjem Stasjonen – Skåden gård (Øyer)

➲ 24,9 km, ⧖ ca. 6 Std. 15 Min., ↑ 1.090 m, ↓ 759 m, ⇧ 128-522 m

0,0 km	⇧ 191 m	Lillehammer Vandrerhjem Stasjonen
0,5 km	⇧ 205 m	Lillehammer (Fußgängerzone)
1,8 km	⇧ 228 m	Skurva bru / Abzweigung Casa del Solsikke
6,1 km	⇧ 148 m	Sundgården
12,7 km	⇧ 220 m	Tjodveigen
13,3 km	⇧ 221 m	Sagåa Bru
18,0 km	⇧ 303 m	Moe gard
22,3 km	⇧ 390 m	Bank Håkåberget
24,9 km	⇧ 522 m	Skåden gård

Adieu Mjøsa, welcome Gudbrandsdal! Sie müssen den größten Binnensee Norwegens nun hinter sich lassen. Doch der Abschied wird nicht so schwer fallen, wenn Sie das erste Mal über das Gudbrandsdal blicken: Die Aussichten über den im Tal fließenden Fluss (Gudbrandsdalslågen) und die an den Seiten sanft aufragenden, waldbesetzten Fjells sind ein Traum! Dafür müssen einige Höhenmeter zurückgelegt werden, z. T. auf Asphalt, z. T. aber auch auf schönen Pfaden durch Wald und Feld.

Laufen Sie zurück zur Kreuzung, an der Sie am Vortag vom Olavsweg abgebogen sind. Gehen Sie links in die Kirkegata – auf ihr lassen Sie das efeubewachsene ✕ Restaurant Hvelvet rechts liegen, ebenso das ⌘ Kunstmuseum und das

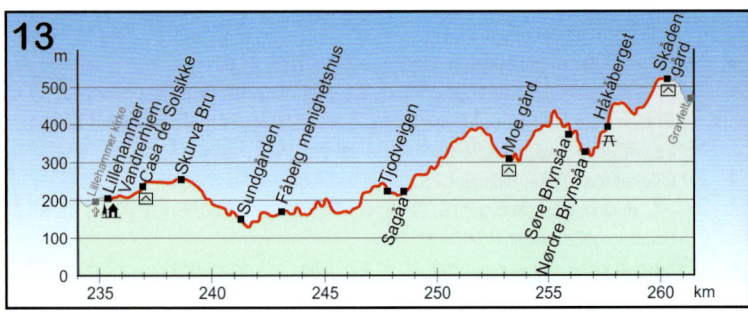

🎬 Kino. Biegen Sie nach der Bibliothek schräg rechts in die Nymosvingen ab, vorbei am 🛏 Scandic Victoria Hotel bis zur Brücke. Rechts von Ihnen beginnt die **Fußgängerzone**. Sie gehen links über den Fluss Mesna, schräg am 🛒 7-Eleven an der Ecke vorbei und die nächste Straße, den Gamlevegen, direkt rechts hoch (Schild „Olympiaparken"). Folgen Sie dem Gamlevegen (links) ca. 1,3 km weit bis zur **Skurva bru** (1,8 km).

☝ Biegen Sie hier links ab und gehen Sie über die kleine Brücke rechts über den Fluss, um zur 🏠 Casa de Solsikke (☞ 12. Etappe) zu gelangen (ca. 100 m).

Der Olavsweg führt weiter auf dem Gamlevegen über den Fluss Skurva. Überqueren Sie die nächste kreuzende Straße und gehen Sie links auf dem Fuß- und Radweg am 🛒 Kiwi mini pris (🕐 Mo bis Sa 7:00 bis 23:00) vorbei (2,5 km). Hinter dem Supermarkt gehen Sie rechts unter der Straße Sigrid Undsets veg hindurch und laufen wieder auf dem Gamlevegen (links) am Sportplatz der Ekrom-Schule vorbei, es geht durch das Feld Richtung Wald. Langsam lassen Sie alles Städtische hinter sich, der Møjsa-See geht in den Lågen über.

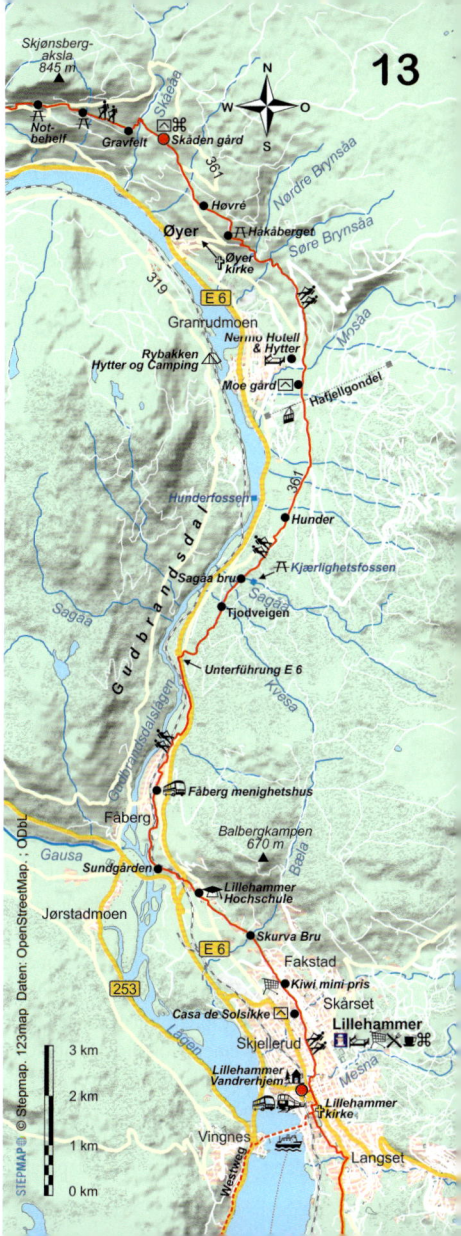

13. Etappe: Lillehammer Vandrerhjem Stasjonen – Skåden gård (Øyer)

Auf dem Gamlevegen laufen Sie über eine Brücke (3,7 km) und für weitere 1,1 km geradeaus bis zum asphaltierten Gudbrandsdalsvegen. Biegen Sie rechts ab und gehen Sie direkt links durch die Unterführung auf die andere Straßenseite. Sie gelangen auf das Grundstück der **Lillehammer-Hochschule**, gehen links am Unigebäude vorbei über den Parkplatz und links auf dem Fuß- und Radweg hinab. Am Fakkelgården der Olympiade 1994 vorbei laufen Sie unter der E6 hindurch. Direkt hinter der Unterführung (noch vor der Brücke) biegen Sie rechts auf einen kleinen Pfad ab, links von Ihnen liegen Gleise. Gehen Sie nach 100 m unter diesen hindurch, sodass die Schienen nun rechts verlaufen.

Sie stoßen auf einen breiten Weg, auf dem Sie einen Bach überqueren, und gehen weiter geradeaus auf dem grasbewachsenen Pfad durch den Wald, links liegt der Fluss. Sie kommen an die alte **Farm Sundgården** (6,1 km), hier können Sie links hinab zum Wasser, um dem Mjøsa Adieu zu sagen. Der Olavsweg führt Sie an der Farm vorbei und auf einem schmalen Pfad wieder an den Gleisen entlang.

Sie kommen an einen Nadelwald und gehen hier an der Weggabelung rechts, sodass Sie an den Gleisen bleiben. Sie stoßen auf einen breiteren Pfad, der Sie rechts unter der Eisenbahnbrücke hindurchführt. Hinter dieser nehmen Sie direkt links einen kleinen Weg nach oben. Gehen Sie am Feldrand entlang ca. 70 m hinauf und biegen Sie bei der ersten Gelegenheit links ab. ☝ Markierung fehlt!

Sie gelangen auf einen kleinen Kiesplatz inmitten von Bäumen und einem Fluss. Gehen Sie über den Platz und links hinab an einem Stromumverteiler vorbei. Über einen Schotterplatz kommen Sie wieder zu den Gleisen. Folgen Sie diesen nach rechts auf dem Smerudstuguvegen, vorbei an den ersten Häusern von **Fåberg**, bis Sie auf eine Asphaltstraße stoßen: Ab hier wieder deutliche Olavswegzeichen.

Gehen Sie rechts an der Bushaltestelle Fåberg menighetshus vorbei (7,9 km) und links über den Zebrastreifen in den Carl Haugens veg. Am Ende der Asphaltstraße biegen Sie links in den Schotterweg, folgen diesem hinab und gehen an der T-Kreuzung rechts wieder hinauf. Nehmen Sie oben an der Kreuzung den Graspfad geradeaus (leicht links). Der Pfad verläuft ein kurzes Stück parallel zur Straße, führt dann hinab zu den Gleisen und parallel dazu durch einen lichten Mischwald. Auf einer Holzbrücke überqueren Sie einen Fluss. Sie stoßen auf einen Schotterweg, dem Sie nach rechts oben zum Gudbrandsdalsvegen folgen. Wenden Sie sich nach links.

Bleiben Sie auf der Asphaltstraße und laufen Sie für ca. 1,6 km an der Leitplanke entlang. Über Ihnen verläuft parallel die E6, links unten liegt der dunkelgrüne Fluss, vor Ihnen ausgebreitet das Gudbrandsdal. Sie kommen an einen Kreisel (11 km) und gehen hier rechts unter der E6 hindurch zum nächsten Kreisel. Gehen Sie an diesem geradeaus und biegen Sie ca. 50 m danach rechts ab in den Hundervegen. Weitere 50 m weiter geht es links in den Schotterweg Tytterbærskogen, der steil nach oben Richtung Wald führt. Gehen Sie an einer Farm vorbei und durch das Gatter des Hofs nach links in den Wald.

↪ Sie können hier auch weiter geradeaus auf dem Tytterbærskogen bleiben (kürzere Strecke).

Gehen Sie rechts an einem Grundstück vorbei und links um das rote Haus (Granly) herum, dahinter geht es rechts einen kleinen Pfad hinein. Dieser führt Sie am Rande eines Privatgartens entlang bis zu einem Kiesweg, von dem man zurück auf den Schotter des Tytterbærskogen gelangt. Diesem folgen Sie an einzelnen Häusern vorbei. Gehen Sie, kurz nachdem Sie das erste Straßenschild lesen konnten, rechts über einen Bach und auf einem Pfad in den Wald hinein (12,7 km).

☺ Als Wegweiser auf dem hier beginnenden **Tjodveigen** (ca. 2 km traumhaft durch den Wald) dienen unter anderem Holzschilder mit dem Bild eines Pilgers.

Tjodveigen

Wasserfall Kjærlighetsfossen
Foto: Tilman Metzger

Sie überqueren auf einem Holzsteg einen Bach, dann auf (glitschigen) Steinen einen Fluss, über den man sich einen Weg suchen muss. Es folgt ein sehr schöner Pfad durch den Wald. Nach einer ᛨ Pilgerbank gelangen Sie an ein Grundstück, an dem Sie rechts vorbeigehen, und auf dem Feldweg weiter in den Wald hinein. Über einen schmalen Bach hinüber, biegen Sie links in einen kleinen Trampelpfad ein, der Sie zur **Sagåa bru** (13,3 km) bringt. Gehen Sie vorsichtig hinüber und nehmen Sie den Anstieg in Angriff (z. T. liegen Bäume quer über den Weg). Oben gelangen Sie an die Wegweiser zum **Fluss Sagåa** und dem **Wasserfall Kjærlighetsfossen**.

In ca. 5 Min. sind Sie am „Wasserfall der Liebe" angekommen, der sich prima für eine ᛨ Rast anbietet. Der Trampelpfad dorthin ist gut markiert, allerdings nicht so leicht zu begehen.

Der Olavsweg folgt dem Weg links (Richtung Sagåa) über einige Rinnsäle und Matschfelder. Der Pfad führt Sie geradeaus durch eine Waldschneise, unter Stromleitungen hindurch und über einen kreuzenden Feldweg hinweg weiter aufsteigend durch den Wald. Übersteigen Sie die Zauntreppe und gehen Sie quer über die Weide hinab zur Straße, auf die Sie eine weitere Zauntreppe bringt (Ende des Tjodveigen).

Gehen Sie auf dem Sørbygdsvegen 1,6 km nach rechts oben, vorbei an der Farm Hunder, bis Sie auf den Hundersetervegen stoßen. Unten im Tal können Sie verschiedene Campingplätze auf der anderen Seite des Flusses liegen sehen. Biegen Sie links ab und folgen Sie weiter dem Sørbygdsvegen hinab in Richtung des Zentrums von Øyer. Auf dem Fußgängerweg gehen Sie durch einen Tunnel und unter der Hafjellgondel hindurch, ca. 0,5 km weiter laufen Sie an der Unterkunft **Moe gård** vorbei (18 km) und knapp 400 m später zeigt in der Linkskurve ein Schild hinab zum **Nermo Hotell & Hytter**.

13. Etappe: Lillehammer Vandrerhjem Stasjonen – Skåden gård (Øyer)

Nehmen Sie den kleinen Weg, der in der Kurve rechts abgeht. Gehen Sie über zwei kreuzende Wege hinweg nach oben. Sie stoßen auf eine Schotterstraße, der Sie nach rechts oben folgen. Biegen Sie die nächste Möglichkeit links ab, der Weg führt Sie an einem Hof vorbei und auf einer Schotterstraße hinab durch die Gebäude hindurch.

Am Ende der Farm geht es links in einen Feldweg, auf dem Sie über eine Wiese und einen kleinen Bach in den Wald hineingelangen. Gehen Sie hinauf bis zum nächsten kleinen Bach, nach dem Sie links hinab Richtung Fluss laufen. Gehen Sie rechts über Rinnsaal und Steine und weiter geradeaus am Hang entlang durch den Wald (✋ vorsichtig laufen).

Sie hören rauschendes Wasser, bevor Sie es sehen: Der Pfad führt Sie direkt zum **Fluss Søre Brynsåa** (20,9 km). Gehen Sie durch das Tor über die Holzbrücke (✋ Vorsicht, das Holz ist sehr rutschig!) und folgen Sie dem Pfad weiter. Steigen Sie über die Zauntreppe. ✋ Hier sind die Olavswegzeichen uneindeutig: Folgen Sie dem Grasweg ein Stück nach unten, nach einem Linksschlenker gehen Sie aber direkt wieder rechts hinauf (nicht am Zaun weiter hinab gehen).

Der bergauf führende Pfad bringt Sie wieder zu einer Holztreppe. Gehen Sie danach rechts weiter auf den rauschenden Fluss zu. Zu diesem muss noch eine Zauntreppe überstiegen werden, dann queren Sie den Nørdre Brynsåa (21,5 km) über zwei Brücken und gehen auf einem kleinen Pfad geradeaus und rechts durch ein Törchen aus dem Wald hinaus. Aufsteigend gelangen Sie auf einen breiten Feldweg, dem Sie nach links oben folgen. Hier tauchen erste vereinzelte Häuser (Åset) zu Ihrer rechten Seite auf. Gehen Sie auf Schotter links an diesen vorbei. Sie stoßen auf die Straße Midtbygdsvegen.

> ↳ Wenn Sie diese links hinabgehen, gelangen Sie zur ⛪ **Øyer kirke** (ca. 700 m).

Der Olavsweg führt nach rechts oben (Hausnummern 153-155-157) und biegt kaum 100 m weiter in einen kleinen Pfad links in den Wald ab. Am Zaun entlang gehen Sie steil hinauf, eine kleine Holzbrücke bringt Sie über ein Bächlein und zu einem Holzzaun: Sie können die obersten Latten zur Seite schieben. Folgen Sie dem Waldpfad weiter nach oben bis zum ⛺ **Rastplatz Håkåberget** mit Bank und toller Aussicht (22,3 km), hinter dem es rechts eine Holztreppe hinaufgeht und über einen Drahtzaun an einer Wiese entlang aufwärts.

Am Ende gehen Sie über eine kleine Zauntreppe auf die Schotterstraße Vedumsvegen, der Sie für ca. 900 m links durch Farmgebäude folgen: An

Feldern, einem kleinen Bach und dem Bauernhof Høvre vorbei, treffen Sie auf den asphaltierten Midtbygdsvegen. Biegen Sie rechts ab und gehen ca. 700 m hinauf bis zur Rechtskurve, an der Sie ⌂ ⌘ **Skåden gård** ausgeschildert finden. Verlassen Sie die Straße geradeaus auf den Skåevegen. Sie gelangen nach knapp 25 km zu dem idyllisch liegenden Hof mit dem **Meilenstein** „392 km nach Nidaros".

☺ Skåden gård

Wunderschöner Bauernhof, seit 1734 in Familienbesitz. Nicht nur in den urigen Hütten finden sich viele historische Möbel, sondern auch in einem alten Lagerhaus: Die Hausherrin wird Ihnen das kleine Museum mit Artefakten aus mehreren Jh. (seit ca. 1335 besteht der Hof) gerne zeigen. Ich habe in der kleinsten Hütte namens *Doll* übernachtet – wie passend: Es ist wirklich wie eine kleine Puppen- oder Zwergenstube, mit niedriger Tür und Eisenschlüssel für das große Schloss. Als würde man wie Alice im Wunderland in eine Märchenwelt eintauchen – die allerdings nur ein Zimmer groß ist.

Øyer ⌿ △ ⌂ ⌘ ✝ ☰ 2636

- △ **Rybakken Hytter og Camping**, Vestsidevegen 95, ☎ 48 06 04 22, 97 09 37 30, ✉ post@rybakken.com, 🖥 www.rybakken.com, ca. 2 km vom Olavsweg entfernt (andere Flussseite!), 🗓 Mai bis Dezember. Hütte für 1 Pers. NOK 200 bis 400, für 2 Pers. NOK 400 bis 600, Schlafsack mitbringen, Bettwäsche NOK 50, Vorausbuchung empfohlen
- ⌿ **Nermo Hotell & Hytter**, Nermosvegen 56, ☎ 61 27 55 80, ✉ booking@nermohotell.no, 🖥 www.nermohotell.no, ca. 300 m vom Olavsweg entfernt, DZ ab NOK 845 pro Pers., 4-Pers.-Appartement NOK 1.295, ✗
- ⌂ ⌘ **Skåden gård**, Skåevegen 72, ☎ 61 27 81 60, ✉ am-skaad@online.no, 🖥 www.skaaden-gaard.no, 🗓 Mai bis September, Hütten und Appartements für 2-6 Pers. NOK 300 bis 850 (insg. 22 Betten), Schlafsack mitbringen, Küche oder Kochgelegenheit, Frühstück NOK 50, Lunchpaket NOK 40, Mahlzeit möglich auf Vorbestellung
- ♦ **Moe gård**, Sørbygdsvegen 476, ☎ 92 66 78 17, ✉ 4stabbur@outlook.com, NOK 100 in einem der 2 Betten im *stabbur* des Hofs mit Hofladen (🗓 Juli und August), Schlafsack mitbringen, Selbstverpflegung (Frühstück im Nermo Hotell möglich), Außendusche, Vorausbuchung notwendig
- ✝ **Øyer kirke**, ☎ 61 26 82 20, ✉ post@kirken.oyer.no, 🖥 www.kirken.oyer.no, 🗓 Juli: telefonisch Kontakt aufnehmen. Kreuzkirche aus dem Jahre 1725.

14. Etappe:
Skåden gård – Mageli Camping og Hytter

➲ *18,1 km,* ⏳ *ca. 5 Std.,* ↑ *875 m,* ↓ *1.205 m,* ⇧ *192-588 m*

0,0 km	⇧ 550 m	Skåden gård ⌂ ⌘
2,2 km	⇧ 500 m	Bank 🪑 ⊙
6,2 km	⇧ 552 m	Bank 🪑
6,7 km	⇧ 511 m	Stalsbergsvea ⌂
9,7 km	⇧ 511 m	Abzweigung Pilegrimsloftet Borkerud ⌂ ✝ ℞
11,7 km	⇧ 532 m	Pilgerbank 🪑
14,4 km	⇧ 556 m	Abzweigung Glomstad Gjestehus 🛏
16,0 km	⇧ 350 m	Rastplatz 🪑 ⊙
17,7 km	⇧ 224 m	Rolla bru ✿
18,1 km	⇧ 192 m	Mageli Camping og Hytter ⛺

Zauntreppen-Marathon! Eine erlebnisreiche Etappe nah an der Natur. Es sind viele schöne Pfade, die sich durch den Wald schlängeln und über Wiesen und Felder führen. Einige sind allerdings – je nach Wetter – nicht einfach zu begehen; matschige, nasse und holprige Stellen sowie dichter Bewuchs erschweren das Vorankommen. Doch wer ein bisschen Kraxelei mag, wird diese Strecke lieben! Am Ende geht es nach vielen Zauntreppen, Flussüberquerungen und schönen Aussichten 3,6 km bergab bis zur E6 und dem Campingplatz direkt am See.

☺ Auffällig ist das Mehr an Bänken und Sitzgelegenheiten. Dazu viele Felsformationen und Mauerreste, die mit Moos oder Klee bewachsen sind – das gefällt.

Verlassen Sie den Hof auf dem Feldweg geradeaus. Olavswegzeichen finden Sie erst an dem nach unten abgehenden Weg, auf den Sie über einen Drahtzaun gelangen. Sie gehen abwärts in den Wald hinein. An der Weggabelung nehmen Sie den linken Weg hinab zum **Fluss Skåeåa**, überqueren die Brücke und wandern den schmalen Pfad steil hinauf (unter Umständen über abgerutschte Erde, Hölzer und Steine). Sie kommen an das Hinweisschild „Gravfelt" (1,1 km): In der Umgebung befinden sich vier Wikingergrabhügel aus der Eisenzeit, einen können Sie vor sich sehen.

Sie gehen auf dem Pfad hinab und über einen kleinen Bach. Die erste Zauntreppe des Tages bringt Sie aus dem Wald hinaus und auf einen grasbewachsenen

Weg, der Sie zur nächsten Zauntreppe bzw. zu einem Tor bringt. Sie halten sich auf dem Pfad weiter geradeaus, rechts von Ihnen haben Sie die Reste einer Steinmauer.

Laufen Sie auf den Zaun zu, wo Sie die nächste Treppe übersteigen. Nach dieser geht es rechts. Überqueren Sie den Bach (keine Brücke) und halten Sie sich rechts nach oben zum nächsten Zaun mit Übergangshilfe. Sie steigen über diese und die nächste Zauntreppe und kommen an einen ⚲ ⊙ **Tümpel mit blauer Bank** und Pilgerbefragungsstand (2,2 km).

Daran vorbei geht es durch ein Tor und über eine Zauntreppe durch einen Hof hindurch. Gehen Sie am Grundstück rechts auf dem Graspfad an der Mauer entlang. Sie stoßen auf eine Schotterstraße (Hofeinfahrt), die Sie auf den erdigen Nordbygdsvegen bringt. Gehen Sie links für gut 400 m und biegen Sie dann in der nächsten Linkskurve (Beginn der Leitplanke) rechts in einen kleinen Pfad ab.

↪ Sie können der Straße auch weiter nach unten folgen (ca. 450 m), der Waldpfad stößt etwa 480 m weiter wieder zurück auf den Nordbygdsvegen.

Auf dem Waldpfad kommen Sie an einer Art Provisorium vorbei (recht baufällig aussehende Holzhütte zwischen den Bäumen zu Ihrer Linken). Sie gelangen hinab auf den Nordbygtsvegen, dem Sie jetzt rechts bergabwärts folgen. Weitere 430 m später geht es erneut rechts auf einen grasbewachsenen Weg in den Wald hinein (hinter dem „Vorfahrt gewähren"-Verkehrsschild).

↪ Auch hier können Sie weiter geradeaus auf der Straße bleiben.

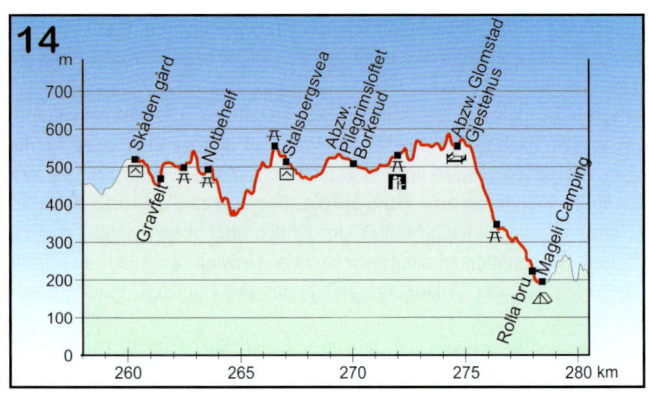

14. Etappe: Skåden gård – Mageli Camping og Hytte

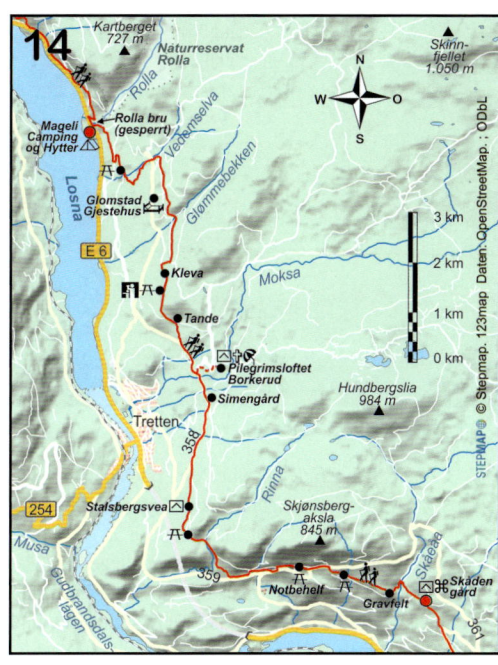

Gehen Sie auf dem kleinen Pfad über **zwei Holzbrücken**. Nach dem Fluss stoßen Sie auf eine steinige Straße, die Sie links hinab auf den Nordbygtsvegen bringt. Folgen Sie diesem für nur ca. 200 m nach links, gehen Sie dann rechts hoch und folgen Sie dem Weg bis zum Kananvegen. Biegen Sie rechts auf die Straße und folgen Sie ihr, bis es hinter der Auffahrt zu einem Gehöft eine Straße rechts hoch abgeht. Sie biegen am Schild zu den Hausnummern 53-55 rechts auf die breite Schotterstraße ein, gehen vorbei am Tor und auf dem Feldweg um die Farm Rindal herum, am Zaun zu Ihrer linken Seite entlang und dann den Pfad nach oben über die Zauntreppe.

An einer Weide vorbei geht es ansteigend in den Wald hinein und am **Fluss Rinna** entlang. Lassen Sie diesen rechts liegen und nehmen Sie den Pfad nach links, der Sie ca. 350 m steil nach oben führt. Dort empfängt Sie eine ⊼ Bank zum Ausruhen (6,2 km). Geradeaus geht es nun bergab. Sie kommen an eine Stelle, an der Sie Trinkwasser aus dem Hahn auffüllen können. Hier hängt auch der Hinweis auf die △ **Pilgerunterkunft Stalsbergsvea**, die kaum 50 m weiter liegt (6,7 km).

Lassen Sie links die kleine Holzhütte und rechts das Haupthaus liegen. Gehen Sie am Ende der Farm geradeaus weiter durch den Wald bis zur schmalen Straße Kløvsvegen und folgen Sie dieser links hinab. Sie stoßen auf den asphaltierten Sør-Trettenvegen (7,8 km) und gehen auf der Straße nach rechts oben (✋ keine Markierungen für die nächsten 1,2 km). Der Asphalt wird zu Erde, jetzt finden sich wieder Wegzeichen.

Moosbedeckte Steine am Weg

Gehen Sie geradeaus über ein Bächlein und lassen Sie die braunen Holzhäuser der Farm Simengård rechts liegen. Sie kommen am Kjørkjehaugen vorbei: Steinbänke vor einem Steinaltar erinnern an die Kirche, die hier im 14. Jh. gestanden hat. Gehen Sie daran und am links liegenden Hof vorbei bis zum Wegweiser (9,7 km), der nach rechts zur ⌂ **Borkerud Pilgerherberge** zeigt.

Sie gehen auf dem Tårstadvegen geradeaus und folgen der Schotterstraße ca. 700 m hinab. Nehmen Sie die Abzweigung rechts hinauf in Richtung der Farm Tande. Leicht ansteigend geht es auf den roten Hof zu, vorher biegen Sie aber links durch ein kleines Eisentor auf einen Pfad. Ein weiteres Eisengatter folgt, es geht über Kuhweiden und Felder, dann leicht links in den Wald. Auf dem Trampelpfad kommen Sie leicht ansteigend wieder aus dem Wald hinaus und auf einen von kleinen Bäumen gesäumten Graspfad, der zu einer ⌇ Pilgerbank mit schöner Aussicht über das Gudbrandsdal führt (11,7 km).

Der Trampelpfad wird zum Weg und führt Sie ca. 400 m weiter mitten durch den Hof Kleva (✋ kein Olavswegzeichen). Folgen Sie der Schotterstraße dahinter für 200 m hinab und biegen Sie rechts ab. Es geht wiederum für ca. 200 m aufwärts, Sie passieren ein rotes Farmgebäude auf der linken Seite und gehen über die Eisenstäbe auf dem Boden. Hinter diesen biegt ein Graspfad links ab Richtung Wald. ✋ Die Markierung ist hier leicht zu übersehen!

Gehen Sie am Drahtzaun entlang und in den Wald, der Pfad schlängelt sich durch diesen hindurch. Übersteigen Sie einen kleinen Bach, nun geht es steil hinab auf eine Lichtung mit abgeholzten Bäumen.

14. Etappe: Skåden gård – Mageli Camping og Hytte

✋ Der schwer begehbare Pfad (ca. 1 km lang) kann je nach Witterung ziemlich matschig, nass und zugewachsen sein und ist dadurch möglicherweise schwer zu erkennen. Es gibt im Grunde genommen aber nur diesen einen Pfad, der Sie aus dem lichten Abschnitt geradeaus und links wieder in den tiefen Wald hineinführt. Auf dem Trampelpfad vermisst man regelmäßige Markierungen.

Im Wald werden Pfad und Markierung wieder besser: Das Olavswegzeichen finden Sie an einem Drahtzaun. Folgen Sie diesem nach links bis zur Holzbrücke über den rauschenden **Glømmebekken** (13,4 km). Nach dem Fluss geht es ein kurzes Stück steil bergauf, dann laufen Sie an einem Holzzaun entlang bis zur Zauntreppe. Nach dieser geht es direkt rechts hoch. ✋ Der Pfad ist leicht schräg und abschüssig und führt über einige große Steine. Für ein kurzes Stück ist leichtes Kraxeln angesagt.

Folgen Sie dem Grasweg durch das Feld, parallel zum Fluss im Tal bzw. am Hang entlang. Übersteigen Sie den Drahtzaun über die kleine Treppe und gehen Sie auf dem Trampelpfad an einer verfallenen Holzhütte vorbei zu dem kreuzenden landwirtschaftlichen Weg. ✋ Die nächste Olavswegmarkierung finden Sie an einem Nadelbaum rechts oberhalb von Ihnen (13,9 km).

☺ Toller Ausblick von hier ins Tal!

Gehen Sie am Baum nach links und auf dem Graspfad in den Wald. Nach der (wackligen) Zauntreppe geht es auf einem gut begehbaren Waldpfad weiter, der Sie aus den Bäumen heraus und abwärts bis zu einem kaputten Zaun bringt, an dem der Wegweiser (14,4 km) zum 🛏 **Glomstad Pensjonat** steht (links hinab). Der Olavsweg verläuft auf dem grasigen Pfad weiter geradeaus durch eine Ansammlung von Laubbäumen und Feldpflanzen, es wird wieder unebener. Gehen Sie aufwärts, vorbei an einer ehemaligen Zauntreppe bis zu einer Weggabelung, an der Sie links in den Wald hineingehen.

Der lange Abstieg (ca. 3,6 km) bis zum Mageli-Campingplatz beginnt: Ein leicht begehbarer Pfad führt Sie hinab zu einer Zauntreppe, aus dem Wald hinaus und über eine Kuhweide. Gehen Sie über den kreuzenden Weg weiter zur nächsten Zauntreppe. Laufen Sie über die Wiese und verlassen Sie diese nach links auf dem Pfad immer weiter bergab, rechts von Ihnen fließt kaskadenförmig der **Fluss Vedemselva**. Aus dem Feld heraus stoßen Sie auf den kreuzenden Nord-Trettenvegen (15,1 km), queren Sie die Asphaltstraße und nehmen Sie den breiten Feldweg geradeaus leicht hinab, es geht ein kurzes Stück weiter am Fluss entlang.

Vor einer großen, offenen Wiese führt ein kleiner Pfad in Kurven an dieser hinab, dann in den Wald hinein. Sie gehen an einer kleinen, braunen Holzhütte (lediglich aus Böden, Wänden und Dach bestehend) vorbei und auf einem gemütlichen Pfad in leichten Serpentinen durch den Wald weiter abwärts. Direkt dahinter geht es rechts einen kleinen Pfad weiter abwärts, der Sie zurück zum Fluss bringt.

Zwei Brücken führen über den Vedemselva, auf der anderen Seite stehen ⊼ ⊙ **Tische und Bänke**, in einer Box ein Pilgerbuch (16 km). Es folgt ein schöner Waldweg, der Sie auf eine Weide mit Zaun zuführt. An diesem geht es links hinab und in wenigen Kehren steil um einige umgekippte Baumstämme herum. An einem Holzgeländer gelangen Sie schließlich steil hinunter auf eine Schotterstraße, der Sie für ca. 150 m nach rechts oben folgen. Es geht links durch ein Holztor auf einen Pfad, der Sie am Hang entlangführt.

Rolla bru

Über eine Zauntreppe geht es in den Wald. Halten Sie sich an den großen Felsaufschüttungen links bzw. unterhalb auf dem Pfad, der Sie danach hinauf und ein Stück am Waldrand entlangführt (rechts oberhalb Weide), nur um Sie dann links wieder durch die Fichten hinab zu geleiten. Steil hinab gelangen Sie über eine Zauntreppe auf einen Weg, gehen rechts und hinter dem Bach geradeaus über die (Schaf-)Weide weiter. Diese links hinab (Zeichen am Strommast) und einen weiteren Bach überquert (keine Brücke), gelangen Sie in das Naturreservat Rolla (Infoschild), vor Ihnen liegt der gleichnamige Fluss. Gehen Sie links über die Zauntreppe weiter nach unten und kommen an die alte **Rolla bru** (17,7 km).

✋ Die Steinbrücke ist einsturzgefährdet und daher gesperrt. Das Pilgercenter Dale-Gudbrands Gard (☞ 16. Etappe) arbeitet an einer Brücke parallel zur Rolla bru. Die Umleitung drum herum ist gut markiert.

Folgen Sie den Hinweisschildern für ca. 50 m den Fluss hinab bis zu einem **Platz (rote Maschine)**, an dem links ein Weg Richtung Campingplatz abgeht.

☞ Wenn Sie nicht dort übernachten, sondern noch weiter laufen wollen (nächste Übernachtung erst in über 12 km auf Nordrum gård ☞ 15. Etappe), biegen Sie am Platz nicht ab, sondern folgen dem Fluss hinab bis zur E6 (☞ 15. Etappe).

Sie gelangen direkt vor den Eingang des △ **Mageli Campingplatzes**, nur die E6 muss noch vorsichtig überquert werden (18,1 km).

Tretten   🛏 ⌂ △ 🍴 2635

🛏   **Glomstad Gjestehus**, Nord-Trettenvegen 471, ☎ 41 46 80 15, 91 79 98 50,
   ✉ post@glomstadgjestehus.no, 🖥 www.glomstadgjestehus.no,
   📅 Dezember bis Oktober, ca. 300 m vom Olavsweg entfernt,
   1 Pers. NOK 450 (Pilgerpreis), Preis inkl. Frühstück, Schlafsack mitbringen.
   Gästehaus mit 46 Betten und angeschlossenem ✕ Restaurant

△   **Mageli Camping og Hytter**, Kongsvegen 2220, ☎ 61 27 63 22,
   ✉ info@magelicamping.no, 🖥 www.magelicamping.no,
   📅 ganzjährig geöffnet (Zeltplatz 01. Mai bis 01. Oktober),
   Hütte für 2-4 Pers. NOK 400 bis 630 (Gemeinschaftsbad, keine Küche),
   Hütte für 4-6 Pers. ab NOK 730 bis 1.350 (Bad und Küche), Schlafsack mitbringen,
   Zelt ab NOK 180, Bettwäsche NOK 100. Im Campingplatz-Shop gibt es Kleinigkeiten
   zu Essen. ✋ Unbedingt einige Tage vorher reservieren: In der Hauptsaison ist der
   Platz beliebtes Urlaubsziel.

⌂   **Stalsbergsvea**, Sveavegen 72, ☎ 97 05 23 20, ✉ s-er-blo@online.no,
   📅 1. Mai bis 30. September, NOK 50, kleine, unbewirtschaftete Holzhütte (2 Räume
   mit insg. 3 Betten), Plumpsklo außerhalb, Wasserstation etwas oberhalb der Unterkunft, Kleinigkeiten zu essen für den Erwerb dort platziert

◆   **Pilegrimsloftet Borkerud**, Torsheimsvegen 81, ☎ 47 36 48 26, 95 11 30 64,
   ✉ alv@lillelien.net, 📅 1. Juni bis 1. September, ca. 800 m vom Olavsweg entfernt,
   1 von 5 möglichen Betten NOK 200 (*stabbur*, Holzscheune oder Dachboden),
   Schlafsack mitbringen, Küche, WLAN, Dinner NOK 100, Frühstück und Lunchpaket
   NOK 100. In der Nähe gibt es einen Wasserfall mit 🛟 Schwimmbecken und seit 2015
   eine kleine, offene ✝ Kapelle auf Borkerud. ✋ Im Voraus buchen.

15. Etappe: Mageli Camping og Hytter – Gildesvollen Pilegrimsherberge

➲ 20 km, ⏳ ca. 4 Std. 30 Min., ↑ 1.074 m, ↓ 1.017 m, ⇕ 194-406 m

0,0 km	⇧ 192 m	Mageli Camping og Hytter ⛺
4,2 km	⇧ 286 m	Fåvangvegen
12,2 km	⇧ 320 m	Nordrum gård
13,3 km	⇧ 227 m	Tromsa bru, Abzweigung Fåvang 🛏 🏞 🛒 ✕ ☕ ⊕ 🚌 🅿
14,2 km	⇧ 257 m	Rastplatz ⊼
18,0 km	⇧ 355 m	Schild Bygdeborg 🚩
19,7 km	⇧ 307 m	Klokkargården Halstad 🏞
19,9 km	⇧ 270 m	Ringebu stavkirke ✝
20,0 km	⇧ 253 m	Gildesvollen Pilegrimsherberge 🏞

Hinauf, hinab und viel Asphalt! Es ist nicht die schönste Etappe, die zu einer der bekanntesten Kirchen Norwegens führt. Hat man es vom Campingplatz über die E6 wieder hinauf zum Olavsweg geschafft, läuft man viele Kilometer auf Asphalt, meist leicht ansteigend. Belohnt wird das mit schönem Blick hinab ins Tal, dann geht es hinein ins Feld, vorbei an Farmen. Im Wald zwischen Høgkleiva und Elstadkleiva sind noch einige Höhenmeter zu bewältigen, bevor Sie hinab zur Stabkirche von Ringebu gelangen.

Vom Campingplatz aus haben Sie **zwei Möglichkeiten**: Wenn Ihnen der Weg an der E6 entlang zu gefährlich erscheint (es ist der direkte), gehen Sie auf dem

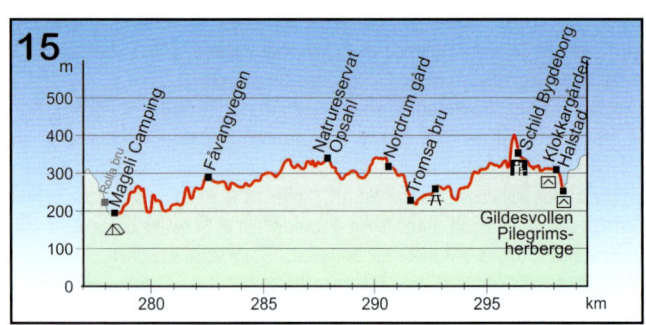

15. Etappe: Mageli Camping og Hytter – Gildesvollen Pilegrimsherberge

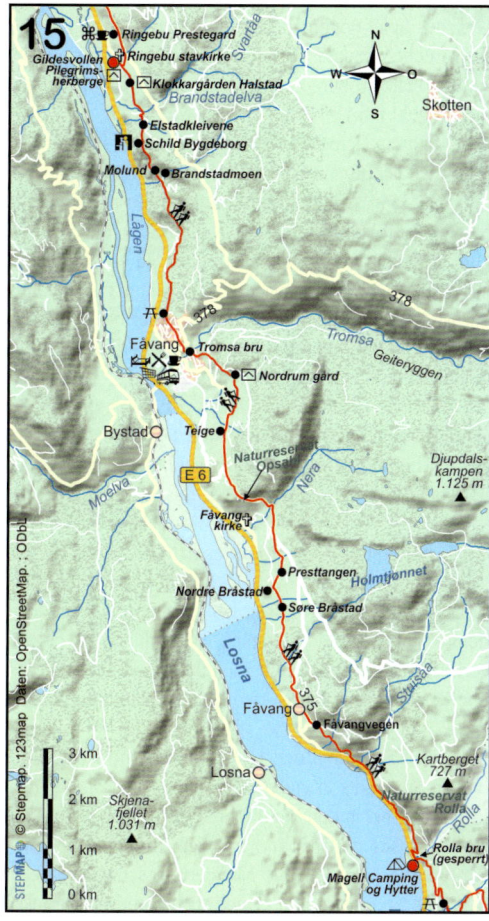

Feldweg wieder nach oben bis zum Platz, an dem Sie am vorigen Tag vom Fluss abgebogen sind. Gehen Sie dann links am Rolla hinab zur E6 und an dieser nach rechts auf der Brücke über den Fluss (ca. 500 m). Zu dieser Brücke kommen Sie aber auch, indem Sie aus dem Campingplatz heraus direkt links gehen. Sie laufen entlang der gut befahrenen E6 ca. 300 m bis dort. Kein Fußweg.

In beiden Fällen müssen Sie über den Rolla-Fluss, nicht ganz ohne Risiko, da es keinen breiten Weg für Fußgänger gibt. Gehen Sie links der Leitplanke auf einem schmalen Streifen am Fahrbahnrand über das Wasser. Danach geht es rechts hoch in den Wald: Sie finden hier die Umleitungszeichen, stoßen aber nach ca. 170 m entlang des Flusses auf den normalen Olavsweg, der rechts von der Rolla-Brücke kommt. Biegen Sie hier also links ab.

Der Pfad bringt Sie leicht ansteigend durch den Wald, dann steil links hinab und gleich wieder rechts, sodass Sie parallel zum Lågen oberhalb der E6 laufen.

Gleiches Spiel nochmal: Der dicht bewachsene Grasweg führt links hinunter und dann rechts, sodass Sie wieder parallel zur E6 gehen, bis Sie auf einen kleinen runden Platz stoßen. Ab hier geht es bergauf bis zu **zwei kleinen Holzhütten**. Vor diesen geht links ein Pfad ab.

Durch ein kleines Tor gelangen Sie zum Bjørgevegen, dem Sie links hinab folgen. Der Schotter wird zu Asphalt, Sie laufen für ca. 1 km erneut parallel über der E6. Dann zweigt eine Schotterstraße nach rechts oben ab (2,9 km). Folgen Sie der Borgehauggjeilen an vereinzelten Höfen und Weiden vorbei hinauf bis zum asphaltierten Fåvangvegen, dem Sie für die nächsten 7,1 km folgen. Auf der leicht ansteigenden, kurvigen, aber nur mäßig befahrenen Straße hilft nur eines zur Motivation: Blicken Sie immer wieder hinab auf den breiten, tiefgrün bis dunkeltürkisen Fluss mit seinen Inselchen und den baumbewachsenen Bergkuppen an beiden Ufern.

Auf dem Fåvangvegen lassen Sie auch die nach links abzweigende Straße (Thujordsvegen) zur ✞ **Fåvang kirke** liegen (ca. 1 km hinab). Nachdem Sie in einer Kurve über einen Fluss gelaufen sind, liegt links von Ihnen zwischen Gudbrandsdalslågen und dem Fåvangvegen das Naturreservat Opsahl (Infoschild). Es geht leicht hinab, dann haben Sie die Asphaltstrecke hinter sich und biegen rechts auf die Schotterstraße Øverjordsvegen (11,3 km), die nach oben abzweigt (Schild „Herberge 1 km").

Folgen Sie dem Feldweg bis zu einem holzverkleideten Bretterverschlag, vor dem es links über eine schmale Treppe hinab auf einen kleinen Waldpfad geht. Sie verlassen diesen über eine Zauntreppe, laufen oberhalb einer Wiese entlang und über einen Fluss, hinter dem Sie die Unterkunft auf △ **Nordrum gård** finden (12,2 km).

Gehen Sie durch den Hof hindurch und links hinab. In der ersten Linkskurve biegen Sie rechts in einen kleinen Weg, der an der Einfahrt von Hausnummer 40 (Røyse) vorbei in den Wald führt. Aus diesem heraus gehen Sie am Zaun oberhalb eines Hauses entlang und auf der Einfahrt hinunter. ✋ Sie stoßen auf einen Schotterweg, an dem die Markierung schwer zu sehen ist: Gehen Sie auf dem Schotter ein kurzes Stück nach rechts und direkt links in einen kleinen Pfad zwischen Wiese (rechts) und dem weißem Haupthaus einer Farm (links).

An diesem vorbei gehen Sie abwärts durch einen Mischwald, den Sie über einen kurzen, steilen Pfad (Holzgeländer) auf einen Platz zwischen Wohnhäusern verlassen. Halten Sie sich links, über eine kleine Holzbrücke gelangen Sie zwischen zwei Grundstücken hindurch. Eine weitere kleine Holzbrücke bringt Sie auf einen Asphaltweg, dem Sie nach rechts folgen. Der Fossvegen biegt nun links

Oberhalb von E6 und See

hinab (folgen Sie ihm weiter hinab zur Herberge ⌂ Huset Granmo), hinter der Kurve gehen Sie nach rechts über die ✣ **Tromsa bru** (13,3 km).

✋ Auf der anderen Seite des wasserfallartigen Flusses Tromsa finden Sie die nächste Wegmarkierung erst weiter hinten in der nächsten Kurve.

↳ Links lassen Sie den schönen Pfad am Fluss entlang hinab zum **Zentrum von Fåvang mit zwei Übernachtungsmöglichkeiten** liegen.

Fåvang 🛏 ⌂ 🛒 ✕ ☕ ✣ 🚌 ⛽ 📧 2634

🛏 **Tromsnes gård**, Tromsavegen, ☎ 61 28 22 76, 94 24 79 99,
✉ post@tromsnes.no, 🌐 www.tromsnes.no, ca. 500 m vom Olavsweg entfernt, 1-3 Pers. NOK 700 bis 800, Bettwäsche NOK 75, zwei Häuser (5-8 Pers.) mit Selbstversorgung (Küche, Bad, TV)) auf historischem Bauernhof

⌂ **Huset Granmo**, Kreuzung Fossvegen/Fåvangvegen, ☎ 41 33 46 48, 48 29 04 15,
✉ post@husetgranmo.no, ✉ www.husetgranmo.no, 📅 Mai bis Oktober, ca. 200 m vom Olavsweg entfernt, NOK 600, Schlafsack mitbringen. 5 Betten, Küche und Gemeinschaftsbad in der Selbstversorgerunterkunft

- **Nordrum gård**, Mjogdalsvegen 59, ☎ 91 14 42 11, 91 37 83 81, ✉ ninavn@online.no, 🛏 Mai bis Oktober, 1 Pers. NOK 250 (inkl. Handtücher), Schlafsack mitbringen, Gemeinschaftsbad und -küche, Bettwäsche NOK 100. Übernachtung auf einem alten Milchbauernhof (7 Zimmer mit 18 Betten), Kleinigkeiten zum Essen im Verkauf, Selbstbedienungsfrühstück NOK 90
- **Coop Prix**, Kvitfjelltunet, 🛏 Mo bis Fr 8:00 bis 21:00, Sa 9:00 bis 20:00
- **Fåvang kirke**, Tromsnesvegen, ca. 1 km vom Olavsweg entfernt. Die Kirche in Fåvang wurde in den Jahren 1627-1630 zur Kreuzkirche umgebaut und zählt daher nicht mehr zu den Stabkirchen, obwohl sie aus Teilen einer eben solchen (1150-1250) gebaut wurde.

Gehen Sie nach der Tromsa-Brücke leicht ansteigend geradeaus bis zum Brekkomsvegen, dem Sie für 50 m nach oben folgen. Dann gehen Sie links und bleiben für knapp 800 m auf dem Kongsvegen, bis Sie in einer Rechtskurve auf eine ⚐ **Wiese mit Tischbänken** treffen (14,2 km). Verlassen Sie hier den weiter nach oben führenden Kongsvegen geradeaus auf einen Feldweg, der Sie am Zaun eines Privatgrundstücks entlang hinabführt.

Am Ende des Feldwegs stoßen Sie auf eine Schotterstraße, der Sie ein kurzes Stück nach oben folgen, um dann links wieder in einen Feldweg einzubiegen. Es geht am Waldrand entlang, vorbei am Olavswegpfahl „Kullgrop" („Kohlegruben") und über einen Bach. Sie stoßen erneut auf eine Schotterstraße, die Sie nach rechts oben bringt: Es folgt ein ca. 1 km langer Anstieg mit nur seltener Markierung.

Lassen Sie die Hofeinfahrt rechts liegen und gehen Sie nach dem kleinen Fluss links. Der leicht hinabführende Feldweg führt Sie an einem Grundstück mit alten Felsen vorbei (Steinsetmoen). Es geht an der Molund-Farm vorbei wieder steil hinauf (ca. 300 m) und in den Wald. Nach einigem Auf und Ab kommen Sie zu Informationsschildern, u. a. über Fliehburgen („Bygdeborg") und voreiszeitliche Mammut-Jagdmethoden (18 km).

Etwa 15 m hinter dem Schild über die Jagd von Mammuts – die Tiere wurden über den Rand einer Klippe gedrängt – finden Sie einen senkrecht abfallenden Felsen, der einen schönen Blick über das Gudbrandsdal eröffnet.

Es geht abwärts aus dem Wald hinaus. Lassen Sie das Grundstück Vammen rechts liegen und folgen Sie dem Weg hinab zwischen Farmen und Wiesen hindurch zu den ersten Häusern. Sie können vor sich im Tal nun wieder den breiten Lågen sehen. Sie gehen über einen kleinen Bach auf die Schotterstraße, der Sie nach links folgen. Sie überqueren den **Fluss Brandstadelva**, die Straße Kleivavegen führt Sie vorbei an der Herberge ⌂ **Klokkargården Halstad** hinab zur Stabkirche, die Sie schon von Weitem sehen.

Sie stoßen auf den Gråvabåkken (19,8 km): An der Ecke finden Sie einen ⚲ Kiosk (Imbiss, Getränke und Souvenirs), gegenüber liegt die ✞ **Ringebu stavkirke**. Zur ⌂ **Gildesvollen**

Ringebu stavkirke
Foto: Pilegrimssenter Dale-Gudbrand

Pilegrimsherberge gehen Sie hier links die Straße hinab und durch die Lücke in der Leitplanke links – Sie sehen die weißen Gebäude von Gildesvollen vor sich auf der Wiese (20 km).

☺ Gildesvollen

Die historischen Gebäude beherbergen mehr als nur Schlafplätze: Im einstigen Schulhaus haben die norwegisch-niederländischen Gastgeber Tom Skaansar Borgersen und Janke Meijer ihre Holzwerkstatt (⌚ Mo bis Sa 11:00 bis 16:00) mit Verkauf untergebracht sowie die in der Winterzeit genutzten Webstühle. Zudem stellen die aufmerksamen, bodenständigen Herbergseltern eigenen, sehr leckeren Honig her (in Pilgergröße NOK 15).

Ringebu   🛈 🛏 🏨 ⌂ 🍴 ✕ ☕ ✞ ⌘ 🏦 ⚲ 🚐 🚌 ✉   2630

🛈 **Turistinformasjon Ringebu**, Ringebu Skysstasjon (Bahnhof Ringebu),
☎ 61 28 47 00, ✉ skysstasjon@ringebu.kommune.no, 🖥 www.ringebu.com

🏨 ☕ **Jonsgård Seng & Frokost** (im Bahnhof), Jernbanegata 10, ☎ 40 24 77 97, 61 28 47 00, ✉ hoeyesve@online.no, 🖥 www.rlb.no/seng/info/5454, 1 Pers. NOK 300, 2 Pers. NOK 500, Preis inkl. Bettwäsche und Handtücher. Gemeinschaftsküche und -bad, Frühstück NOK 60. Das B&B liegt oberhalb der Bäckerei Hansen

♦ Bittes Gjestehus, Bjørgemogata 9, ☎ 41 04 18 53, ✉ bri-nils@online.no,
⌚ Mai bis September, ca. 1 km vom Olavsweg entfernt, 1 Pers. in einem von 2 DZ NOK 250, Preis inkl. Bettwäsche, Handtücher und Frühstück

- **Gildesvollen Pilegrimsherberge**, Gråvåbakken 85, ☎ 61 28 00 30, 95 94 04 99, ✉ tretrad@start.no, 🕓 Mai bis September, Matratze im Schlafraum (10 Plätze) NOK 200, Schlafsack mitbringen, Bettwäsche und Handtücher NOK 100, Gemeinschaftsbad und -küche, Schuhtrockner, Schleuder zum Trocknen der Kleidung, WLAN. Auf dem großen Grundstück befinden sich im „Konfirmationssaal" weitere Schlafplätze für Gruppen (bis 20 Pers.). Tütensuppen, Fertiggerichte, Süßigkeiten, Obst und eine Vielzahl von Getränken können gegen kleines Geld erworben werden.
- ♦ **Klokkargården Halstad**, ☎ 97 68 79 50, ✉ eihoysta@bbnett.no, NOK 200 pro Nacht auf einem alten Bauernhof, Schlafsack mitbringen
- ✗ **Mølla Chinarestaurant**, Ole Steigs Gate 13, 🕓 Mo bis Do 13:00 bis 22:00, Fr bis Sa 13:00 bis 23:00, So 13:00 bis 23:00
- 🛒 **Kiwi Ringebu**, Gudbrandsdalsveien 2022, 🕓 Mo bis Fr 7:00 bis 23:00, Sa 9:00 bis 21:00
- 🛒 ✡ **Coop Mega**, Hanstadgata 5, 🕓 Mo bis Fr 8:00 bis 21:00, Sa 9:00 bis 19:00
- ✝ **Ringebu stavkirke**, Gråvabåkken, ☎ 61 28 43 50, ✉ kirkeverge@stavechurch.no, 🖥 www.stavechurch.no, 🕓 Ende Mai/Anfang Juni bis Ende August 9:00 bis 17:00, freier Eintritt mit Pilgerpass, ohne: Erwachsene NOK 60, Kinder NOK 40, Kombi-Tickets mit dem ⌘ Prestegard verfügbar.
- ⌘ **Ringebu Prestegard**, Vekkomsvegen, ☎ 61 28 27 00, ✉ post@ringebuprestegard.no, 🖥 www.ringebuprestegard.no, 🕓 Juni bis August Mo bis So 10:00 bis 17:00, Erwachsene NOK 50, Kinder NOK 30, Kombi-Tickets mit der ✝ stavkirke verfügbar. Im restaurierten Pfarrhaus von 1743 finden Sie u. a. die abstrakten Bilder von Jakob Weidemann, einem der bedeutendsten norwegischen Künstler der Postmoderne.

Ringebu stavkirke

Die einstige Stabkirche ist einen Besuch allemal wert: Der Innenraum ist reich verziert und besticht durch den prunkvollen Altar von 1686 und durch gewaltige Bilder und Statuen. Die blau-roten Farben und Holzsäulen schaffen eine erhabene Atmosphäre.

Zwischen 1030 n. Chr. bis zur Reformation 1537 wurden etwa 1.000 Stabkirchen gebaut: Heute ist die in Ringebu eine von nur noch 28 verbliebenen in Norwegen, wobei nur das Hauptschiff mit seinen Pfeilern vom originalen Stabkirchenbau um 1220 erhalten blieb. Zur Kreuzkirche umgebaut und mit dem charakteristischen roten Turm ausgestattet wurde sie 1630. Das Besondere an Stabkirchen ist nicht allein ihre Form, sondern die Bauweise: Alle Holzteile sind verzapft, d. h. ohne Nägel verbunden.

16. Etappe: Gildesvollen Pilegrimsherberge – Sygard Grytting

➲ 21,2 km, ⏳ ca. 4 Std. 30 Min., ↑ 715 m, ↓ 660 m, ⇧ 197-355 m

0,0 km	⇧ 253 m	Gildesvollen Pilegrimsherberge ⌂
0,1 km	⇧ 270 m	Ringebu stavkirke ✚
3,7 km	⇧ 206 m	Ringebu 🛈 🛏 🏨 ⌂ 🍽 ✕ 🛒 ✚ ⌘ BANK 📮 🚌 🚆
7,3 km	⇧ 275 m	Bank Mitvegen 🎪
10,9 km	⇧ 218 m	Abzweigung Sør-Fron ⛺ 🎪
15,6 km	⇧ 247 m	Pilegrimssenter Dale-Gudbrands Gard ⊙ 🛏 ⌂ ⌘
17,2 km	⇧ 284 m	Sør-Fron kirke ✚
21,2 km	⇧ 308 m	Sygard Grytting ⌂ 🛏

Durch viel Natur zu historischem Hof! Hat man die ersten Asphaltkilometer bewältigt, geht es bald in den Wald. Vorbei am rauschenden Frya-Fluss gehen Sie am Berg entlang und gemütlich im Tal bis zum Pilgercenter in Hundorp und zur Sør-Fron kirke, die als eine der schönsten Kirchen Norwegens gilt. Am Ende wartet hoch über Feld und Wiesen einer der ältesten Höfe Norwegens.

🛈 Die Bauarbeiten, die noch bis Ende 2016 um Frorr herum (vor Hundorp) stattfanden, sind beendet, sodass keine steile Bergpassage mehr zu überwinden ist (damit entfallen leider auch traumhafte Aussichten auf das Gudbrands-Tal).

Gehen Sie an der *stavkirke* vorbei nach oben. Direkt oberhalb der Kirche liegt auf der linken Seite ⌘ 🛒 **Ringebu Prestegard** (☞ 15. Etappe). Sie folgen dem Vekkomsvegen weiter aufwärts, nach 1,8 km zweigt rechts ein Feldweg nach oben ab: Dieser führt Sie für 200 m oberhalb der Asphaltstraße entlang, stößt dann aber wieder auf diese hinab. Nach knapp 500 m biegen Sie links auf die Schotterstraße Skarven, die Sie hinab nach **Ringebu** bringt (☞ 15. Etappe). Sie stoßen auf die Asphaltstraße Vekkomsvegen, der Sie links weiter hinab folgen. Biegen Sie vor der Brücke in die Stadt links auf die Brugata ab (3,7 km). Gehen Sie wenige Hundert Meter weiter rechts über die Brücke, um in die Innenstadt Ringebus zu gelangen.

🚶 Biegen Sie links in die Ole Steigs gate, um nach ca. 200 m zum
🚆 Bahnhof (Dovrebahn ☞ Reise-Infos von A bis Z, Verkehr) zu gelangen.

Folgen Sie den Olavswegkreuzen durch die kleinen Gassen, vorbei an neuen (Pilger-)Bänken, Einzelhandelsgeschäften und dem 🛏️ 🍴 Jonsgård Seng & Frokost in der Jernbanegata. Auf der Jernbanegata weiter nach rechts gelangen Sie zur Brugata zurück, die Sie auf dem Zebrastreifen queren, um auf dem Bürgersteig neben dem **Kjønnåsvegen** (4,1 km) in Kurven nach oben zu laufen. Wechseln Sie die Straßenseite und gehen Sie auf dem Kjønnåsvegen leicht ansteigend weiter, bis Sie die letzten Häuser hinter sich gelassen haben und der Fuß- und Radweg aufhört.

Gehen Sie links über den Zebrastreifen in den anfangs noch asphaltierten Midtvegen. Er geht in eine breite Schotterstraße über, die Sie durch den Wald führt. Folgen Sie ihr für 3 km immer geradeaus (✋ seltene Wegmarkierungen). Nach 1,5 km halten Sie sich an der Weggabelung links, um auf dem Midtvegen zu bleiben: Hier finden Sie hinter einer kleinen Zauntreppe eine ⛩ schmale Bank ohne Lehne mit Blick über das Feld. Den Wald lassen Sie jetzt hinter sich. Es geht leicht abwärts an Farmen, Weiden und Feldern von großen industriellen Bauernhöfen vorbei.

Sie gelangen auf eine Asphaltstraße, gehen nach links, überqueren diese (Vorsicht, Autos) und biegen direkt wieder rechts in den Grådalshaugen ein. Gehen Sie auf der Schotterstraße an den Häusern vorbei, halten Sie sich auf dem Hauptweg rechts und anschließend links hinab in den Wald. Nachdem Sie einen großen Hof links haben liegen lassen, gelangen Sie an eine Weggabelung, an der Sie dem Weg nach rechts folgen.

Gehen Sie auf dem Waldpfad rechts leicht oberhalb des Flusses, den Sie auf einer Steinbrücke überqueren (9,9 km): eine spektakuläre Sicht auf die durch die verengte Schlucht Bersveinhølen stürzende Frya! Direkt hinter der Brücke gehen Sie rechts auf die Wiese, vorbei am 🛈 Schild der Pilgerkommune Sør-Fron und dem Pilgercenter Hundorp (Hinweise zu alternativer Wegführung) und links zum Waldanfang.

Steigen Sie über die Zauntreppe und folgen Sie dem steil nach oben führenden Pfad für ca. 300 m (links halten). Sie laufen auf der kreuzenden Waldstraße kurz links und gleich wieder rechts, vorbei an einem kleinen Steingebäude und auf dem Waldweg weiter. Steil hinab geht es aus den Bäumen heraus auf die breite Straße Dålåstigen, der Sie ca. 20 m nach links folgen (10,9 km).

✎ Zu den ⛺ Campingplätzen in Sør-Fron folgen Sie dem Dålåstigen weiter hinab und biegen links in den Endenstrekka ein.

Der Olavsweg führt rechts über den Bach hinweg (🪑 Bank) und auf der Asphaltstraße Tjodvegen an Häusern und Höfen von Forr vorbei leicht hinab. Der Belag wechselt zu Schotter. Halten Sie sich rechts und weiter abwärts, bis Sie schließlich im Tal auf dem Kongsvegen angelangt sind (12,7 km). Wenden Sie sich nach rechts und folgen Sie der Straße (z. T. etwas oberhalb parallel dazu auf einem Graspfad rechts vom Zaun), bis Sie an der Straße den Wegweiser „Lyra" und ein Olavswegschild entdecken (15,6 km): Hier geht es links ab zum ☉ 🛏 ⌂ ⌘ 🪑 **Dale-Gudbrands Gard** mit Pilgerzentrum und Hotel.

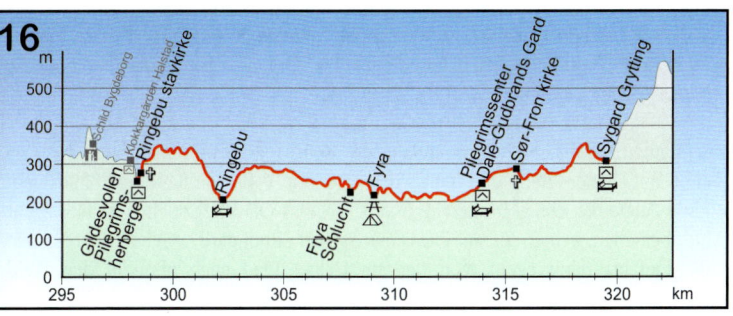

✌ Gehen Sie über die Zauntreppe, überqueren Sie den Kongsvegen und gehen Sie direkt in die Straße Hundorpgeilen. Vor dem Pilgercenter finden Sie den **Meilenstein** „337 km til Nidaros".

☺ Neben hilfreichen Informationen durch die kompetenten und herzlichen Mitarbeiter bietet das **Pilgerzentrum** (☞ Reise-Infos von A bis Z, Informationen) erschöpften Pilgern umsonst Kaffee, Wasser und Limo an. Ein WC, regionale Spezialitäten im kleinen Shop und natürlich den Stempel gibt es dazu. Eine Rast lohnt sich auch aufgrund der Geschichte allemal: Der alte Hof, das Museum und die Gedenksäule erinnern an das Jahr 1021, in dem König Olav mit seinem Heer in das Tal zog und die Menschen zum Christentum bekehrte, die hier unter dem König *Gudbrand-im-Tal* lebten und bis dato an den Donnergott Thor geglaubt hatten.

Gehen Sie am Zaun oberhalb des Kongsvegen weiter. Eine Zauntreppe bringt Sie auf eine Asphaltstraße, der Sie nach rechts hinauf zwischen die Häuser folgen. Der Gammelvegen bringt Sie direkt zur beeindruckenden ✝ **Sør-Fron kirke** (17,2 km). An der Friedhofsmauer können Sie sich für den 1,5 km langen Weg oberhalb der Kirche oder für den 500 m kürzeren entscheiden, der auf der Straße geradeaus am Eingang vorbei zurück zum Kongsvegen führt, an dem Sie rechts abbiegen.

✌ Wenn Sie dem Kongsvegen nach links folgen, gelangen Sie nach Hundorp 🏨🚌☎.

☺ Sør-Fron kirke
Die Sør-Fron kirke beeindruckt durch den Bau als Oktav, sie bietet so fast 1.000 Menschen Platz. Im wunderschönen Innenraum erlebte ich nach Hamar mein zweites musikalisches Pilgererlebnis: Der Organist spielte, als ich die Kirche betrat – reine Gänsehaut.

Laufen Sie für ca. 2,2 km entlang des Kongsvegen auf dem Fußweg (🅿 Circle K mit kleinem Shop und Imbiss bei 17,6 km). Verlassen Sie direkt hinter dem **Fluss Augla** die Königsstraße (19,6 km). ✋ Das Olavswegzeichen ist hier leicht zu übersehen, achten Sie auf das Hinweisschild „Rudi gard". Gehen Sie rechts in die Einfahrt (Holsvegen), von der ein kleiner Pfad nach oben in den Wald abzweigt.

Sie gelangen auf eine Schotterstraße. Folgen Sie dieser hinauf am Zaun der **Rudi-Farm** entlang und durch den großen Hof links hindurch (20,1 km). Verlassen Sie diesen rechts und gehen Sie oberhalb einer Wiese durch ein kleines Holztor, hinter dem Sie einen flachen Grashügel finden. Ein weiteres Holztor entlässt Sie, gehen Sie um die vor Ihnen liegende Wiese herum und am Zaun entlang hinab zur Zauntreppe.

Der Pfad bringt Sie ein kurzes Stück durch ein dicht gewachsenes Wäldchen, dann laufen Sie oberhalb von Wiese und Feld weiter. Halten Sie sich in Richtung der braunen Farmgebäude. Sie gelangen von oben auf den mittelalterlichen Hof **Sygard Grytting** (21,2 km).

☺ Sygard Grytting

Sygard Grytting bedeutet so viel wie „Hier stehen Pfähle fest im Stein". Auf dem Gehöft findet sich ein mittelalterliches Gebäude, das damals wie heute als Gaststube für Pilger genutzt wird. Schlafen Sie dort, befinden Sie sich auf dem wieder aufgebauten Dachboden (1780) – das Holz ist noch original aus der Zeit um 1300, die Badezimmer modern und liebevoll eingerichtet, eine Küche ist

Sygard Grytting

verfügbar. Ich empfehle aber, statt Selbstverpflegung etwas mehr Geld in die Hand zu nehmen und zur authentischen Unterkunft das **3-Gänge-Menü mit Führung** zu buchen (NOK 495 zusätzlich): Der freundliche Gastgeber Stig Grytting (die Familie ist seit 1534 im Besitz der Farm) und seine Frau tischen nur frische Zutaten aus der Umgebung auf – regionaler Fisch auf selbstgebackenem Fladenbrot, Lamm aus der eigenen Herde und Gartenäpfel als Kompott. Eingebettet wird das Dinner in eine unterhaltsame Führung: Das alte Herrenhaus ebenso wie die historisch restaurierten Gebäude drum herum tragen alle eine Geschichte – sehr spannend!

Sør-Fron 2647

- **Heimtun Camping**, Endenstrekka, ☎ 61 29 62 31, 90 63 92 49, ikrbajon@venabygd.net, www.heimtuncamping.no, Ostern bis November, ca. 500 m vom Olavsweg entfernt, Hütten NOK 200 bis 500, Schlafsack mitbringen, Bettwäsche NOK 60
- **Enden Camping**, Endenstrekka 63, ☎ 61 29 60 49, 91 76 64 03, post@endencamping.no, www.endencamping.no, 1. Mai bis 1. Oktober, ca. 700 m vom Olavsweg entfernt, Hütten für 1-6 Pers. NOK 350 bis 800, Schlafsack mitbringen, Zelt NOK 140, Bettwäsche NOK 100
- **Pilegrimssenter Dale-Gudbrands Gard**, Hundorpgeilen, ☎ 45 60 46 08, pilegrim@gudbrandsdalsmusea.no, www.gudbrandsdalen.pilegrimsleden.no, Mai bis 1. Oktober, Bett im Mehrbettzimmer NOK 300 (insg. 10 Betten in 4 Zimmern), Schlafsack mitbringen, Bettwäsche NOK 100, Gemeinschaftsbad und -küche, Museum: 20. Juni bis 20. August 12:00 bis 18:00, Eintritt frei.
- **Dale-Gudbrands Gård (Tinghuset)**, Hundorpgeilen 12, ☎ 91 15 89 38, post@dalegudbrands-gard.no, www.dalegudbrands-gard.no, EZ NOK 1.290, DZ NOK 1.650, Preise inkl. Frühstück
- **Sygard Grytting – middelalderloft**, ☎ 61 29 85 88, 91 30 67 50, post@grytting.com, www.grytting.com. 1. Juli bis Mitte August, Bett oder Matratze im Mittelalter-Loft NOK 300, Schlafsack mitbringen, Bettwäsche und Handtücher NOK 125, Frühstück NOK 100, Pilgersuppe NOK 100. Es sind auch luxuriösere Zimmer mit Bad, Sauna etc. vorhanden. Außerhalb der Saison nach Vereinbarung, ein Anruf vor Ankunft ist in jedem Fall ratsam.
- **Sør-Fron kirke**, ☎ 61 29 92 30, kirkekontoret@sor-fron.kommune.no, www.kirken.sor-fron.no, Juni bis August: Mo bis Sa 10:00 bis 15:00. Die achteckige Kirche (1792 geweiht) wird auch *Gudbrandsdalsdomen* genannt und ist die größte des Tals.

17. Etappe:
Sygard Grytting – Kirketeigen Camping

➲ 23,1 km, ⏳ ca. 5 Std. 30 Min., ↑ 1.254 m, ↓ 1.333 m, ⇧ 225-613 m

0,0 km	⇧ 308 m	Sygard Grytting
4,6 km	⇧ 563 m	Kuppe/Felsvorsprung
4,7 km	⇧ 548 m	Øvre Skar Pilegrimsrefugio
8,0 km	⇧ 375 m	Per Gynt-gården
9,1 km	⇧ 323 m	Abzweigung Vinstra
14,5 km	⇧ 473 m	Giraffen-Statue
16,4 km	⇧ 395 m	Fluss Bosåa
22,6 km	⇧ 225 m	Kvam
23,1 km	⇧ 230 m	Kirketeigen Camping

Üben für das Fjell! Wenn Sie die heutige Strecke hinter sich haben, können Sie alle Bedenken bezüglich der noch bevorstehenden Bergetappen über Bord werfen, denn Sie werden ca. 1.300 Höhenmeter zurücklegen – hinauf und hinab! Kein Spaziergang also, dafür fast ausschließlich durch Wald und am Fjellhang entlang – und natürlich winkt wieder der Blick auf das Traumtal. Nur nach Kvam rein müssen noch mal mühsam über 6 km auf Asphalt zurücklegt werden.

Das Ziel der heutigen Etappe: Kirketeigen Camping

Verlassen Sie die Farm dort, wo Sie hergekommen sind, und wenden Sie sich nach links über die Steine. Seien Sie vorgewarnt: Es geht für ca. 2,5 km aufwärts, mal steil, mal nur leicht ansteigend.

Auf dem steilen Pfad kommen Sie am „Riesengrabhügel" Kjempehaugen vorbei, links von Ihnen begleitet Sie ein Bach. Nehmen Sie die kleine Holzbrücke darüber, folgen Sie dem Pfad weiter nach oben und steigen Sie über die Zauntreppe. Gehen Sie links des Bachs hinauf bis zur nächsten Zauntreppe, hinter der Sie auf eine Asphaltstraße stoßen (600 m).

Gehen Sie auf dieser knapp 400 m weiter hoch bis zur Rechtskurve, nach der es links ab in einen breiten Weg geht (Hausnummern 170-180). Laufen Sie durch das Eisentor und für ca. 1,5 km weiter bergauf. Der Weg verläuft nun parallel am Berghang entlang, sodass Sie über die idyllische Flusslandschaft blicken können. Ein steiler, ca. 200 m langer Anstieg bringt Sie vom Hang weg durch den Wald. Steiniger geht es weiter bergauf bis zu den Wegweisern der örtlichen Wanderwege: Hier haben Sie die erste lange Steigung hinter sich.

Folgen Sie dem erdigen Kongsvegen. Achten Sie auf die rechte Seite: Ein schmaler Graspfad zweigt nach rechts oben ab (3,4 km). Für kaum 100 m geht es steil nach oben, dann links auf dem Pfad am Zaun entlang (dichtes Gewächs). Gehen Sie vorsichtig über die großen Steine eines Flussbettes (Halteseile zur Unterstützung).

Da es auch nach dem (trockenen) Flussbett schräg am Hang entlang weitergeht, ist der Graspfad – auch durch Steine und viel Pflanzenbewuchs – schwer zu begehen.

Sie gelangen aus dem Wald, lassen ein Gehöft links hinter sich liegen und stoßen auf einen **Baum mit Pilgerwegweiser** (4,3 km): Pfeile zeigen nach Nidaros (ca. 286 km), Jerusalem (ca. 3.473 km) und Santiago de Compostela (ca. 3.420 km). An diesem vorbei passieren Sie ein paar zerfallene Hütten, rechts haben Sie nun schroffe Felswände neben sich. Der Pfad bringt Sie ein kurzes Stück ansteigend durch den Wald und aus diesem hinaus. Sie kommen an einen Felsvorsprung mit herrlicher Aussicht auf das Gudbrandsdal.

Gehen Sie am Fels entlang, über eine kleine Brücke und am **Øvre Skar Pilegrimsrefugio** vorbei (4,7 km), zwei einfachen Holzhütten am Waldrand. Aus den Bäumen hinaus führt der grasbewachsene Pfad wieder an Felswänden entlang. Nach dem Husmannsplass (Scheune links bei 5,3 km) geht es über einen schmalen Fluss und am Felsrand für ein kurzes Stück steil nach oben. Der breite,

17
Kvam
Nordistugu
Lunde
Kirketeigen
Zauntreppe
Teigbekken
417
420
Myra
Teigkampen
1.035 m
Bosåa
Stø
Giraffenstatue
Øldalen
Øla
E 6
Byrbekken
Sulua
Lågen
Storbrenna
Vinstra
Sorperoa
421
Tokse
Solbjør
Husmannsplass
Øvre Skar Pilegrimsrefugio
Per Gynt-gården
Pilgerwegweiser
Kongsli kampen
970 m
Møgla
Sødorp
Sødorp kapell
Felsvorsprung
255
256
Gudbrandsdal
Harpefoss
Harpefossen
Sygard Grytting
Rudi
Lågen
Lauvåa
Augla
Vinstra
Gråhøa
1.431 m
Vagljfell
1.163 m
Veslfjell
1.134 m
Kollberg
1.050 m
N
W
O
S
0
1
2
3
km
STEPMAP © Stepmap. 123map Daten: OpenStreetMap. ; ODbL

17
m
700
600
500
400
300
200
100
0
Sygard Grytting
Pilger-wegweiser
Øvre Skar Pilegrimsrefugio
Per Gynt-gården
Abzw. Vinstra
Giraffenstatue
Bosåa
Landstraße 420
Kvam
Kirketeigen Camping
Zauntreppe
320
325
330
335
340
345 km

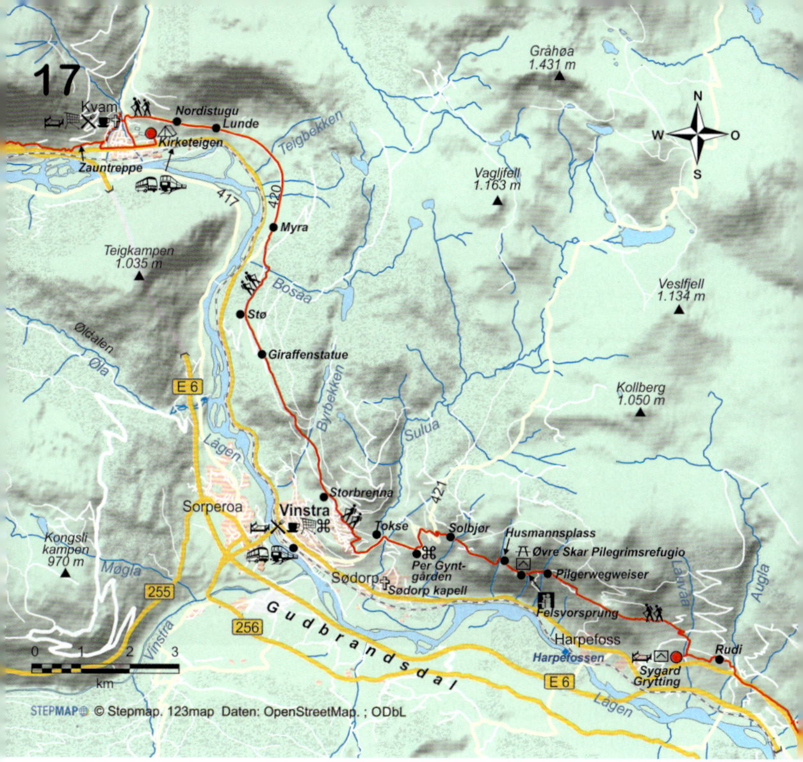

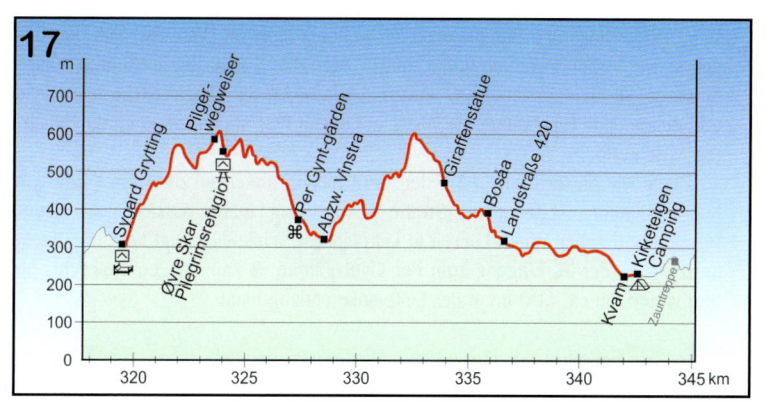

Der Weg führt an der Felswand entlang.

gemütliche Weg führt Sie am Hang entlang (rechts schroffe Felswand, links geht es steil hinab), dann durch den Wald und ein Holztor abwärts.

Die ersten Farmen tauchen auf. Durch das nächste Holztor gelangen Sie auf eine Schotterstraße, der Sie nach rechts oben folgen. Sie stoßen auf einen breiten Weg, gehen links und durchqueren ein weiteres Holztor. Weit oberhalb des Tals gehen Sie vorbei an Bauernhöfen und Weiden, bis Sie auf die in Kehren hinabführende Straße 421 stoßen (7 km). Dieser folgen Sie für ca. 50 m nach links und gehen dann rechts über die Wiese auf einem Pfad steil nach unten durch lichten Mischwald.

Pfade wie dieser bringen Sie den Berg hinab, immer auf direktem Wege von Kehre zu Kehre, statt auf der Straße 421 entlang. Dabei passieren Sie Zauntreppen und gehen durch Lücken in Leitplanken. Schließlich liegt links von Ihnen an der 421 der ⌘ **Eingang zum Per Gynt-gården** (8 km). Biegen Sie rechts ab und laufen Sie ca. 600 m an der Leitplanke entlang hinab.

✋ Sie finden in der Kurve einen Wegweiser, der links hinab zur ✝ **Sødorp kapell** zeigt (ca. 1,4 km entfernt), auch ein Olavswegpfahl zeigt in diese Richtung.

Dieser ist aber nur der Hinweis auf die Kapelle, der Olavsweg führt weiter geradeaus an der Straße entlang (Wegmarkierungen rechts).

Ca. 500 m nach dem Wegweiser biegen Sie rechts ab in den Sollivegen (Richtung „Toksegrenda").

> Auf der 421 weiter hinab, würden Sie nach **Vinstra** gelangen.

Vinstra  2640

- **Dovrebahn** Reise-Infos von A bis Z, Verkehr, Bahnhof ca. 1,7 km vom Olavsweg entfernt
- **Sødorp Gjestgivergård**, ☎ 61 21 68 00, 90 99 39 39, post@sodorp-gjestegard, www.sodorp-gjestegard.no, ca. 1,3 km vom Olavsweg entfernt, EZ NOK 795, DZ NOK 995, Preise inkl. Frühstück, Motel direkt an der E6.
- **Øvre Skar**, NOK 100 (Pause NOK 50), Schlafsack benutzen, Selbstversorgerhütten mit 2 bzw. 4 Betten, Küche mit Holz und Gas, Toilette und Wasser außerhalb.
  Sie benötigen einen Code, um die unbemannte Hütte direkt am Olavsweg zu öffnen, rufen Sie dafür im Pilegrimssenter Dale-Gudbrand an: ☎ 45 60 46 08 (Per G. Hagelien).
- **Per Gynt-gården**, post@pergynt.no, www.pergynt.no. Die Farm ist Heimat des historischen Per Gynt (17. Jh.), auf dem die Figur Peer Gynt aus dem dramatischen Gedicht von Henrik Ibsen basiert. Er ist einer der ältesten Großbetriebe im Gudbrandsdal mit Einblick in über 500 Jahre norwegische Geschichte.
- **Coop Mega**, Nedregate 3, Mo bis Fr 8:00 bis 20:00, Sa 9:00 bis 20:00

Gehen Sie über den Zebrastreifen auf den Fußweg, der Sie schließlich von der Straße weg rechts hinaufführt. Sie werden um die **Ortschaft Tokse** herumgeführt und zwar steil: Biegen Sie zunächst vor den Grundstücken rechts auf eine Wiese ein und folgen Sie dem Graspfad, der Sie erst unterhalb der Häuser, dann in einer langen Kurve um diese herumführt. Sie stoßen auf die Asphaltstraße Stemningsvika, der Sie nach oben zur Kreuzung folgen.

Dort biegen Sie rechts in den Kjeldevegen (Markierung ohne Richtungspfeil) und verlassen auf diesem den Ort. Halten Sie sich an der nächsten Weggabelung links, sodass Sie auf dem grasbewachsenen Pfad entlang der links liegenden Häuser laufen. Gehen Sie über die querende Asphaltstraße und geradeaus weiter auf dem Schotterweg. Von diesem gelangen Sie auf den sich hinaufschlängelnden Graspfad rechts der Häuser. Oben angelangt treffen Sie auf ein rotes Haus mit rotem Zaun. Gehen Sie daran vorbei und über den kreuzenden Sollivegen in den Wald (10,9 km).

An einem Zaun entlang geht es kurz steil bergab. Nach Zaunende nehmen Sie den Waldpfad rechts, der Sie die nächsten 400 m steil nach oben, über einen kreuzenden Schotterweg und hoch in den Wald bringt. Folgen Sie dem Weg nach rechts. Er führt Sie in einer Kehre nach links und dann geradeaus am Berg entlang (nur leicht ansteigend).

Links hinab gelangen Sie über einen schmalen Fluss, auf der anderen Seite geht es noch einmal für knapp 500 m bergauf (über einen kreuzenden Pfad hinweg). Sie kommen an ein Holztor. Gehen Sie rechts vorbei, auf dem Waldpfad am Zaun aufwärts und oberhalb des Zaunes weiter an diesem entlang. Geradeaus geht es auf einen Graspfad, der steiniger wird und Sie hinab zu einer Zauntreppe führt. Sie laufen nun an einer großen, leicht beschädigten **Giraffenstatue** vorbei (14,5 km).

Giraffenstatue am Weg

Durch ein Eisentor und über einen Weg hinüber folgen Sie dem Pfad nach unten. Er führt Sie auf die breite Schotterstraße Gravdalsvegen. Gehen Sie rechts und biegen Sie wiederum rechts ab auf einen Graspfad, der Sie ein Stück oberhalb des Gravdalsvegen entlang und von diesem nach oben wegführt. Am Zaun entlang geht es oberhalb von Häusern und Höfen vorbei.

☺ Ein überragender Ausblick: Der Fluss beschreibt hier eine Kurve durch das Gudbrandsdal. Eine Flussschleife zum Verlieben!

Lassen Sie die Gebäude hinter sich und gehen Sie über den Grashügel, dort führt rechts hinab ein kleiner Pfad zu einer Brücke, die über den kaskadenartigen, strömenden **Fluss Bosåa** führt (16,4 km). Vorsicht: Es ist ein schwieriger, steiniger Pfad, der nach der Holzbrücke am Fels entlang nach oben und über ein kleines Zauntreppchen mit brüchig wirkendem Holzgeländer führt.

Dahinter geht es auf einem schmalen Pfad steil hinab durch den Wald. Sie stoßen auf den breiten Weg, dem Sie nach rechts bis zur Autostraße 420 bzw. dem Gardvegen (17,2 km) folgen. Gehen Sie wieder rechts und für lange 4,7 km auf dem Asphalt an der Leitplanke entlang. Die Straße führt Sie oberhalb von Kvam in einer ausgedehnten Kurve an der Stadt vorbei, bis auf der linken Seite der Bürgersteig beginnt, auf dem Sie links hinabgehen.

> Biegen Sie kaum 100 m nach der Kurve rechts in den Leikavegen ab, sollten Sie auf dem Olavsweg weitergehen und nicht in Kvam übernachten wollen.

Der Kvernvegen bringt Sie 600 m abwärts nach **Kvam**. Kurz bevor Sie die altbekannte Hauptstraße Gudbrandsdalsvegen erreicht haben, biegen Sie links in den Skreddarstuguvegen ein. ☺ Gehen Sie 100 m weiter geradeaus, statt abzubiegen, um an der linken Ecke die gute Bäckerei O.R Ødegaarden zu finden.) Gut 400 m weiter biegen Sie erneut links ein (Bygdahusvegen), um zu dem 2015 wieder eröffneten **Kirketeigen Campingplatz** zu gelangen (23,1 km). In der Nähe finden Sie außerdem die Kvam kirke, den Kiwi Mini pris und das Vertshuset Sinclair (alles am Gudbrandsdalsvegen).

Kvam  2542

- **Dovrebahn** Reise-Infos von A bis Z, Verkehr
- **Vertshuset Sinclair**, Gudbrandsdalsvegen 1452, ☎ 61 29 54 50, 90 69 40 24,
  post@vertshuset-sinclair.no, www.vertshuset-sinclair.no,
  ca. 700 m vom Olavsweg entfernt, EZ NOK 600 (Pilger-Preis), Raum für 3-6 Pers.
  NOK 1.300 bis 2.100, Motel an der E6 mit Speisecafeteria (7:00 bis 2:30)
- **Kirketeigen Ungdomssenter og Camping**, Bygdahusvegen 9, ☎ 40 41 50 20,
  61 21 60 90, 48 01 21 67, post@kirketeigen.no, www.kirketeigen.no,
  ganzjährig, extra Pilgerpreise: pro Pers. NOK 250 (Hütte oder Zimmer im Motel),
  Zelt NOK 150
- **Kiwi Mini pris**, Mo bis Fr 7:00 bis 23:00, Sa 9:00 bis 21:00
- **Kvam Café**, O.R Ødegaarden, Mo bis Fr 10:00 bis 16:00, Sa: 10:00 bis 15:00
- **Kvam kirke**, ☎ 61 21 62 92, aud.haadem@nord-fron.kommune.no,
  www.nord-fron.kirken.no

18. Etappe:
Kirketeigen Camping – Varphaugen gård

➲ 12,2 km, ⧖ ca. 3 Std. 45 Min., ↑ 718 m, ↓ 652 m, ⇧ 224-545 m

0,0 km	⇧ 230 m	Kirketeigen Camping ⛺
3,2 km	⇧ 290 m	Schotterstraße
6,5 km	⇧ 350 m	Geröllfeld
8,6 km	⇧ 439 m	Box der Sel-Kommune ⊙ ⊼,
		Abzweigung zur 🏠 Dalum herberge
10,0 km	⇧ 527 m	Heldal 🛈
12,2 km	⇧ 301 m	Varphaugen gård ⛺ ✕ 🎉

Unterwegs auf kniffligen Pfaden! Hört sich nicht so verlockend an? Es ist aber eigentlich eine schöne Strecke, die durch den Wald und an mit Moos besetzten Felsen vorbeiführt. Doch die z. T. sehr steilen Pfade sind ungemütlich zu gehen: Wurzeln, Sträucher, hohes Gras, Geröll, schräg am Hang verlaufende Wege – nicht einfach für Fuß und Kopf. Aber nach nur knapp über 12 km sind Sie im Camp am Fluss angelangt und können nach der Kraxelei entspannen.

✋ Auf der gesamten Etappe begegnen Sie immer wieder schwer begehbaren, auf- und abführenden Wegen, da sie oft schräg am Hang verlaufen. Nadeln und Tannenzapfen, manch umgekippter Baumstamm sowie Wurzeln, Äste und Steine machen den Boden uneben, dichter Bewuchs, z. T. hüfthoch, erschwert das Vorankommen – manchmal muss ein Weg drumherum gefunden werden.

Gehen Sie vom Campingplatz aus den Skreddarstuguvegen zurück und links hinab zum Gudbrandsdalsvegen (🍽 Kvam Café an der Ecke zu Ihrer Linken). Biegen Sie rechts ab und folgen Sie der Hauptstraße über den **Fluss Veikleåa**, hinter dem Sie rechts in das Wohngebiet abbiegen, durch das Sie der Gunnersvingen bringt. Sie stoßen auf eine Straße, der Sie nach links hinauf Richtung Wald folgen (ℹ Sie befinden sich nun wieder auf der Originalroute des Olavswegs). Halten Sie sich an der nächsten Weggabelung links (Bjorklivegen) und gleich darauf direkt wieder rechts, um auf der Straße Steinråket weiterzugehen, die Sie zum Grundstücksbeginn (Wiese) des Hofs (Nummer 17) bringt.

Vor dem Tor zum Grundstück Nr. 17 geht es links hinab. Sie laufen zwischen dem Zaun rechter Hand und einem braunen Wohnhaus linker Hand und über eine

Zauntreppe (1,9 km). Nach dieser gehen Sie rechts über die Wiese, halten sich oben am Zaun und verlassen die Wiese rechts über eine weitere Zauntreppe. Auf der anderen Seite des Wegs finden Sie ein Stück weiter rechts die nächste Zauntreppe (✋ Schild schwer zu sehen). Gehen Sie auf die Wiese und links zu einer weiteren Zauntreppe. Hinter dieser halten Sie sich rechts und gehen den Wiesenhang mit Birken hinauf: Folgen Sie den Schildern durch das Weidegrundstück hindurch bis zum Zaun, an dem Sie links hinab und dann rechts weiter entlanggehen.

Es geht links weiter. Sie laufen oberhalb der am Gudbrandsdalsvegen liegenden Privatgrundstücke entlang bis zum Zaun. Gehen Sie links hinab und rechts durch diesen hindurch. Laufen Sie auf dem Graspfad zur nächsten Zauntreppe und auf einem Trampelpfad knapp oberhalb der Straße durch lichten Wald. Sie gelangen an eine weitere Treppe (Schild der Nord-Fron-Kommune). Gehen Sie nach dieser direkt rechts und auf dem Pfad aufwärts an einem Holzzaun vorbei. Sie stoßen auf einen breiten Grasweg, dem Sie nach links folgen.

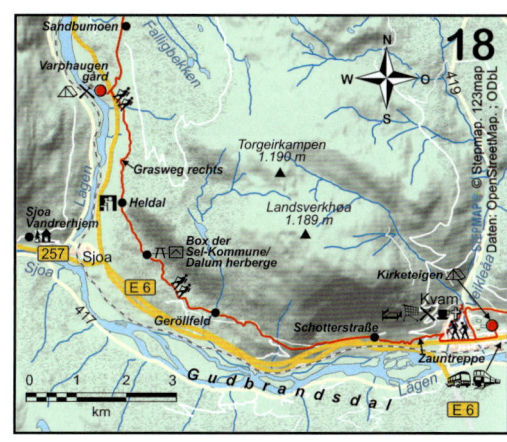

Sie gelangen an eine Schotterstraße, auf der Sie nur kurz nach rechts gehen, um dann links auf einen Graspfad steil hinab abzubiegen. Folgen Sie dem schmalen Pfad auf

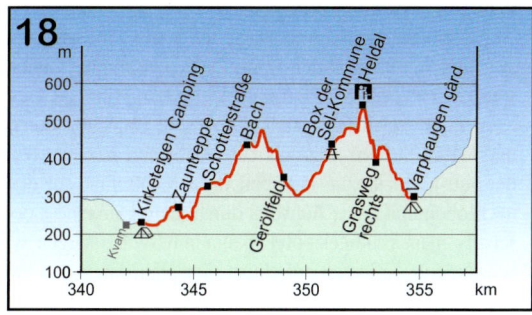

Traumhaft schöner Weg durch den Wald

und ab durch den dicht bewachsenen Wald, er ist nicht so einfach zu begehen. Nach dem Waldpfad stoßen Sie auf eine **breite Schotterstraße** (3,2 km), der Sie nach rechts folgen. Links von Ihnen trennt Sie ein hoher Drahtzaun von den weiter unten gelegenen Straßen und dem dahinterliegenden Fluss, rechts von Ihnen liegt der bewaldete Hang. Folgen Sie der leicht ansteigenden Straße für gut 500 m, bis von rechts oben ein kleiner Fluss über die Steine rinnt – der deutliche Olavswegpfahl auf der linken Seite weist Sie rechts hoch Richtung Wald. Der Pfad verläuft nun ein kurzes Stück parallel zur Straße, biegt dann nach oben ab, verläuft dann wieder parallel zur Straße, dann nach oben usw. Sie laufen mal im Wald, mal direkt am Waldrand.

Sobald Sie die Schotterstraße unterhalb von Ihnen enden sehen, kommen Sie an einen steil abfallenden Hang (tiefer Einschnitt). Gehen Sie nicht direkt hinab, sondern ein paar Meter weiter nach oben. Hier geht es etwas besser hinunter, aber immer noch recht steil. Gehen Sie vorsichtig durch die Schneise hindurch und folgen Sie dem Pfad bis zum nächsten Einschnitt (ca. 4,2 km). Laufen Sie in dem ausgetrockneten Flussbett nach rechts und auf dem Pfad ca. 200 m steil nach oben und links. Aufwärts durchqueren Sie eine moosbewachsene Steinlandschaft, manch umgekippter Baum muss überstiegen werden. Die Steine verschwinden, Sie laufen auf einem Graspfad durch den Wald mit dichtem Bodenbewuchs. Über einen Bach gelangen Sie an eine Weide, an der Sie oberhalb entlanglaufen, auf die braunen Holzhäuser zu und oberhalb von diesen an ihnen vorbei bis zur Schotterstraße (5 km).

Gehen Sie rechts und für ca. 600 m hoch (⍛ Tischbank an der Kreuzung), dann in einer Art S-Kurve hinab zu einem kleinen Holzbetrieb mit Wohnhaus Nr. 235 (Nørdre Lofta), an dem Sie links vorbeigehen. Der abwärts führende Pfad bringt Sie zum Zaun einer Koppel. Folgen Sie diesem zwischen Zaun und niedriger Mauer laufend nach rechts, gehen Sie auf dem steiniger werdenden Pfad hinab und über einen kleinen Fluss weiter geradeaus vom Zaun weg durch die moosbesetzte Steinlandschaft.

☺ Sie wandern durch eine traumhaft schöne, mit Moos und Flechten bewachsene Steinlandschaft, die hohen Nadelbäume lassen viel Licht durch – wunderschön!

Sie stoßen auf ein **Geröllfeld vor einem Fluss** (6,5 km). ✋ Suchen Sie sich den besten Weg über die Steine, es ist sehr unwegsam und rutschig. Auch die Holzbrücke sollten Sie wenn überhaupt dann nur sehr behutsam nehmen, das einseitige Geländer ist flach und die Brücke wirkt nicht so stabil, auch wenn der rauschende Fluss nicht tief unter Ihnen liegt. Nach der Brücke führt der Pfad durch den Wald hinab.

Schwieriger Weg durch ein Geröllfeld

Der Pfad wird zu einem breiten Grasweg, der auf Stromleitungen zuführt. Gehen Sie vor diesen rechts auf den Trampelpfad, der Sie ein Stück an der Schneise entlangführt, dann unter ihnen hindurch auf die breite Schotterstraße **Dalumsvege**n. Kreuzen Sie diese (7,4 km): Sie finden ein Schild, das nach links Richtung „Sjoa 2,6 km" weist, laufen allerdings geradeaus über die Straße, weiter auf dem breiten Pfad in den Wald. Direkt dahinter nehmen Sie den kleinen Pfad, der rechts abgeht und Sie am Dalumsvegen entlang durch den Waldrand führt, bis er oberhalb auf diesen stößt. Folgen Sie der breiten Straße nach links. Von dem lang gezogenen, nach oben führenden Dalumsvegen (↳ zur 🏠 Dalum herberge folgen Sie dem Dalumsvegen weiter) biegen Sie links ab und kommen unter den Stromleitungen hindurch zu einem ⊙ ⊼ **Platz der Sel-Kommune** u. a. mit einem Kasten mit Pilgerinformationen sowie einer Tischbank (8,6 km). Sie laufen daran geradeaus vorbei (Wegweiser „Varphaugen 3,9 km" und „Nidaros 291 km") in den Wald hinein.

☺ Es ist die erste Kommune auf dem Olavsweg, die extra für Pilger ein Heftchen mit wichtigen Infos (Unterkünfte, Einkaufsmöglichkeiten, Öffnungszeiten, Pilgercenter etc.) zusammengestellt hat. Sie werden solchen Boxen nun immer wieder begegnen, ein tolles Service!

Der Grasweg führt unterhalb einer Stromleitung entlang (mal etwas links, mal etwas rechts davon, mal direkt darunter), wird dann schmaler und schlängelt sich durch dichten Bewuchs (z. T. hüfthohe Farne und Sträucher) im Wald leicht bergauf. Queren Sie die brache Lichtung durch abgeholzte Bäume, es geht steil links hinauf und je nach Jahreszeit durch knie- bis kopfhohes Gras.
Es folgt ein ähnlicher Waldpfad wie zu Beginn, z. T. nur etwas einfacher zu begehen. An einer schroffen Felswand entlang (rechts von Ihnen) geht es steil und unebener bergauf: Über Felsen und Wurzeln kraxeln Sie ein kurzes Stück nach oben. Gehen Sie auf dem Pfad vorsichtig weiter über die großen Steine bis zu einer Schneise für Stromleitungen.

📷 Hier, am Schild „Heldal", haben Sie einen tollen Blick auf den Lågen und die Eisenbahnbrücke.

Es geht abwärts. Erneut ist etwas Kletterei über große Steine vonnöten, die glitschig sein können: Nutzen Sie Ihre Hände, gehen Sie Felstreppen rückwärts, benutzen Sie am besten den ganzen Körper. Der Pfad ist nach der kurzen Kletterpartie wieder leichter zu begehen und führt Sie bergab, z. T. sind aber weitere steile Abschnitte und Steinpassagen zu meistern.
Der Waldpfad stößt auf einen breiteren Grasweg (10,5 km). Hier gehen Sie rechts hinauf. Schon nach wenigen Metern geht es am Anfang der Rechtskurve links auf einen kleinen Pfad, der wieder auf und ab durch den Wald führt. Sie gelangen auf einen breiten Weg, auf dem es endgültig abwärts geht, z. T. allerdings steil und über Geröll und Äste.
Sie gelangen steil hinab auf eine freie Stelle ohne Wald (11,4 km), von der aus Sie wieder Straßen und weit vor Ihnen diverse Gebäude, u. a. die des Camping-

platzes sehen können. Auf dem breiten, schottrigen Weg laufen Sie vorbei am Schild „Varphaugen 1 km". Der Weg wird schmaler und führt Sie parallel (mal leicht bergauf, mal leicht bergab) zu der unten liegenden E6 und dem Fluss durch die feldähnliche Landschaft (Brombeeren, Korn, Gras, z. T. dicht bewachsen). Sie kreuzen einen breiteren Weg und gehen weiter auf dem Pfad auf die Häuser zu, bis Sie auf die **Straße Randageilen** stoßen, der Sie links hinab ins Tal folgen. Sie machen noch einen kurzen Abstecher links von der Straße ab über einen kleinen ⊼ Grillplatz mit Tischbänken (11,9 km), treffen dann wieder auf die Randageilen und folgen ihr zur E6.

Der Olavsweg führt Sie über kleine Pfade noch rechts an der Straße entlang, bis Sie genau gegenüber der Einfahrt des Storrusten Gjestehus (seit Sommer 2015 geschlossen) rauskommen (Wegweiser „8,4 km Otta, 0,1 km Varphaugen"). Nebenan liegt △ 🏠 **Varphaugen gård** mit dem Sjoa Raftingsenter (☞ 19. Etappe). Die nächste Übernachtungsmöglichkeit liegt ca. 9 km entfernt in **Otta** (☞ 19. Etappe).

Ausblick auf den Fluss vom Sjoa Raftingsenter

Varphaugen gård und die Steine der Sünde
Der historische Wallfahrtsort Varphaugen war von Beginn an bis zur Reformation 1537 ein wichtiger Stopp für Pilger auf dem Weg nach Nidaros. Einer Tradition nach, führte man auf einer Pilgerreise einen Stein für jede Sünde im eigenen Leben mit. Wenn der Pilger nach Varphaugen kam, warf er oder sie die Steine ab und reinigte sich so von den Sünden.

19. Etappe: Varphaugen gård – Jørundgard Middelaldersenter

➲ 22,9 km, ⌛ ca. 5 Std. 15 Min., ↑ 538 m, ↓ 547 m, ⇧ 284-572 m

0,0 km	⇧ 301 m	Varphaugen gård △ ✕ 🚌
2,5 km	⇧ 488 m	Aussichtsplatz Sjåheim 🚻
3,0 km	⇧ 566 m	Skarvatabrua
8,9 km	⇧ 288 m	Fußgängerbrücke Otta 🛈 🛏 △ ✕ ■ 🍽 🏦 ♞ ♥ 🛒 🚌 🎡
12,7 km	⇧ 310 m	Sel kirke ✝
17,6 km	⇧ 293 m	Brücke Hågå
22,9 km	⇧ 291 m	Jørundgard Middelaldersenter ⌂

Flusslauf! Bevor der gemütliche Abschnitt der Etappe beginnt, heißt es erst Zähne zusammenbeißen: Eine ca. 3 km lange Steigung bringt Sie direkt auf Betriebstemperatur. Danach führt Sie ein leicht begehbarer Pfad, der schöne Aussichten beschert, wieder ganz nach unten. Hier laufen Sie entlang der E6 an Otta vorbei, neben Ihnen fließt herrlich der Lågen. Die letzten 10 km legen Sie schließlich auf einem Feldweg durchs Tal zurück, bis Sie an der einfachen, idyllischen Unterkunft auf Jørundgard ankommen.

✍ Statt dem (schönen!) Weg über den Berg können Sie auch der E6 bis Otta folgen (ca. 8 km).

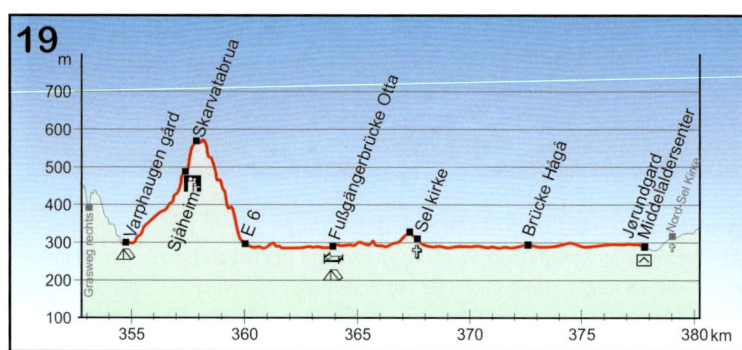

19. Etappe: Varphaugen gård – Jørundgard Middelaldersenter

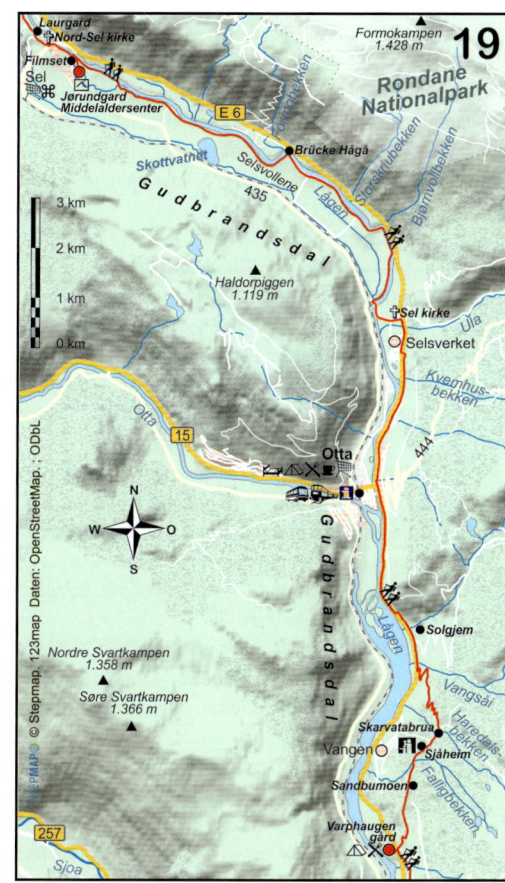

Gehen Sie über die E6 und folgen Sie dem Holsetervegen für ca. 1,2 km geradeaus nach oben. Verlassen Sie den Waldweg nach diesem ersten Anstieg in einer Rechtskurve geradeaus (Schild „Gnedden"). Gehen Sie an der Farm Sandbumoen vorbei und geradeaus weiter durch den Wald. Halten Sie sich an der Weggabelung rechts und gehen Sie den steilen Pfad ca. 400 m weiter hinauf. Hier zweigt der Olavsweg links ab. Weiter aufsteigend kommen Sie an den **Aussichtsplatz Sjåheim** (2,5 km).

☺ Vom Felsvorsprung, auf dem das Holzkreuz steht, können Sie wunderschön ins Tal hinabschauen.

Folgen Sie dem steilen Pfad bergauf bis zum Fluss Haredalsbekken (3 km), den Sie nach links über die Brücke Skarvatabrua queren, und für ca. 200 m weiter aufwärts. Links zweigt der Graspfad ab, der Sie nun in langen Kurven durch den Wald abwärts führt.

☺ Sie gelangen immer wieder an den Waldrand, sodass Sie den Blick auf die idyllische Landschaft aus Fjell und Fluss genießen können.

Sie stoßen auf einen breiten Weg, auf dem Sie steiler weiter bergab gehen. Halten Sie sich links und laufen Sie hinunter zur E6 und dem dahinter fließenden Gudbrandsdalslågen (5,1 km). Gehen Sie rechts auf dem asphaltierten Fußweg entlang der Straße und nach 1,3 km durch die Unterführung, sodass Sie die E6 rechts von sich haben und direkt am Fluss laufen. Sie kommen, vorbei an der 24 Stunden geöffneten ⛽ Uno-X-Tankstelle (8,5 km), zur **Fußgängerbrücke nach Otta** (8,9 km).

Otta 🏨 🛏 🏠 ⛺ ⛰ ✕ 🍺 🍴 🏦 🎒 ♀ 🚌 🚆 🚍 ✉ 2670

- 🛈 **Touristinformation Otta** (Nasjonalparkriket Tourismus), Ola Dahls gate 1 (am Bahnhof), ☎ 97 41 89 40, ✉ info@nasjonalparkriket.no, 🖳 www.nasjonalparkriket.no, 🕘 Mo bis Fr 8:00 bis 16:00
- 🚆 **Dovrebahn** ☞ Reise-Infos von A bis Z, Verkehr
- 🛏 ✕ **Thon Hotel Otta**, Ola Dahls gate 7, ☎ 61 21 08 00,
  ✉ otta@thonhotels.no, 🖳 www.ottahotell.no, ca. 600 m vom Olavsweg entfernt, DZ ab NOK 1.195, Preise inkl. Frühstück, WLAN
- 🏠 **Sjoa Vandrerhjem**, Åmotsvegen 79, ☎ 61 23 62 00, ✉ sjoa@hihostels.no, 🖳 www.hihostels.no, 🕘 Mitte Mai bis Mitte September,
  ca. 3 km vom Olavsweg entfernt (andere Flussseite), pro Pers. im Mehrbettzimmer ab NOK 394, EZ ab NOK 780, Preise inkl. Bettwäsche, Handtücher und Frühstück, WLAN, Waschmaschine, 🎒
- ♦ **Killi Pensjonat**, Ola Dahls gate 35, ☎ 61 23 04 92, 95 21 72 75,
  ✉ gretha_k_killi@hotmail.com, 🕘 Mai bis September, ca. 1 km vom Olavsweg entfernt, EZ, DZ, 3-Bett-Zimmer, Gemeinschaftsküche, 🛈 vor Ankunft anrufen, da nur wenige Betten
- ⛺ **Dalum herberge**, Dalumsvegen 209, ☎ 48 15 78 21 (Jon), ☎ 48 13 52 99 (Wenche), ✉ j-dahlum@online.no, ✉ wencda@online.no, 🕘 Mitte Mai bis Anfang September, Unterbringung auf der Farm entweder im Haus Veslestua mit 2 Betten, Bad, Küche (NOK 300) oder im alten Blockhaus Tømmerstua mit 2 Betten und einfacherem Standard (NOK 150)
- ⛰ ✕ **Varphaugen gård**, Gudbrandsdalvegen 430, ☎ 61 23 07 00, 47 66 06 80,
  ✉ rafting@sjoaraftingsenter.no, 🖳 www.sjoaraftingsenter.no, Hütten 1-4 Pers. NOK 450 bis 580, Schlafsack mitbringen, Gemeinschaftsbad mit Kochplatten, Zelt NOK 75, Bettwäsche NOK 120, Frühstück NOK 120. Wunderschön am Fluss liegender Campingplatz, 🎒 Rafting-Angebote locken Familien und Gruppen.
  ✋ In der Ferienzeit gut besucht, v. a. bei mehreren Personen vorher anrufen.
- 🍴 **Rema 1000**, Storgata 22, 🕘 Mo bis Fr 7:00 bis 23:00, Sa 8:00 bis 21:00

Feldweg mit schöner Aussicht

An der Brücke vorbei gehen Sie durch die Unterführung wieder auf die andere Seite der E6. Sie laufen etwas oberhalb dieser auf dem Kongsvegen. Halten Sie sich auf der Straße immer parallel zur E6 (Olavsweg-Aufkleber an der Leitplanke). Sie lassen die Häuser hinter sich und sind auf dem asphaltierten Fußweg wieder direkt an der E6. Erneut bringt Sie eine Unterführung (11,5 km) auf die andere Seite der Straße.

Lassen Sie das Otta Krom - Motell - Hytten links liegen (keine Übernachtungsmöglichkeit) und folgen Sie dem Fußweg weiter geradeaus bis zum breiten **Fluss Ula** (12,4 km). Biegen Sie hinter der Brücke links in den Kyrkjevegen, zu Ihrer rechten Seite steht der **Meilenstein „284 km til Nidaros"** und die ✞ **Sel kirke** (12,7 km).

Folgen Sie dem Pfeil auf dem Meilenstein und gehen Sie links an der Kirche vorbei weg von der E6. Nach einer Brücke (13,4 km) biegen Sie vor dem Bahnübergang rechts ab und folgen dem rechts liegenden Lågen. Auf dem Feldweg bleiben Sie die nächsten 9,2 km bis zum ⌂ Jørundgard Middelaldersenter.

☺   Es geht ganz gemütlich an Feldern und Wiesen vorbei (das Talbecken Selsvollene wird „Kornkammer des Gudbrandsdal" genannt), immer mit wunderschönem Blick ins Tal.

Auf die alten, verlassenen Häuser von Jørundgard treffen Sie kurz nach der Brücke über den kleinen **Fluss Dynga.** Am Wegweiser vorbei können Sie direkt durch den vor Ihnen liegenden Zaun gehen (links ein WC-Häuschen). Sie kommen auf einen Grasplatz mit altem Brunnen und mehreren Holzgebäuden – es ist das ehemalige Filmset ⌂ **Jørundgard Middelaldersenter**. Nehmen Sie die Treppe in das Haus links von Ihnen. Hier befinden sich schmale, mittelalterliche Holzbetten und die Box für die Bezahlung (der ca. 2,8 km entfernte Sandbakken Campingplatz auf der anderen Flussseite ist seit 2015 geschlossen).

> Sie können auch an Jørundgard rechts vorbei ca. 300 m am Fluss entlang weitergehen und links zur **Filmkirche** abbiegen (22,7 km). Daran vorbei gelangen Sie links zum Kiosk für Veranstaltungen auf Jørundgard und der Freilichtbühne – Sie betreten den Hof nun von der anderen Seite (22,9 km).

Jørundgard Middelaldersenter
Das Middelaldersenter wurde 1994 für die Verfilmung des Romans „Kristin Lavranstochter – der Kranz" von Sigrid Undset gebaut. Der Hof besteht aus 16 Häusern (eines steht als einfache Pilgerunterkunft zur Verfügung) und einer Stabkirche, die eine neu aufgebaute Kopie der Filmkirche ist, die entsprechend der Buchhandlung niedergebrannt werden musste.

Sel
2672

- **Jørundgard Middelaldersenter**, ☎ 61 23 37 00, 91 33 23 93, ✉ info@jorundgard.no, 🖥 www.jorundgard.no, 🕐 Ende Juni bis September (online überprüfen, da eine Woche im Juli geschlossen!), pro Pers. NOK 200 (Gruppenrabatte nach Anmeldung möglich), Schlafsack notwendig, kein Strom, keine Dusche, keine Kochgelegenheit, Camping nicht erlaubt. ✋ Auch wenn Hof und Unterkunft offen stehen, Unterkunft buchen und vor Ankunft (empfohlen 16:00 bis 18:00) anrufen.
- **Coop marked**, Nerøygardsvegen 59, 🕐 Mo bis Fr 8:00 bis 20:00, Sa 8:00 bis 18:00
- **Sel kirke**, Kirchenkontor ☎ 61 20 90 50, ✉ post@sel.kirken.no, 🖥 www.sel.kirken.no. Die normalerweise offen stehende Kirche wurde 1742 aus von der Bevölkerung gespendeten Baumstämmen gebaut. Viele Holzschnitzereien, der verzierte Altar, die schöne Orgel und bunte Glasfenster lohnen einen Blick.
- **Nord-Sel kirke**, Sigrid Undsets veg, Kontaktinformationen ➥ Sel kirke. Schöne Holzkirche von 1932.

Sigrid Undset: Kristin Lavranstochter
Sigrid Undset (1882-1949) ist wohl die berühmteste norwegische Schriftstellerin. Sie ist v. a. für die Roman-Trilogie „Kristin Lavransdatter" bekannt, für die sie 1928 den Literaturnobelpreis erhielt – laut Jury: „Vor allem für ihre kraftvollen Schilderungen des nordischen Lebens im Mittelalter". In allen drei Bänden („Der Kranz", „Die Frau", „Das Kreuz") spielt die Pilgerreise nach Nidaros eine Rolle.

20. Etappe:
Jørundgard Middelaldersenter – Engelshus

➲ *21 km,* ⧗ *ca. 5 Std. 15 Min.,* ↑ *1.093 m,* ↓ *843 m,* ↕ *290-635 m*

0,0 km	⇧ 291 m	Jørundgard Middelaldersenter ⌂
1,2 km	⇧ 318 m	Nord-Sel kirke ✞
8,4 km	⇧ 454 m	Box der Dovre-Kommune ⊙
12,9 km	⇧ 429 m	Vollheim Campingplatz △ 🍴 ⚐
14,6 km	⇧ 530 m	Alternativweg Anfang
19,3 km	⇧ 510 m	Alternativweg Ende
21,0 km	⇧ 539 m	Engelshus ⇌ ⌂

Abenteuerliche Pfade! Nachdem Sie Nord-Sel hinter sich gelassen haben, geht es zwischen die Bäume: Entlang abfallender Hänge oberhalb des rauschenden Lågens, auf ungewöhnlichen Wegen über Zugtunnel und Bahngleise hinweg und auf abenteuerlichen Treppen hinab. Langeweile Fehlanzeige! Auf gemütlichen Waldwegen laufen Sie zurück zur E6 und auf der anderen Flussseite wieder hinauf: Lang gezogen geht es auf Asphalt, dann auf naturnahen, z. T. steilen Pfaden nach oben (Alternativweg möglich). Da freut man sich umso mehr, wenn man an der „engelsgleichen" Unterkunft mit Kaffee und Kuchen begrüßt wird.

Weg über die Bahngleise

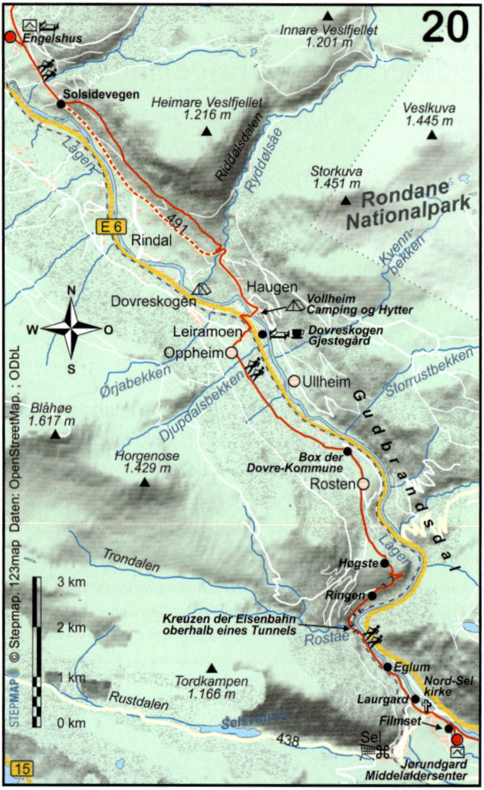

20. Etappe: Jørundgard Middelaldersenter – Engelshus

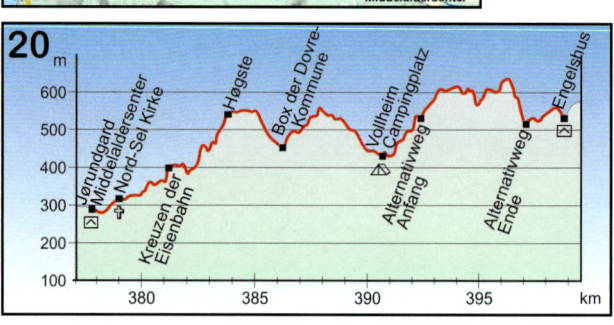

Gehen Sie vom Hof zurück zum Fluss und folgen Sie dem Weg nach links. Nach kaum 800 m stoßen Sie auf den Nerøygardsvegen (rechts Brücke über den Fluss), gehen wieder links und erreichen die ✝ **Nord-Sel kirke**, vor der Sie eine Statue von Kristin Lavransdatter finden (☞ 19. Etappe).

✋ Gehen Sie weiter geradeaus, um zum ca. 350 m entfernten 🛒 Coop zu gelangen (☞ 19. Etappe).

Gehen Sie durch das Grundstück der schönen Holzkirche hindurch oder direkt rechts auf dem Sigrid Undsets veg aufwärts. Sie biegen rechts in den Schotterweg Mogeilen, gehen vorbei an der alten Farm Laurgard und aus Nord-Sel hinaus. Sie können den Gudbrandsdalslågen rauschen hören und bald auch rechts liegen sehen.

An einem Hof vorbei gelangen Sie auf einem Grasweg in den Wald hinein, dort stoßen Sie an einem Holzzaun auf das **Warnschild „Stop, Danger, passing Train"** (2,6 km). Gehen Sie rechts vor dem Zaun auf dem schmalen Pfad hinab, der sich durch den Wald am Hang auf- und abschlängelt.

✋ Die Pfade sind z. T. steil. Es geht über Steine, Wurzeln und Treppen, ein paar Kraxelstellen sind zu meistern. An engen und schrägen Stellen finden Sie Geländer, da es z. T. zum Fluss steil rechts hinabgeht.

☺ Sie kommen an einige schöne Plätze, von denen Sie auf die schroffen Felsen auf der anderen Uferseite blicken können.

Nach Holztreppen, Holzbrücken und Holzstufen im Pfad gelangen Sie nach oben auf eine Waldschneise, die Sie etwas oberhalb der Bäume entlang gehen, bevor Sie wieder in den Wald hineingeführt werden. Sie stoßen an einem Zaun erneut an den **Hinweis „Danger Train passing"** (3,4 km). Gehen Sie hier links hinauf und über die gefällten Baumstämme weiter in die Schneise hinein. Sie stehen jetzt auf der Kuppe über dem Zugtunnel, daher sehen Sie unterhalb und vor sich Bahngleise. Nehmen Sie die Zauntreppe (✋ kein Olavswegzeichen) und gehen Sie links an einer Brandrodung oben entlang.

An deren Ende finden Sie Holztreppen bzw. Stufen im Pfad (mit Holzgeländer), die Sie hinab zu den Gleisen führen und dort über eine wacklige Zauntreppe (3,8 km). Links fällt der **Fluss Roståe** die Felsen hinab, rechts liegen hinter dem dünnen Drahtzaun die Schienen, an denen Sie entlang nach oben gehen.

☺ Von der nächsten Kuppe über dem Zugtunnel (4,5 km) blicken Sie auf eine Landschaft, die an eine Modelleisenbahn erinnert!

Der Waldweg führt Sie zunächst steil, dann lang gezogen bergauf bis zu einer Schotterstraße (5,7 km). Gehen Sie diese rechts hoch. Nach ca. 500 m gelangen Sie an das Grundstück der **Farm Høgste**: Betreten und verlassen Sie es durch Holztore. Kurz danach stoßen Sie auf die Rostgrenda (6,7 km), der Sie nach rechts folgen. Auf Schotter geht es für ca. 1,7 km bergab, vorbei an den Häusern von Rosten. Sie gelangen an eine Abzweigung, an der die ⊙ Infobox der Dovre-Kommune steht.

Biegen Sie links ab. Es geht auf der Schotterstraße fast 1,7 km bergauf, dann ca. 1,6 km abwärts. Kurz nachdem Sie auf der Steinbrücke über den ins Tal fließenden Djupdalsbekken gegangen sind, biegen Sie rechts ab (11,6 km) und gehen hinab an den Farmgebäuden und Häusern von Oppheim und Leiramoen vorbei. Sie gelangen unter den Bahngleisen hindurch an die E6 (12,2 km).

Rechts können Sie zum an der E6 gelegenen Dovreskogen Gjestegård gehen. Wenn Sie der E6 nach links folgen, kommen Sie zum Dovreskogen Campingplatz.

Gehen Sie für 350 m links, dann rechts unter der E6 hindurch. Die Straße bringt Sie auf der Brücke über den Gudbrandsdalslågen, an dem rechts der Vollheim Campingplatz liegt (12,9 km).

Dovreskogen 2663

- **Dovreskogen Gjestegård**, Gudbrandsdalsvegen 225, ☏ 61 24 08 00, post@dovreskogengjestegard.no, www.dovreskogengjestegard.no, ca. 800 m vom Olavsweg entfernt, EZ NOK 680, DZ NOK 980, Motel mit Cafeteria, Circle-K-Tankstelle und Shop
- **Dovreskogen Camping**, Skogamoveien 19, ☏ 61 24 08 43, 99 22 37 73, info@dovreskogencamping.no, www.dovreskogencamping.no, Ende Mai bis Ende September, ca. 1,3 km vom Olavsweg entfernt, Hütten ab NOK 410 bis 975, Schlafsack mitbringen, Bettlaken NOK 100, Essen nach Vereinbarung
- ♦ **Vollheim Camping og Hytter**, Solsidevegen 19, ☏ 91 18 85 10, 93 03 95 16, camping@vollheim.no, www.vollheim.no. Hütte ab NOK 450, Pilgerhaus (9 Betten, Küche, Bad) EZ NOK 250, DZ NOK 350, Schlafsack mitbringen (Bettwäsche vorhanden, Laken NOK 100), Zelt NOK 200, Rezeption mit Eis- und Getränkeverkauf, Minigolfanlage

Gehen Sie am Campingplatz vorbei, halten Sie sich links (Schilder „Dovre" und „Øygarden") und folgen Sie der Asphaltstraße 491 (Solsidevegen) 1,7 km bergauf. Nachdem Sie in einer Linkskurve den Fluss Ryddølsåe überquert haben, gelangen Sie an das Hinweisschild, das **zwei Alternativen** beschreibt:

Sie können entweder für ca. 4,3 km auf der 491 weiter geradeaus gehen oder Sie biegen hier rechts ab in einen kleinen Pfad, der Sie oberhalb der Straße durch den Wald führt. Es ist der originale, schöne, aber auch beschwerlichere

> Weg, der z. T. witterungsbedingt gesperrt ist. Er stößt 4,7 km weiter wieder auf den Solsidevegen und ist (bei trockenem Wetter) meine Empfehlung.

Nehmen Sie den steilen Pfad nach rechts oben (ca. 200 m) und laufen Sie auf dem breiten Waldweg weiter hinauf. Nachdem die erste Steigung geschafft ist, biegen Sie links auf einen grasbewachsenen Weg ein, der Sie parallel am Hang entlang führt. Er wird schmaler und führt Sie hinab in den dichten Wald.

Auf und ab, z. T. steil über Steine und Wurzeln, gelangen Sie zu einer Weggabelung, an der Sie den Pfad nach rechts oben nehmen. Von diesem zweigt nach weiterem Auf und Ab ein nächster steiler, aber kurzer Anstieg rechts ab. Es geht ca. 400 m bergauf. Dann halten Sie sich links und folgen dem Grasweg hinab. Über eine Hauseinfahrt gelangen Sie zurück auf die 491 (19,3 km).

Gehen Sie nach rechts. Es sind noch 1,4 km, die Sie auf der Asphaltstraße weiter leicht aufwärts laufen müssen, bis zur Abzweigung zum ⌂ ⇦ **Engelshus** (☞ 21. Etappe). Gehen Sie den Weg links hinab und geradeaus auf die braunen Hütten zu (nicht links hinab zur roten Farm).

☺ Engelshus

Es ist wirklich ein „engelsgleicher", friedvoller Platz, an dem man gerne längere Zeit verweilen würde: Die liebevoll hergerichteten Häuser (die ältesten aus dem 18. Jh.) stehen inmitten einer Wiese mit Schaukel, drum herum die Fjellhänge und der Blick hinab ins Tal. Gastgeberin Hildrun Granseth, leidenschaftliche und hervorragende Bäckerin, führt Sie – wenn ihr gesundheitlicher Zustand es zulässt – gerne über den alten Bauernhof, auf dem sie seit über 35 Jahren lebt. All ihr Herzblut sieht man in der Aufbereitung der restaurierten, bunten Holzmöbel mit geschnitzten Mustern, vieles vom eigenen Vater und Großvater hergestellt. Die Atmosphäre ist zum Versinken.

Engelshus

21. Etappe: Engelshus – Fokstugu Fjellstue

➲ 21 km, ⏳ ca. 6 Std., ↑ 959 m, ↓ 526 m, ⇧ 469-1.210 m

0,0 km	⇧	539 m	Engelshus
3,7 km	⇧	469 m	Dovre
3,9 km	⇧	472 m	Dovre kirke
5,2 km	⇧	548 m	Olavsquelle
7,6 km	⇧	638 m	Budsjord Historisk gard
9,9 km	⇧	936 m	Olavswegpfosten Ståkån
14,6 km	⇧	1.210 m	Allmannrøysa
21,0 km	⇧	975 m	Fokstugu Fjellstue

Über das Dovrefjell! Es ist mit Sicherheit eine der schönsten Etappen des Olavswegs. Und auch eine der anstrengendsten: Nachdem Sie auf Asphalt fast 4 km bis Dovre hinabgelaufen sind, geht es aufwärts – von rund 500 m bis auf 1.200 m Höhe. Die Steigung ab dem Gamle Kongevegen geht in die Beine, erst ab dem Olavswegpfosten Ståkån geht es gemäßigter bergauf, sodass Zeit bleibt, die unglaubliche Fjellandschaft um sich herum richtig aufzunehmen. Den Höhepunkt erreichen Sie an der Steinpyramide Allmannrøysa auf dem Hardbakken, sanft geht es dann hinab zum schönen Fokstugu-Hof mit Kapelle.

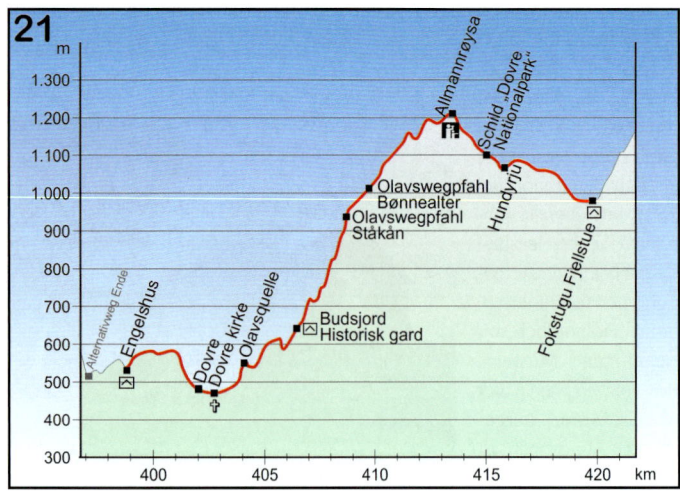

21. Etappe: Engelshus – Fokstugu Fjellstue

☺ Sanfte Fjells in alle Himmelsrichtungen, ganz vereinzelt noch Bäume, sonst nur Sträucher und weite Landschaft ohne Häuser, Straßen, Menschen …

☞ In Dovre letzte Einkaufsmöglichkeit vor dem Fjell (die nächste in Oppdal ☞ 25. Etappe).

Gehen Sie zurück zum Solsidevegen, dem Sie für 3,9 km links hinab folgen. Dabei passieren Sie die Abzweigung zum 🏠 Budsjord Historisk gard (direkter Weg ohne Dovre). Geradeaus über die Brücke gehen Sie am 🚆 Bahnhof vorbei und folgen dem Kongsvegen. Laufen Sie rechts über den Fluss Dragåa nach Dovre rein und vorbei am 🛒 Coop market auf die ✝ **Dovre kirke mit Meilenstein** „250 km til Nidaros" zu (3,9 km).

Dovre  2662

- 🚆 **Dovrebahn** ☞ Reise-Infos von A bis Z, Verkehr
- 🛏 🏠 **Engelshus gard**, ☎ 41 85 96 26, ✉ hildrgr@online.no,
  💻 www.granseth.wordpress.com, Bett in einer der Hütten NOK 250 bis 300, Gemeinschaftsbad und -küche oder Hütte mit Bad und Küche, Preise inkl. Bettwäsche und Handtücher. Frühstück und Abendessen für Gruppen möglich (vorbestellen), Kleinigkeiten an Nahrung zu kaufen, Waschmaschine und Trockner gegen Gebühr
- 🛏 ⛺ **Toftemo Turiststasjon**, Vestsidevegen 1, ☎ 61 24 00 45, 93 42 03 03,
  ✉ post@toftemo.no, 💻 www.toftemo.no, ca. 1,9 km vom Olavsweg entfernt,
  EZ NOK 740, DZ NOK 940, Preise inkl. Frühstück. Räume mit Etagenbad: 1 Pers. NOK 350, 2 Pers. NOK 400. Campinghütten für 1 Pers. ab NOK 300, für 2 Pers. ab NOK 400, Zelt inkl. 2 Pers. NOK 100, Schlafsack mitbringen. Frühstück NOK 100, Bettwäsche NOK 100. ✗
- 🛏 🏠 **Budsjord Historisk gard**, ☎ 98 28 63 98, ✉ post@budsjord.no,
  💻 www.budsjord.no, 🕐 Mitte Juni bis Mitte August (außerhalb dieser Zeit Übernachtung nach Absprache), Bett im Mehrbettzimmer NOK 625 (Schlafsack mitbringen), Preise inkl. Frühstück, einfachem Abendessen und Lunchpaket (komfortablere Zimmerkategorien mit Bettwäsche und/oder 3-Gänge-Menü ab NOK 995 verfügbar)
- 🛒 **Coop market**, Kongsvegen 12, 🕐 Mo bis Fr 8:00 bis 21:00, Sa 8:00 bis 20:00
- ✝ **Dovre kirke**, Kongsvegen 17, ☎ 61 24 18 70, ✉ post@dovre.kyrkja.no, Kreuzholzkirche aus dem Jahr 1736

Es geht ins Dovrefjell: Von der Kirche an geht es für 10,7 km bergauf! Halten Sie sich rechts und nehmen Sie den Fangvegen an der Friedhofsmauer entlang.

Folgen Sie der nicht asphaltierten Straße leicht ansteigend an Farmen und Weiden vorbei und unter den Gleisen hindurch (5 km). Gehen Sie links weiter hoch. Sie stoßen wieder auf den Solsidevegen, den Sie überqueren, um gegenüber an die ❀ **Olavsquelle** zu gelangen (5,2 km).

Die Olavsquelle (*Olavskilde*)

Entlang des Gudbrandsdalsleden finden Sie an einigen Stellen Olavsquellen, aus denen heiliges und heilendes Wasser sprudeln soll (je nach Ort ist die Legende dahinter verschieden). Pilger stillen hier ihren Durst in der Hoffnung, dass sie auf ihrem Wege nach Nidaros den Segen und Schutz des Berges empfangen werden.

Folgen Sie der Straße noch gut 200 m steil hinauf, biegen Sie dann links ab auf die Brücke über den Fluss Einbugga und laufen Sie vorbei an Tofte gård, einem der ältesten Bauernhöfe in Dovre (ca. 900 n. Chr.). Gehen Sie über den schmalen Fluss Stavåe, hinter dem es rechts hoch auf eine Schotterstraße geht: Hier beginnt der **Gamle Kongevegen**, der zusätzlich zum Olavswegkreuz mit einer **blauen Krone** markiert ist. Dem breiten Weg folgen Sie an Kuhweiden vorbei bis zur Abzweigung nach Budsjord. Biegen Sie links ein und lassen Sie die Hütten des mittelalterlichen Hofs 🛏️ 📷 **Budsjord Historisk gard** links liegen (7,6 km).

✋ Kehren Sie spätestens hier in sich: Sind Sie fit genug für die nächsten 13,5 km und über 650 hm bergauf (ca. 330 hm bergab) bis nach Fokstugu?

Den Gamle Kongevegen / Kongeveien: die „Alte Königsstraße"

Der Begriff für den Weg über das Dovrefjell ist alten Ursprungs: Das Hochgebirge bildet die natürliche Grenze zwischen Süd- und Nordnorwegen, so war der Weg über das Fjell schon bei den Wikingern die wichtigste Verbindung dazwischen. Nach der Heiligsprechung Olavs begaben sich nicht nur das Volk, sondern auch alle norwegischen Könige auf Pilgerreise von Oslo zum Nidarosdom. Zu den Zeiten war das lebensgefährlich: Schnee, Stürme, Kälte und die schmalen, abfallenden Wege verursachten den Tod vieler Pilger, auch nachdem der Kongevegen im 18. Jh. für Kutschen verbreitert wurde. Nur manche Abschnitte des Olavswegs befinden sich noch auf der tatsächlich historischen Route der „Alten Königsstraße" wie hier im Fjell.

Verlassen Sie die Schotterstraße ca. 200 m weiter nach rechts auf einen Grasweg, dem Sie nach oben folgen. Gehen Sie links über den Bach und durch das

21. Etappe: Engelshus – Fokstugu Fjellstue

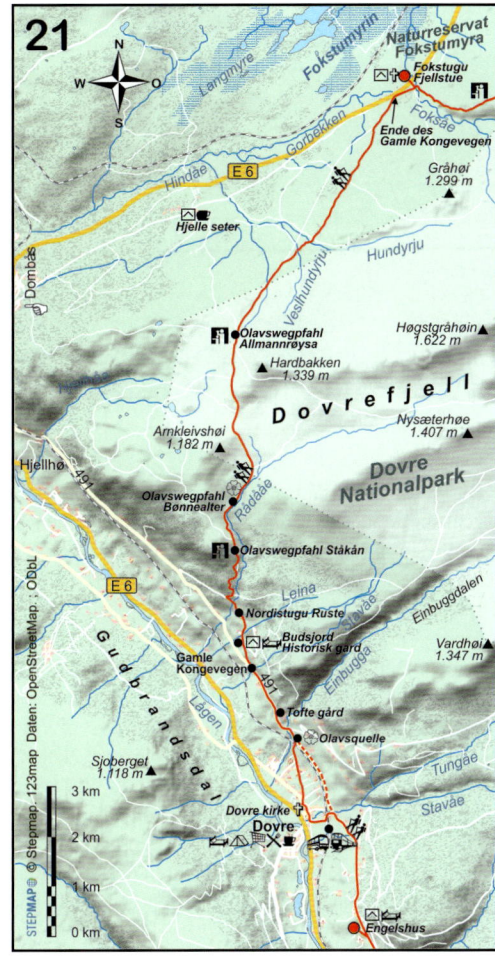

Holztor, der Pfad führt rechts weiter hinauf bis kurz vor Wiesenende. Gehen Sie hier links durch ein altes, wackliges Holztor und auf die andere Seite des Baches. Der Pfad bringt Sie über eine Zauntreppe und Kuhweiden weiter hinauf. Oberhalb von Häusern gehen Sie durch einen Elektrozaun (zum Aushängen) hinab auf eine erdige Straße, der Sie nach rechts durch die Gebäude von Nordistugu Ruste folgen.

Direkt nach dem Überqueren des Baches Rådåå finden Sie zu Ihrer Rechten ein **mit blauer Krone verziertes Eisentor** (8,7 km). Gehen Sie über die Wiese dahinter und oberhalb der Holzgebäude am Zaun entlang. Ein breiter Grasweg bringt Sie nun in langen Kurven rechts hinauf. Sie dringen ein in die typische Fjelllandschaft mit spärlichem Bewuchs und nähern sich der Waldgrenze.

☺ Die ersten weiten Ausblicke von einer ganzen Reihe von Traumaussichten in den Dovrefjells – vergessen Sie nicht den Blick zurück!

Fjelllandschaft

Das Fjell

Das norwegische Wort *Fjell* bedeutet eigentlich nur „Gebirge", bezeichnet im Allgemeingebrauch aber die für den skandinavischen Raum typische sanft-wellige Gebirgsform oberhalb der Waldgrenze: wenig schroffe Felsen, abgerundete Berge, geringe relative Höhenunterschiede, U-Täler, weitläufige Hochebenen und spärlicher Bewuchs. In der eiszeitlich geprägten Bergtundra wachsen v. a. Gräser, Moose, Kräuter, Flechten und andere bodennahe Pflanzen wie Zwergstrauchheiden. Am Rande finden sich die hellen **Fjell-Birken**, die mancherorts auf ca. 1.200 m Höhe einen eigenen Waldgürtel bilden. Sie sind leicht zu erkennen am verwinkelten, meist mehrstämmigen Wuchs.

Das **Dovrefjell**, geschützt durch die zwei Nationalparks Dovre nasjonalpark und Dovre-Sunndalsfjella, gilt mit mehr als 400 verschiedenen Pflanzenarten als besonders vielfältig, u. a. wurden Arten gefunden, die bereits vor der letzten Eiszeit blühten. Als außergewöhnliche tierische Bewohner leben im Dovrefjell die (wieder angesiedelten) Moschusochsen und wilde Rentiere. Ich erfreute mich am Anblick der schnell vorbeihuschenden Lemminge und den über mir kreisenden Adlern und Falken.

Der Weg wird schmaler, für ca. 400 m geht es steil bergauf. Sie haben die erste Steigung gemeistert und ruhen sich auf einem gemäßigten Stück etwas aus – aber nur für ca. 100 m. Dann geht es auf einem steinigen Pfad erneut steil den Berg hoch: Halten Sie sich auf diesem links, nach ca. 600 m erreichen Sie den

Olavswegpfahl „Ståkån" (9,9 km). Spätestens hier verschwinden auch die letzten vereinzelt stehenden Bäume.

☺ Überragende Aussicht über die Hochebene zurück ins Tal!

🖐 Sie befinden sich auf 1.000 m Höhe: Da die Natur wenig Schutz vor Wind bietet, kann es hier auch bei warmen Temperaturen ziemlich zugig werden. Die Landschaft ist der Witterung stark ausgesetzt – die Pfade sind uneben, steinig, aber auch grasig oder erdig: Rechnen Sie mit matschig bis triefnassen Stellen.

Sie laufen weiter ansteigend, aber gemäßigter über die kahle Fjellkuppe auf die runden Hügel des Hardbakken zu. Sie gehen über einen Bach, ab hier begleitet Sie rechtsseitig der Fluss Rådåa. Steine bringen Sie über einen Nebenarm, der leicht ansteigende Pfad führt Sie zum Olavswegpfahl „Bønnealter" (10,9 km).

❀ **Bønnealter – ein Ort des Gebetes**: An einem großen Stein knieten Pilger und andere Fjell-Reisende nieder, um für den Schutz und Segen Gottes auf dem Weg über die Berge zu beten.

Es wird wieder steiler und steiniger, schließlich bewegt sich der Pfad vom Fluss weg nach links – Sie laufen nicht mehr gerade auf den **Hardbakken** zu, sondern leicht links von diesem einem Einschnitt entgegen (12,6 km). Gehen Sie 100 m steil auf eine Kuppe und folgen Sie dem Pfad leicht auf und ab. Lassen Sie die Abzweigung nach „Dombås" und „Hjellhø" links liegen.

Allmannrøysa-Steinpyramide

Sie gelangen zum ⊙ 🏠 höchsten Punkt der Etappe (14,6 km): Hier begrüßt Sie auf 1.210 m der **Olavswegpfahl Allmannrøysa mit Steinpyramide** und eine Box mit Pilgerbuch. Nach lokaler Volkstradition in Dovre legen Pilger hier einen Stein ab, als Symbol für eine Sünde, als Fürbitte, als Ehrerbietung, als Danksagung, als …

Ausblick ins Fjell

☺ Herrliche Aussicht Richtung Fokstugu und gen Norden in die Weiten des Fjells mit dem bekannten **Snøhetta**, mit 2.286 m der höchste Berg im Dovrefjell: Seinen Namen, „Schneekappe", hat der Gipfel aufgrund seiner immer weißen Spitze.

☞ Rechts können Sie auf den Gipfel des Hardbakken hinaufgehen (1.339 m), wenn Sie noch Kraft haben – bis Fokstugu sind es noch 6,4 km.

Im Tal vor sich können Sie größere Seen erspähen, der faszinierende Blick ändert sich mit jedem Meter. Lassen Sie die Steinpyramide links liegen und folgen Sie dem abwärts führenden Pfad für gut 1,7 km. Sie kommen am Wegweiser zu den „Hellen Plätzen", den ⌂ ☕ Hjelle seter (☞ 22. Etappe), vorbei. Achten Sie nach einem Bach und dem Schild „Dovre Nationalpark" auf die rechte Wegseite (16,4 km): Es biegt rechts ein schmaler, grasbewachsener Pfad ab, die Seen liegen nun im Tal links von Ihnen.

Er führt Sie durch dichten Bodenbewuchs und Sträucher hinab zum flachen Fluss Veslhundyrju, den Sie auf Steinen durchqueren. Weiter leicht auf und ab gehen Sie über einen flachen Bach und schließlich erneut auf Steinen durch den breiten Fluss Hundyrju (17,1 km). Nach kurzem Anstieg geht es weiter bergab durch die bodennah dicht bewachsene, z. T. aber auch komplett kahle Hochebene. Die Landschaft wird grüner, die verwinkelten Fjell-Birken und andere Überkopfgewächse gesellen sich dazu, bevor der Pfad breiter wird und durch sumpfiges Gebiet führt, z. T. sind nun Holzbohlen und Bretter ausgelegt.

Sie gelangen an das Holztor, das Sie aus dem Nationalpark hinausbringt (20,4 km). Sie verlassen den Gamle Kongevegen auf eine Schotterstraße, die vor der E6 parallel verläuft. Gehen Sie rechts bis zum kleinen Parkplatz mit Infoschildern über das Fokstumyra naturreservat, das v. a. dem Vogelschutz gewidmet ist. Der Olavsweg führt hier geradeaus weiter, zur heutigen Herberge geht es links hinab. Über die E6 gelangen Sie zum Tor der ⌂ ⛪ **Fokstugu Fjellstue** (☞ 22. Etappe): Das weiße Hauptgebäude der Gastgeber liegt gerade zu (21 km).

☺ Fokstugu Fjellstue, die *sælehus* und Gottes Haus

Der Hof liegt wunderschön eingebettet in das weite Fjell-Panorama zwischen dem Fluss Foksåe und den Schafsweiden. Trotz E6 herrscht an dem historischen Ort eine ruhige Atmosphäre: Auf Fokstugu steht eines der **sælehus** des Dovrefjells, mit dessen Bau König Øystein Magnusson um 1120 begann. Die mittelalterlichen (zunächst unbewirtschafteten) Unterkünfte boten Pilgern Schutz auf dem Weg nach Nidaros, v. a. bei der (lebens-) gefährlichen Wanderung über das Fjell.

Laurits Fokstugu betreibt den Hof mittlerweile schon in 11. Generation, zusammen mit seiner Frau Christiane, der herzlichen und gottesfürchtigen Gastgeberin aus Schweden. Vor über zehn Jahren hat das Ehepaar die alte Tradition, Pilger aufzunehmen, wieder zum Leben erweckt. In dem großen, gemütlichen Haus aus den 1880er-Jahren finden sich Möbel aus allen Jahrhunderten, die Schlafzimmer (Betten für insg. 25 Gäste) haben Waschbecken, geteilt werden das Bad, die Gemeinschaftsküche mit Esszimmer und ein geräumiges Wohnzimmer mit Kamin, origineller Couch und kleiner Bibliothek.

Das Besondere auf Fokstugu ist das **Guds Huset** („**Gottes Haus**"): Die kleine, geweihte Kapelle steht immer und für jeden offen – Christiane fordert vehement offene Kirchen auf dem Olavsweg. Vielleicht wird gerade deshalb die hofeigene Kapelle so gut angenommen. Bei der täglich um 20:30 Uhr stattfindenden Andacht ist es Tradition, dass ein Vers in jeder vertretenen Sprache gelesen wird. Es ist eine gute Zeit, um zur Ruhe zu kommen. Und in der morgendlichen Andacht um 8:00 Uhr dann, betete Christiane für mich – dass ich einen guten äußeren Weg nach Nidaros und einen guten inneren zu Gott haben möge: *Gå med Gud* („Geh mit Gott")...

22. Etappe:
Fokstugu Fjellstue – Hageseter Turisthytte

➲ 20,1 km, ⌛ ca. 5 Std., ↑ 485 m, ↓ 545 m, ⇧ 915-1.203 m

0,0 km	⇧	975 m	Fokstugu Fjellstue ⌂ ⛪
8,1 km	⇧	1.042 m	Abzweigung Furuhaugli Turisthytter ⛺
9,9 km	⇧	1.094 m	Tümpel
13,4 km	⇧	936 m	Bågåstelle
18,6 km	⇧	970 m	Olavswegpfahl Gautåseter
20,1 km	⇧	915 m	Hageseter Touristhytte ⛺ 🛏 🍴

Durch Fjell und Sumpf! Bevor es abwärts geht, müssen ab Fokstugu zunächst Höhenmeter gemacht werden, wieder warten Traumaussichten auf Sie. Damit sind aber auch die steilsten Kilometer der heutigen Etappe geschafft und nur selten ist das Auf und Ab mit Kraxeleien verbunden. Hinab heißt es dann: Willkommen im Moor! Über Stege, Bretter und Steine laufen Sie durch sumpfige Landschaft, um matschige Schuhe kommen Sie nicht herum. Am Avsjøen führt Sie der abenteuerliche Moorpfad um den See herum und an ihm entlang. Dann sind Sie auch schon fast am Campingplatz Hageseter angelangt.

Gehen Sie zum Parkplatz oberhalb des Fokstugu-Hof, dort links durch die Holztore und über den Fluss Fokså. Direkt dahinter geht es rechts auf einen steinigen Graspfad, der Sie weg von der E6 nach oben führt, entlang des rechts unter Ihnen fließenden Fokså. Der erste steile Anstieg ist nach ca. 1 km geschafft. Langsam führt Sie der Pfad nach links weg vom Flussbett, dann einen weiteren Kilometer bergauf. Halten Sie sich an der Weggabelung links, Sie laufen am Fjellrand entlang zur parallel im Tal verlaufenden E6.

☺ Weite Ausblicke über Fokstugu und die in Senken vor den Fjellgipfeln ruhenden Seen.

Nach einer Kuppe führt Sie der Pfad zwischen die Fjellhügel vom Bergrand weg und leicht hinab. Rechts um die nächste Kuppe herum folgen Sie dem steinigen Pfad auf und ab durch die sanft gewellte Landschaft und über einige Bäche. Ein erdiger Pfad bringt Sie schließlich abwärts und auf Steinen über einen Bach. Es geht leicht absteigend rechtsherum weiter, sodass Sie am Fjellhang entlanglaufen, dann auf eine **Kuppe mit Steinpyramiden** (4,6 km).

Folgen Sie dem hinabführenden Pfad über Wurzeln und Steine, bis Sie zur Holzbrücke, auf der Sie einen Fluss überqueren, gelangen und aufwärts weitergehen. Nach einer weiteren Brücke gelangen Sie an eine Weggabelung und halten sich links. Auf der Kuppe gehen Sie erneut an Steinpyramiden vorbei. Gehen Sie hinab zum Wegweiser, der links zum ⛺ 🍴 Campingplatz Furuhaugli weist (8,1 km). Sie laufen geradeaus, an der Infotafel „Haukskardmyrin marsh" vorbei und auf Holzbohlen durch sumpfiges Gebiet.

ℹ️ Es geht durchs **Moor (***marsh***)**. An einigen Stellen helfen Holzbohlen und Bretter, über andere müssen Sie sich einen möglichst trockenen Weg über Steine bahnen. Am gesamten Wegesrand finden Sie Hinweistafeln zu Landschaft, tierischen Bewohnern und den Nationalpark-Zonen.

An der Weggabelung gehen Sie links und bergauf über Steine und Bretter, dann abwärts zu den Tümpeln (9,8 km), vor denen Sie links gehen. Um diese oberhalb herumgelaufen, können Sie im Tal die **Seen Vålåsjoen** und **Avsjoen** sehen. Der Pfad schlängelt sich – z. T. steil und über Steine und Wurzeln – durch eine faszinierende Pflanzenlandschaft aus Fjell-Birken und graugrünen Zwergsträuchern zu diesen hinab, rechts begleitet Sie ein kleiner Bach. Von diesem weg gehen Sie über eine Kuppe, an dieser entlang und an einer braunen Holzhütte

Auf dieser Etappe können Sie wieder weite Blicke ins Fjell genießen.

vorbei (Glupsætre). Sie stoßen auf einen breiten Schotterweg, dem Sie hinab bis zur Linkskurve folgen, in der ein Wegweiser steht (11,7 km).

> Links geht es hinab zum 🛏 ✕ Dovregubbens Hall.

Biegen Sie rechts ab und gehen Sie auf dem Pfad über mehrere Bäche, Rinnsäle und matschige Felder (z. T. Bretter und Bohlen). Sie laufen abwechselnd auf den Avsjøen zu oder parallel oberhalb entlang. Sie kommen am Olavswegpfahl „Bågåstelle" vorbei (13,4 km): Wenn Sie hier links abbiegen, gelangen Sie nach ca. 30 m zu einer Grube aus Steinen mit dazugehöriger Infotafel zu Jagdtechniken.

Am Pfahl vorbei geht es weiter abwärts bis zur **Steinbrücke**, auf der Sie rechts über den Fluss gehen. Etwa 150 m weiter zweigt hinter der schmalen Holzbrücke links ein kleiner Pfad ab, der Sie auf verschiedenen Holzkonstruktionen durch die Sumpflandschaft und dem Ufer näher bringt. Ein langer Steg bringt Sie schließlich direkt an den Avsjøen (14,8 km).

Folgen Sie dem z. T. dicht bewachsenen Trampelpfad auf und ab entlang des links liegenden Sees, bis er Sie nach rechts vom Wasser weg und nach oben führt. Vorbei an der Infotafel „Stoneage settlement" (15,9 km) halten Sie sich an der Weggabelung rechts und lassen die Holzhütten hinter dem Zaun links liegen.

Sie gehen durch eine karge Hügellandschaft, z. T. parallel zu der im Tal links von Ihnen liegenden E6. Durch ein Birkenwäldchen gelangen Sie hinab zum Olavswegpfahl „Gautåseter", von der nächsten Kuppe aus können Sie die Dächer

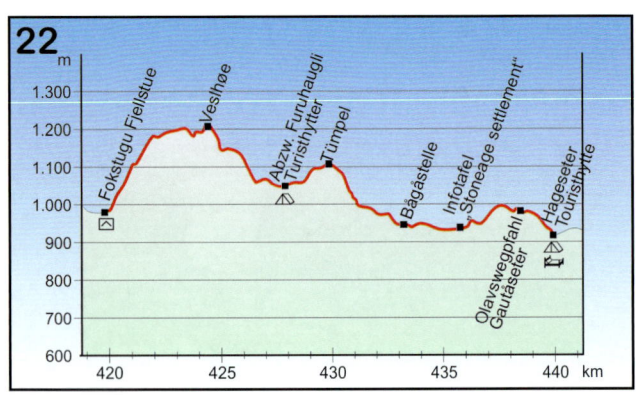

der Hageseter-Hütten erspähen. In einem Birkenwald wird es noch mal steil, dann schlängelt sich der Pfad über Stock und Stein nach unten. Gehen Sie über den Holzsteg über einen Fluss, Sie sind nun oberhalb des Campingplatzes ⌂ ⇌ ✕ **Hageseter Touristhytte** (20,1 km). Nächste (schöne!) Unterkunft ⌂ ⌂ Hjerkinn Fjellstue ca. 5 km entfernt (☞ 23. Etappe).

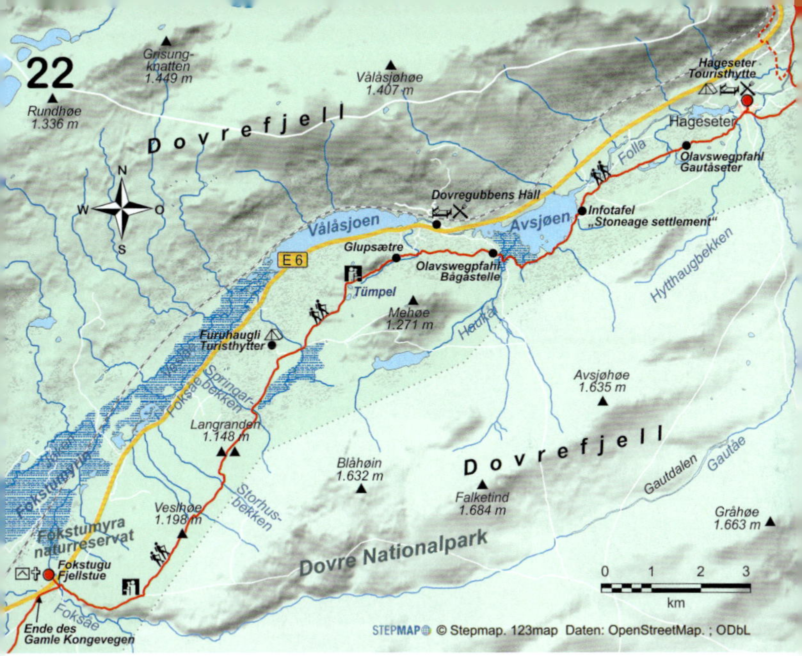

Dombås  2660

⇌ ✕ **Dovregubbens Hall**, Trondheimsvegen 2100, ☎ 61 24 29 17,
✉ info@dovregubben.com, 🖥 www.dovregubben.com, ca. 1,3 km vom Olavsweg entfernt, *stabbur* für 2 Pers. ab NOK 600 (Schlafsack mitbringen), Wohnungen ab NOK 890 (inkl. Bettwäsche und Handtücher), Bettwäsche NOK 100, Frühstück NOK 130, Gaststätte und kleiner Shop

⌂ **Furuhaugli Turisthytter**, Furuhauglie 80, ☎ 61 24 00 00, ✉ post@furuhaugli.no, 🖥 www.furuhaugli.no, Hütten ab NOK 295 (Gemeinschaftsbad) bzw. ab NOK 495 (eigenes Bad), Schlafsack mitbringen, Gemeinschaftsküche, Zelt NOK 150, Bettwäsche NOK 95, Handtücher NOK 25, WLAN, ☕ Café, Kiosk, Whirlpool, 🎉 Moschusochsen-Safaris 🚗

Hageseter Turisthytte

- ✕ **Hageseter Turisthytte**, Gautåsætervegen 84, ☏ 61 24 29 60, 99 70 37 38, ✉ post@hageseter.no, 🖥 www.hageseter.no, 🕒 April bis Oktober, Hütten ab NOK 780 (4 bis 9 Pers.), 2er/3er-Zimmer ab NOK 650, Zelt NOK 235, Gemeinschaftsbad und -küche, Schlafsack mitbringen, Bettwäsche NOK 130, ☕ Cafeteria 🕒 Mo bis Fr 9:00 bis 21:00 (Essen 15:00 bis 20:00), Sa und So 10:00 bis 21:00 (Essen 13:00 bis 20:00)
- **Hjelle seter**, ☏ 61 24 16 95, 41 54 24 80, ✉ info@hjelleseter.no, 🖥 www.hjelleseter.no, 🕒 Mitte Juni bis Mitte September, ca. 2 km vom Olavsweg entfernt, Hütten ab NOK 250 bis NOK 990 (2 bis 9 Pers.), Frühstück und Lunchpaket NOK 120
- **Fokstugu Fjellstue**, Trondheimsvegen 1050, ☏ 61 24 14 97, ✉ post@fokstugu.no, 🖥 www.fokstugu.no, 🕒 1. Juni bis Ende August, pro Pers. im DZ/3er-/4er-Zimmer NOK 440 (mit eigenem Schlafsack, plus NOK 210 im EZ), Gemeinschaftsbad und -küche, Bettwäsche und Handtücher NOK 250, einfache Lebensmittel zum Verkauf, Mahlzeiten für Gruppen nach Vorankündigung. Keine Hunde erlaubt. ✋ Unbedingt vorher anrufen, beliebte Pilgerherberge! ☕

23. Etappe:
Hageseter Turisthytte – Kongsvold Fjeldstue

➲ 16,7 km, ⏳ ca. 4 Std. 15 Min., ↑ 545 m, ↓ 562 m, ⇧ 895-1.217 m

0,0 km	⇧	915 m	Hageseter Touristhytte ⛺ ✕
2,2 km	⇧	896 m	Infobox Pilgercenter Hjerkinn ⊙
3,0 km	⇧	925 m	Platz mit Tischbank ⍭
4,5 km	⇧	942 m	Abzweigung Hjerkinn Fjellstue 🛏 ⛺ 🖼 ✕ 🚐 🎒
4,8 km	⇧	971 m	Eysteinkyrkja ✝
7,5 km	⇧	1.214 m	Meilenstein
11,6 km	⇧	931 m	Pilegrimsleia 🅿
12,2 km	⇧	943 m	Infobox Oppdal-Kommune ⊙
16,7 km	⇧	899 m	Kongsvold Fjeldstue 🛏 🖼 ✕ ☕ 🚐 🎒

Ins Oppdal! Ein Drittel des Tagespensums haben Sie schon geschafft, wenn Sie an der schlichten Eysteinkirche angekommen sind. Nun geht es hoch auf den Hjerkinnshøe: Oben eröffnet sich der Blick auf den See Hjerkinnsdammen vor dem Panorama der Fjellberge. Auf meist gemütlich absteigenden Wegen geht es hinab ins Oppdal zur E6: Statt an dieser entlang, nehmen Sie eine weitere Steigung und wählen so den schönen Weg über das Fjell. Sanft hinab geht es bis zur Kongsvold Fjeldstue, wo Sie Kraft für die nächste Bergetappe schöpfen können.

Schöne Aussicht auf den Hjerkinsammen

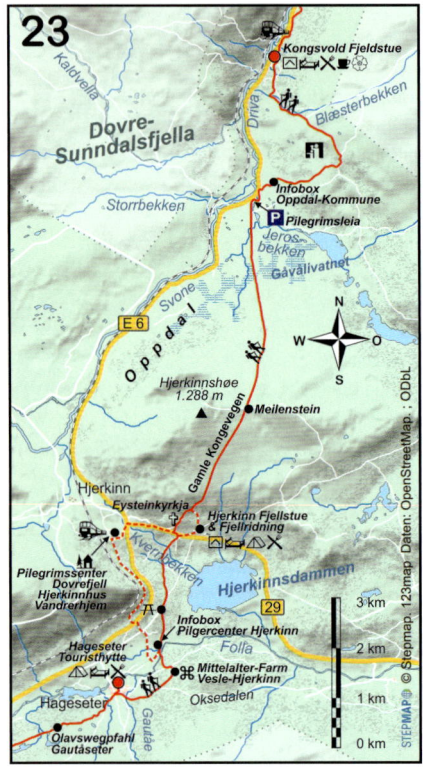

Gehen Sie zurück zum Pfad oberhalb von Hageseter, wenden Sie sich nach links und folgen Sie den Olavswegzeichen bis zum Wegweiser („Sletten", „Hjerkinn Fjellstue", „Hageseter"). Gehen Sie rechts über die Holzbrücke und nach oben auf den Fjellrücken. Halten Sie sich an der Weggabelung links und folgen Sie dem erdigen Pfad auf und ab durch die Hügel. Am Wegweiser „Sletten" und „Hjerkinn" vorbei, es wird grüner und waldiger, gelangen Sie an die Überreste der ⊙ ⌘ **Mittelalter-Farm Vesle-Hjerkinn** mit Tourbuch für Pilger (1,5 km).

Halten Sie sich an den Mauerresten vorbei links und gehen Sie in einer Schneise unter der Stromleitung hinab. Ein kurzer steiler Anstieg bringt Sie auf einen Weg, dem Sie nach rechts folgen. Passieren Sie die Infotafel „Ice and water curved the landscape", in etwa "Eis und Wasser formten die Landschaft" – das sieht man: Der Pfad führt steil hinab und links, dann wechseln sich Hügel und Kuhlen ständig ab. Sie überschreiten den rauschenden **Folla** (2,1 km).

Wenden Sie sich nach der Brücke links, um nach Hjerkinn zum 🏠 ⊙ Pilgrimssenter Dovrefjell und Vandrerhjem zu kommen.

Gehen Sie nach der Brücke rechts, nur 100 m weiter finden Sie die ⊙ Infobox der Kommune Hjerkinn. Folgen Sie dem sumpfiger werdenden Pfad, z. T. über Holzbohlen, bis zu einem ⚎ Platz mit Tischbank, hinter dem eine Asphaltstraße beginnt (3 km). Sie folgen der breiten Straße nach rechts und gehen über den

Fluss Kvernbekken in Richtung der Autostraße 29 (Folldalsvegen). Rechts schimmert der **See Hjerkinnsdammen** durch die Bäume. Sie biegen kurz vor der Straße links in einen Graspfad ein (4,5 km).

> Zur 🛏 ⛺ 🏞 Hjerkinn Fjellstue & Fjellridning biegen Sie nicht ab, sondern gehen geradeaus weiter zum Folldalsvegen und rechts (ca. 300 m).

☺ Hjerkinn Fjellstue & Fjellridning
Ein kleines rotes Holzhaus (6 Betten) mit schönen Reiter-Requisiten steht extra für Pilger bereit. Vor der Stube finden Sie Tische und Bänke mit toller Aussicht auf den Hjerkinnsdammen (☞ Foto S. 181) – mit etwas Glück ergänzen Pferde das idyllische Bild, die auf der Koppel vor dem See stehen.

Der Graspfad führt Sie vorbei an einer Holzsäule hoch zur Straße und auf der anderen Seite steil durch das kleine Wäldchen zur ✞ **Eysteinkyrkja** (4,8 km). Hinter der Kirche geht es in lichten Birkenwald hinein und für ca. 500 m steil nach oben, dann rechts, wo Sie auf einen breiteren Grasweg stoßen (Zugangsweg von der Hjerkinn Fjellstue). Gehen Sie auf dem erdigen Gamle Kongevegen nach links oben, anfangs steil, dann lang gezogen weg vom See. Rechts begleitet Sie ein Bach hinein in die typisch karge Fjelllandschaft.

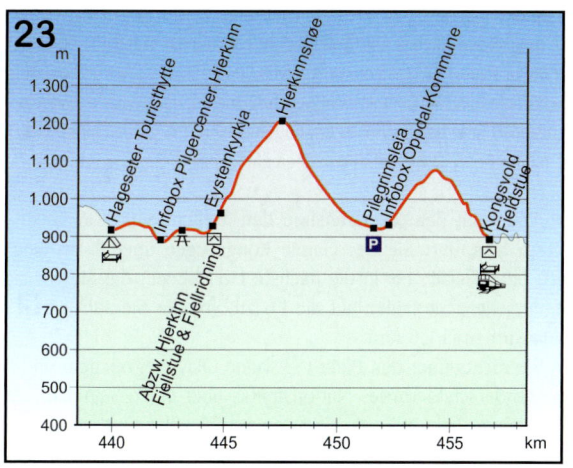

23. Etappe: Hageseter Turisthytte – Kongsvold Fjeldstue

☺ Der bis zum Meilenstein ansteigende Gamle Kongevegen (ca. 2,2 km) ist anstrengend, hält aber tolle Blicke zurück auf den Hjerkinnsdammen inmitten der sanften Hügel bereit.

Hjerkinn ⊙ 🛏 ⛺ 🏠 ☒ ✕ ✝ 🚌 🎪 ▭ 2661

- ⊙ **Pilegrimssenter Dovrefjell** (im Hjerkinnhus Vandrerhjem), ☎ 92 48 31 47,
  ✉ hajada@online.no, 🖥 www.dovrefjell.pilegrimsleden.no,
  🕐 Mitte Juni bis August: täglich 9:00 bis 11:00, 16:00 bis 19:00

- 🏠 **Hjerkinnhus Vandrerhjem**, Hjerkinnhusveien 33, ☎ 46 42 01 02,
  ✉ post@hjerkinnhus.no, 🖥 www.hjerkinnhus.no, ca. 1 km vom Olavsweg entfernt, Bett im Schlafsaal NOK 250, Mehrbettzimmer 1 Pers. ab NOK 600, 2 Pers. NOK 750, Etagenbad, Schlafsack mitbringen, Bettwäsche und Handtücher NOK 140, Frühstück NOK 110, Lunchpaket NOK 65

- 🛏 ⛺ ☒ **Hjerkinn Fjellstue & Fjellridning**, ☎ 61 21 51 00, 94 05 04 29
  ✉ fjellstua@hjerkinn.no, 🖥 www.hjerkinn.no, 🕐 Mai bis September, Pilgerstube (5 Betten): 1 Pers. NOK 350, Schlafsack mitbringen, Kochplatten und Bad auf dem Platz. Hotel (inkl. Frühstück): EZ NOK 1.130, DZ NOK 1.440. Zelt NOK 100. Frühstück NOK 130, Lunchpaket NOK 80. Restaurant, kleiner Shop, 🎪 Moschusochsen-Safaris, Fjellreiten, Snøhetta-Ausflüge (☞ 21. Etappe). 🛈 Direkter Zugang zum Olavsweg: An der Quelle zwischen Rezeption und Sanitärgebäude (stößt ca. 500 m später oberhalb der Eysteinkirche auf den Weg). ✕

- ✝ ⊙ **Eysteinkyrkja**, ☎ 61 24 00 36 (Kirchenkontor Dovre), 95 45 45 91,
  ✉ post@dovre.kyrkja.no, 🕐 Mitte Juni bis August: täglich 11:00 bis 16:00 (Auskünfte für Pilger), Gottesdienste täglich 8:00 und 20:30. Die 1969 gebaute Kirche ist nach König Eystein (Øystein) Magnusson benannt, der die sælehus entlang des Pilegrimsleden über das Dovrefjell hat bauen lassen (☞ 21. Etappe). Die Betonkirche ist in ihrer Form dem Snøhetta nachempfunden.

Sie erreichen auf dem **Hjerkinnshøe den Meilenstein „208 km til Nidaros"** (7,5 km). Ab hier führt Sie der Gamle Kongevegen über 4 km lang gezogen hinab, z. T. über Geröll, bis in die nächste Hochebene, die Sie vor sich ausgebreitet liegen sehen. Sie laufen auf die E6 zu, vor der Sie auf den 🅿 **Parkplatz Pilegrimsleia** stoßen (11,6 km).

Gehen Sie rechts über den Platz (👆 keine Olavswegzeichen) und folgen Sie den roten Wanderschildern des Nationalparks über einen Seitenarm des Flusses Driva, nach dem es links auf dem Grasweg zur E6 geht. Dort weist Sie das blaue „Pilegrimsleia"-Schild nach rechts. Biegen Sie in den Trampelpfad ein (Schild

Pilger Tilman vor dem Meilenstein „208 km til Nidaros"
Foto: Tilman Metzger

„Kongsvold", Olavswegpfahl II). Es geht nun für fast 3 km bergauf, z. T. über Holzbohlen durch sumpfige Stellen.

Nehmen Sie an der ersten Weggabelung den linken Pfad (🖐 keine Markierung, beide Pfade führen aber wieder zusammen) und gehen Sie ansteigend an der ⊙ Infobox der Kommune Oppdal (12,2 km) vorbei. Zunächst werden Sie rechts vor einer Kuppe entlanggeführt, dann links um diese herum und schließlich über große Steine und Wurzeln auf sie hinauf. Sie laufen auf fast 1.100 m auf dem Fjellgrat entlang: Weite Sicht ins Oppdal und zurück auf die z. T. schneebedeckten Gipfel des Dovrefjells und den bereits bewältigten Gamle Kongevegen.

Ein steiniger, steiler Pfad führt Sie bergab über einen flachen Bach. Halten Sie sich danach rechts und gehen Sie auf die Kuppe. Es geht weiter hinab, wobei einige Matschstellen und kleinere Bäche noch zu queren sind. Nach einem kurzen, steilen Stück über Geröll halten Sie sich links. Der nicht so einfach begehbare Pfad führt Sie entlang des **Flusses Blæsterbekken** ca. 800 m nach unten und rechts darüber (15,8 km).

Folgen Sie dem breiteren Weg nach links: Rechts vor sich im Tal sehen Sie schon die Gebäude der Kongsvold Fjeldstue, auf die Sie über Steine, Rinnsale und matschige Stellen zugehen. Sie gelangen an den niedrigen Elektrozaun, der den

Kongsvold Fjeldstue

🌼 **Kongsvold fjellhage** abgrenzt. Gehen Sie an diesem entlang nach unten und über einen Steg zum Holztor (16,5 km). Dahinter folgen Sie dem Grasweg hinab und nach links und gelangen an den Eingang der 🛏 🏠 **Kongsvold Fjeldstue**, durch die der Olavsweg hindurchführt: Gehen Sie rechts durch den Zaun zum weißen Hauptgebäude mit Rezeption (16,7 km).

🛏 🏠 **Kongsvold Fjeldstue**, Dovrevegen 3663, 7340 Oppdal, ☎ 90 08 48 02, ✉ post@kongsvold.no, 💻 www.kongsvold.no, 📅 Anfang März bis Mitte Oktober (Pilgerunterkunft 1. Juni bis 1. September), Bett im 4-Bett-Zimmer NOK 400, Schlafsack mitbringen, Gemeinschaftsbad und -küche, Frühstück NOK 175, Lunchpaket NOK 75, Hotel: 1 Pers. im DZ ab NOK 725 (günstigste Kategorie, wochentags), Preis inkl. Frühstück. 🍴 Cafeteria 13:00 bis 17:00 (kleine Speisen). Die alte Poststelle hat ein Restaurant mit exklusiver Küche, bietet 🐂 Moschusochsen-Safaris und Snøhetta-Ausflüge an (☞ 21. Etappe). ✕ 🍺 🌼 🚌

🌼 **Kongsvold fjellhage**, 📅 Mitte Juni bis Anfang September (keine Führungen). Natürlicher Berggarten, durch den Spazierwege an ressorttypischen Fjellpflanzen vorbeiführen (erklärende Schilder).

🚌 **Dovrebahn** ☞ Reise-Infos von A bis Z, Verkehr

24. Etappe:
Kongsvold Fjeldstue – Ryphusan Refugium

➲ *21,2 km,* ⌛ *ca. 6 Std.,* ↑ *1.197 m,* ↓ *994 m,* ⇧ *834-1.312 m*

0,0 km	⇧	899 m	Kongsvold Fjeldstue
3,8 km	⇧	854 m	Vårstigen
5,1 km	⇧	972 m	Aussichtspunkt (Felsvorsprung)
7,7 km	⇧	928 m	Gangbru
15,5 km	⇧	1.321 m	Vesle Elgsjøtangen
21,2 km	⇧	1.100 m	Ryphusan Refugium

In einsame Weiten zum Höhepunkt! Freuen Sie sich auf eine Landschaft weitab von allem, was wir als Zivilisation bezeichnen. Die ersten 8 km legen Sie auf einem zum größten Teil schwer begehbaren, historischen Pfad durch das Drivdalen zurück, oberhalb von E6 und dem Fluss Driva. Vom Tal geht es hoch auf den Vesle Elgsjøtangen – höher hinaus kommen Sie auf dem Olavsleden nicht mehr. Die unvergleichliche Umgebung besticht durch puristische, sanfte Hügel und weite Einsamkeit. Sanft hinab geht es zum Ryphusan Refugium, idyllisch im Tal liegend.

ℹ In Kongsvold wird den Pilgern vermehrt empfohlen, die ersten 3,7 km bis zum Parkplatz kurz vor Berginn des Vårstigen an der E6 entlang zurückzulegen. Erkundigen Sie sich vor Beginn der Etappe in der Fjeldstue und beziehen Sie auch die Wetterbedingungen in Ihren Entschluss mit ein.

Auf die E6 blickend, verlassen Sie Kongsvold durch den Zaun nach rechts. Folgen Sie dem Grasweg für ca. 400 m entlang der E6, dann geht es rechts hoch auf eine Kuppe von dieser weg (✋ erstes Olavswegzeichen). Über den niedrigen Zaun mit einfacher Treppe gelangen Sie in dichten Wald, der Pfad führt Sie hinab über einen Bach und geradeaus über einen kreuzenden Weg. Der schmale und oft leicht abschüssige Weg schlängelt sich parallel zur Europastraße auf der Kuppe auf und ab.

✋ Der Pfad wird schwieriger, je tiefer Sie ins **Drivdalen** eindringen: Steile Abschnitte sind bergauf und bergab über größere Steine und Felsplatten zu meistern. Wurzeln und dichter bodennaher, aber auch hüft- bis schulterhoher

24. Etappe: Kongsvold Fjeldstue – Ryphusan Refugium

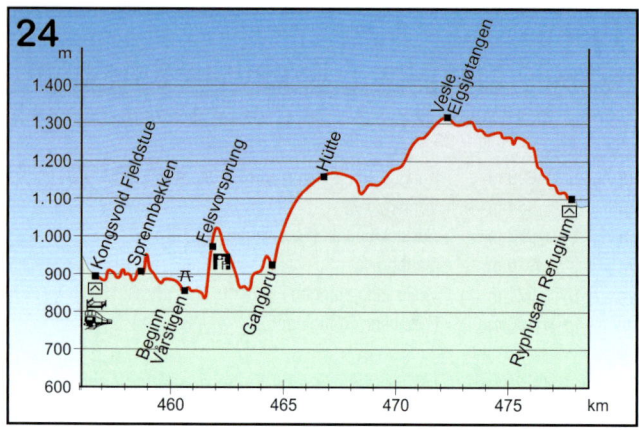

Bewuchs erschweren das Vorankommen und den Blick auf den Boden – Umknickgefahr! Dazu matschige bis sehr nasse Stellen, Rinnsale und flache Bäche, die auf Steinen überquert werden müssen. Auch ein Baumstamm kann ab und an quer liegen.

Haben Sie einige Kraxelei-Passagen entlang des felsigen Fjellbergs Knutshøa hinter sich gebracht, links fällt die Kante zum Fluss Driva z. T. schroff ab, gelangen Sie an den strömenden **Sprenbekken** (1,9 km), der steil hinabfließt. Gehen Sie vorsichtig über die Steine im Wasser und in einer steilen Kurve am Sprenbekken hinab, sodass Sie von unten auf den wasserfallartig hinabstürzenden Fluss schauen.

Es geht rechts weiter hinab und erneut auf dem sehr schmalen Pfad auf und ab am Fjellhang entlang, z. T. sehr steil in schmale Kuhlen hinab und direkt wieder hoch. Links von Ihnen geht es schräg runter – ein Wanderstock zum Abstützen ist hier eine große Hilfe. Ein kurzes, sehr steiles Stück bringt Sie schließlich hinab zur E6 (3,7 km).

Gehen Sie links unter der E6 hindurch, um zu einem ⚎ Parkplatz mit Rastmöglichkeiten zu gelangen.

Nach rechts gelangen Sie zum Anfang des historischen **Vårstigen**, einem berüchtigten Abschnitt der „Alten Königsstraße" durch das Driva-Tal. Auf dem grasigen Pfad gehen Sie über den wasserfallartig stürzenden Skåkbekken und auf einem leicht begehbaren Weg teils steil, teils lang gezogen nach oben. Sie kommen an die 🛈 Infotafel über Pflanzen und Vögel im Drivdalen (5,1 km).

🚶 Verlassen Sie den Olavsweg hinter dem Schild und gehen Sie gerade auf den Felsvorsprung hinaus: Ein atemberaubender Aussichtspunkt über das waldbewachsene Tal, spektakulär (📷 S. 2/3)!

Der Olavsweg führt rechts weiter nach oben bis zu einer weiteren schönen 🚶 Aussichtsstelle, nach der Sie dem Pfad hinab durch lichten Wald folgen. Der Weg wird breiter und steiniger und wendet sich dann nach links, sodass Sie nun parallel zum Tal und entlang der Felsen zu Ihrer Rechten bergab laufen. Nach Bächen und Rinnsalen passieren Sie das ⊙ Vårstikabuka (Tourbuch des Vårstigen). Nach der Box geht es erst leicht nach oben, dann steil rechts hinauf. Die **Gangbru** bringt Sie über den Fluss Vårstigåa, an der Weggabelung (7,7 km) zweigt links der Vårstigen ab, der Olavsweg führt nach rechts.

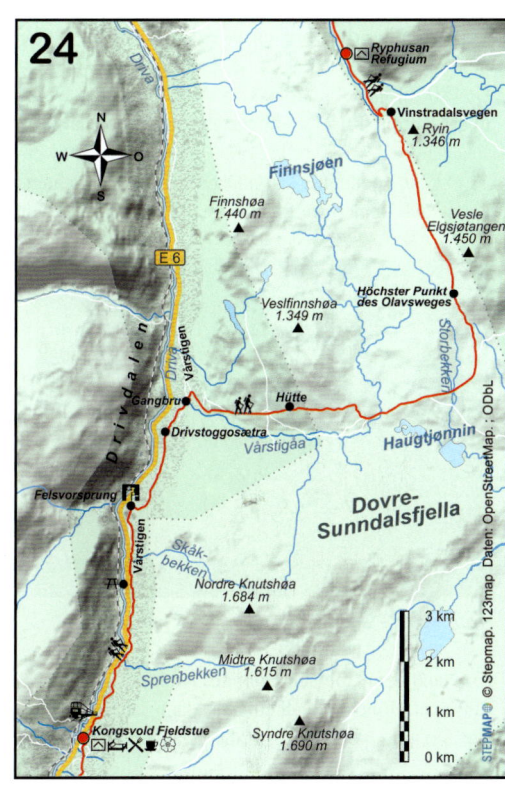

Es geht endgültig bergauf: Erst am Veslfinnshøa entlang, dann auf den Vesle Elgsjøtangen. Folgen Sie dem schmalen Pfad steil nach oben durch den

Wald. Vorbei an der ⊙ Umfragebox des Nationalen Pilgerzentrums kommen Sie aus diesem heraus – das Tal liegt nun rechts von Ihnen. Leicht ansteigend wendet sich der Weg nach links, sodass Sie direkt auf den Fjellrücken zu- und auf diesen hinaufgehen – Sie haben das Tal nun im Rücken.

Sie gehen unterhalb einiger Privathütten vorbei und geradeaus über einen Bach in Richtung der **einzelnen Hütte**, an der Sie ebenfalls unterhalb vorbeilaufen (10 km). Über einen Bach folgen Sie dem Weg leicht auf und ab durch das Fjell in die Hügellandschaft hinein: In der Ferne vor Ihnen können Sie schon den Weg sehen, den Sie noch hochgehen werden. Zu diesem gelangen Sie nach einer S-Kurve um eine Kuppe herum (11,7 km). Rechts in der Senke liegen die Wasserbecken Haugtjønnin.

Folgen Sie dem breiten Weg nach links und auf einem Holzprovisorium über den Bach. Sie laufen ca. 3,8 km lang gezogen auf den **Vesle Elgsjøtangen** (1.450 m) hinauf und links an diesem entlang. Dabei gehen Sie bei ca. 15,5 km über den mit 1.321 m **höchsten Punkt des Olavswegs**.

✋ Sie finden hier kaum Olavswegzeichen, achten Sie auf (z. T. verblasste) rote Kreise auf Steinen am Rand – es gibt aber auch nur diesen einen, deutlichen Weg.

Nur Schafe am Weg

☺ Wunderschöne Aussichten in die einsame, weite Landschaft der Fjells: Auf den wellenförmigen Hügeln und den dazwischen liegenden Tälern ist nichts – keine Straßen, keine Häuser, kein Lärm. Nur ein paar Schafe, Greifvögel und der Wind. Eine der beeindruckendsten Etappen auf dem Olavsweg.

Nach dem Überschreiten des höchsten Punktes verläuft der Weg zunächst fast auf einer Höhe am Fjell entlang, dann sanft abwärts bis zu einer Schranke, hinter der Sie auf eine Schotterstraße gelangen (19,4 km). Folgen Sie dem Vinstradals-

Erster Blick auf die Hütten von Ryphusan

vegen links in einer S-Kurve bergab. Im Tal vor Ihnen liegen die 🏠 **Hütten von Ryphusan**, zu denen Sie auf der hinabführenden Straße gelangen (21,2 km).

🏠 **Ryphusan Refugium**, 📅 1. Juni bis 1. Oktober, 1 Pers. im Bettenlager NOK 200, Schlafsack mitbringen, Zelt NOK 50. In der Selbstversorgerhütte finden Sie einen Überweisungsträger zur Bezahlung. Seit 2015 können Kleinigkeiten für ein Mittag-/Abendessen oder das Frühstück erworben werden. ✋ Keinen Empfang, keine Elektrizität, kein fließend Wasser! Das einfache Refugium ist die einzige Übernachtungsmöglichkeit auf den 36 km zwischen Kongsvold und Oppdal.

☺ Ryphusan

Ein traumhaftes Fleckchen Erde, für jeden, der das einfache Leben liebt. Das rote Gebäude rechts von Fluss und Weg bietet Platz für bis zu 10 Pilger. In der schön hergerichteten Scheune finden Sie eine Küchenzeile mit Gas, einen Heizer und hinter dem Refugium ein gutes Plumpsklo. Ein Bad im kalten Fluss und ein Abend am Lagerfeuer machen den Ort perfekt.

25. Etappe: Ryphusan Refugium – Oppdal Vekve Hyttetun

➲ 28,2 km, ⌛ ca. 6 Std., ↑ 423 m, ↓ 968 m, ⇧ 484-1.100 m

0,0 km	⇧	1.100 m	Ryphusan Refugium ⌂
4,8 km	⇧	979 m	Rastplatz Vannkilde ⊼
9,1 km	⇧	819 m	Vinstra
12,3 km	⇧	711 m	Pilgerkapelle St. Mikael ✝
14,7 km	⇧	559 m	Plasstoggo ⌂ ⊼
15,0 km	⇧	557 m	Smegarden Campingplatz ⛺
19,8 km	⇧	504 m	E6
24,9 km	⇧	629 m	Oppdal kirke ✝
28,2 km	⇧	555 m	Oppdal Vekve Hyttetun ⌂

Zurück in die Zivilisation! Es geht raus aus der kargen und deshalb so intensiv wahrgenommenen Landschaft des Dovrefjells. Auf dem breiten Weg mit sanfter Neigung werden Sie die Höhenmeter kaum merken, die Sie von 1.100 m auf 555 m hinab zurücklegen. Nur ein kurzes Zwischenspiel bergauf auf die andere Flussseite unterbricht den Weg ins Tal. Über Feld- und Waldwege gelangen Sie nach einer weiteren Steigung zur Oppdal-Kirche, dann sind es keine 4 km mehr ins Zentrum, wo gemütliche Hütten, Einkaufs- und Einkehrmöglichkeiten auf Sie warten.

Gehen Sie vom Refugium aus rechts und auf dem Vinstradalsvegen hinab durch das **Vinstradalen** (Seitental des Drivdalen), begleitet vom gleichnamigen Fluss. Anfangs führt der Weg Sie noch in Kurven nach unten, nach dem Überqueren der Vinstra (2 km) geht es dann gerade hinab, weiterhin mit leichter Neigung – die Vegetation um Sie herum nimmt zu. Sie kommen an dem kleinen ⊼ Rastplatz Vannkilde und der Olavsquelle vorbei.

Sie folgen dem Vinstradalsvegen für insg. 8,7 km, dann biegen Sie am **Olavswegpfahl IX** links in einen Pfad ab, der Sie über Rinnsale abwärts führt. Halten Sie sich auf dem Weg links, sodass Sie zur Holzbrücke über den Fluss gelangen (9,1 km). Gehen Sie für ca. 250 m bergauf und folgen Sie dem schmalen Weg oberhalb der Vinstra am z. T. schroff abfallenden Fjellrand entlang.

Nach dem Olavswegpfahl X wird der Weg breiter. Er führt Sie von Fluss und Fjellkante weg aufwärts und unterhalb eines Privathauses vorbei. Etwa 200 m weiter gehen Sie in Kurven hinab: Vermehrt finden sich Nadelbäume, Sie blicken hinab ins Tal auf **Oppdal**. Sie stoßen auf eine Schotterstraße (11 km), wieder der Vinstradalsvegen, dem Sie für ca. 1,3 km nach links bergab folgen. Biegen Sie rechts ab, Sie stoßen auf die kleine hölzerne ✟ **Kapelle St. Mikael**, die immer offen steht (12,3 km).

Gehen Sie an ihr vorbei, über eine Zauntreppe und auf dem Pfad ca. 500 m weiter abwärts, bis Sie rechts unter sich ein rotes Farmgebäude (*Riskjerdet*) sehen. Biegen Sie hier am **Olavswegpfahl XI** rechts ab auf die Weide und gehen Sie am Rand hinab zur Farm und durch die Gebäude hindurch (12,9 km). Folgen Sie den Schotterstraßen hinab (Schilder Richtung E6) und um die Farm Oppesto herum. Auf der Brücke geht es links über die Eisenbahngleise (14,3 km) und direkt rechts an diesen entlang. Der Weg führt Sie links weg und hinab zur ⌂ 🪑 **Plasstoggo**, der idyllisch an der Vinstra gelegenen Holzhütte für Pilger mit Tischbänken davor (14,7 km).

Die einladende Plasstoggo

Nur 300 m weiter, über die Holzbrücke Gammelbrua und durchs Feld, stoßen Sie auf eine Asphaltstraße und einen Eingang zum ⛺ **Smegarden Campingplatz** (15 km). Sie gehen nach rechts und gelangen bergauf an eine T-Kreuzung. Biegen

Sie links auf die Schotterstraße, die Sie weit oberhalb der E6 an Feldern, Farmen und alten Holzhäusern vorbeiführt.

 Um zum Granmo Campingplatz zu gelangen, gehen Sie hinab zur E6 (am einfachsten am Smegarden Camping vorbei) und folgen dieser rechts.

Der Weg führt Sie links hinab über einen Hof und geradeaus zwischen zwei Steinmauern hindurch. Hier biegen Sie rechts ab auf einen Graspfad, gehen durch das Holztor und nach rechts zu den **Bahngleisen** (15,9 km), vor denen Sie links abbiegen, um daran entlangzugehen.

 Sie finden hier als Wegezeichen oftmals nur am oberen Ende rot angemalte Pfosten oder rote Punkte an Baumstämmen.

Durch ein weiteres Holztor werden Sie bergab durch ein Wäldchen geführt und aus diesem hinaus auf eine Wiese mit Bäumen. Gehen Sie rechts wieder hoch in den Wald und vor einer Steinmauer links durch ein Holztor. Der Pfad führt Sie auf und ab bis zum Feldrand. Gehen Sie an diesem links entlang, aber nicht lang: Schon nach ca. 100 m biegen Sie links in den Wald hinein (Markierung schwer zu sehen).

Der Pfad schlängelt sich leicht begehbar durch den Wald, nach einem Holztor geht es oberhalb der Bäume weiter. Sie laufen über einen flachen Bach und durch

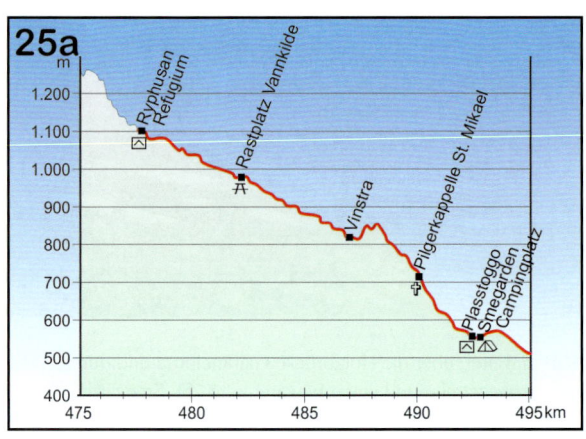

25. Etappe: Ryphusan Refugium – Oppdal Vekve Hyttetun

ein Holztor, hinter dem Sie direkt rechts am Feldrand entlang nach oben gehen, bis Sie nach der kreuzenden Schotterstraße auf einen Weg stoßen, dem Sie nach links leicht aufsteigend folgen.

Über eine Brücke (ohne Geländer) und durch ein Holztor gelangen Sie erneut an ein Feld. Wenden Sie sich rechts, sodass Sie nach oben zu den Gleisen gehen (18 km). Folgen Sie ihnen nach links bis zum Holztor, hinter dem Sie links hinab durch **Farmgebäude** gehen. Verlassen Sie den Hof auf dem Schotterweg rechts, er führt ein kurzes Stück nach oben und wendet sich dann nach links. Folgen Sie dem Hevlesvollen (✋ seltene Markierungen), bis Sie auf die Schotterstraße stoßen, die Sie links hinab zur E6 führt (19,8 km).

Überqueren Sie diese und folgen Sie dem blauen „Pilegrimsleia"-Schild nach rechts oben. Keine 200 m weiter geht es links vor den Wohnhäusern in die Schotterstraße Krossvegen (Olavswegpfahl XV) und über den schmalen Fluss Mjøabekken, hinter dem es leicht bergauf in ein Wäldchen geht. Sie kommen an ein Feld rechts von Ihnen: Gehen Sie dahinter links hinab wieder in den Wald und aus diesem hinaus bis zur T-Kreuzung (21 km).

Gehen Sie **vor der Steinbrücke**, die über den Driva führt, rechts auf der breiten Straße für knapp 300 m nach oben und biegen Sie links ab (Schild „Pilegrimsleia"). Es geht leicht auf und ab durch einen teilweise von Feldern unterbrochenen Wald. Schließlich laufen Sie auf dem abwärts führenden Weg über den Fluss Ålma und treffen auf die Asphaltstraße Vikavegen, die Sie überqueren (22,9 km). Aufwärts geht es an Reitcenter und Hundebahn vorbei, lassen Sie auf dem steiler werdenden Weg alle Abzweigungen liegen (✋ Markierungen weit auseinander). Rechts liegen hinter dem Zaun die ❋ Grabhügel von Vang (24 km). Sie stoßen auf die Asphaltstraße 70 (24,4 km).

✋ Falls Sie nicht zur Kirche wollen, können Sie hier rechts direkt zum Zentrum von Oppdal laufen: Sie sparen ca. 1,2 km.

Gehen Sie über die Straße, kurz nach links und an den Schildern „Oppdal kirke" und „Vangslia" (Skicenter) rechts in den Fjellvang (später Kjerkvegen). Es geht steil für ca. 450 m nach oben bis zur Kreuzung, an der die Straße nach links zur ⛪ **Oppdal kirke** mit Meilenstein „153 km til Nidaros" abzweigt (25 km). Der Olavsweg biegt an der Kreuzung rechts ab.

Folgen Sie dem Schotterweg leicht abwärts an Holzbungalows und Appartements vorbei (Oppdal ist beliebtes Skigebiet). Nach einer Holzbrücke stoßen Sie auf einen Schotterweg, der Sie steil hinab wieder zur Straße 70 zurückbringt (25,7 km). Wenden Sie sich links und gehen Sie ca. 600 m auf dem Fußweg, dann biegen Sie links hoch in den Gamle Kongeveg (Schild „Stølen").

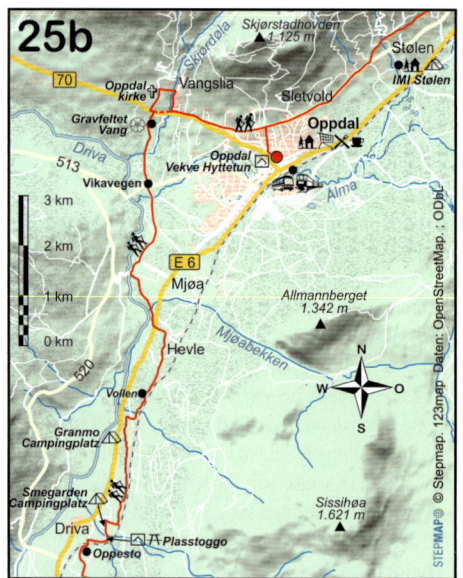

Nach ca. 700 m beginnt ein Fußweg, dem Sie folgen, bis Sie auf der linken Straßenseite den Hinweis auf das Oppdal-Skicenter und Gondelbahnen sehen. Biegen Sie hier rechts in den Bjerkevegen (27,6 km), um den Olavsweg zu verlassen: Im Zentrum von Oppdal finden Sie verschiedene Übernachtungsmöglichkeiten.

Die nächstgelegene mit gemütlichen, bezahlbaren Hütten ist Vekve Hyttetun. Gehen Sie hinab zur Kreuzung, biegen Sie dort links in den Auneveien ein und achten

Sie nun zu Ihrer linken Seite auf ein braunes Holzhaus – es ist die ⌂ **Rezeption der Vekve Hyttetun** (28,2 km). Das Schild zum Eingang ist von dieser Seite leicht zu übersehen: Gegenüber finden Sie zu Ihrer Rechten ein

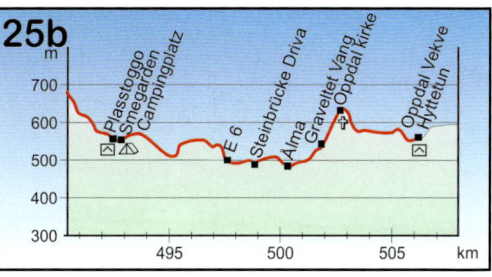

auffälliges rotes Haus (Aufschrift „Rosten 1922-1992", Auneveien 7).

Oppdal 🏠 ⛺ ⌂ 🛏 ✕ 🍽 ☕ 🚌 🚐 ≡ 7340

- **i** **Oppdalal Touristenbüro**, O. Skasliens veg 1, ☏ 47 46 72 30,
  ✉ post@visit-oppdal.com, 🖥 www.oppdal.com, 🕐 Mo bis Fr 10:00 bis 16:00
- 🚌🚐 **Dovrebahn** und **Lavprisekspressen** 🚉 Reise-Infos von A bis Z, Verkehr
- 🚕 **Oppdal Taxi**, ☏ 72 42 12 05
- 🏠⛺ **IMI Stølen**, Nedre Stølsvegen 36, ☏ 72 42 13 70, ✉ post@imi-stolen.no,
  🖥 www.imi-stolen.no, ca. 500 m vom Olavsweg entfernt, EZ ab NOK 420, DZ ab NOK 540, Hütten 4-19 Pers. NOK 470 bis NOK 2.500, Schlafsack mitbringen, Zelt NOK 125, Bettlaken und Handtücher NOK 120 (Bettwäsche NOK 150), Frühstück NOK 85
- ⛺ **Smegarden Campingplatz**, Driva, ☏ 72 42 41 59, 91 67 47 50,
  ✉ smegarden@oppdal.com, 🖥 www.smegarden.no, Hütten für 2-4 Pers. NOK 330 bis 680, Zelt NOK 170, Pilgerrabatt -10 %, Schlafsack mitbringen (Verleih von Bettwäsche), Rezeption mit kleinem Shop (Süßigkeiten, Eis, Getränke, Fertiggerichte)
- ♦ **Granmo Camping**, Dovreveien 638, ☏ 99 64 29 47, ✉ grancamp@online.no,
  🖥 www.granmocamping.no, ca. 1 km vom Olavsweg entfernt, Hütten für 2-8 Pers. NOK 400 bis 1.050, Wohnungen für 2-5 Pers. NOK 700-800, Schlafsack mitbringen, Bettlaken NOK 50, Zelt NOK 150 (plus NOK 75 pro Pers.)
- ⌂ **Plasstoggo**, Driva, ☏ 92 60 12 66, ✉ vinstradalen@oppdal.com,
  🖥 www.vinstradalen.no, pro Pers. NOK 150, Schlafsack mitbringen. Kate mit 2 Schlafbänken und Liegeunterlage, Holzofen, Kamin, Herd, Wasser aus dem Fluss
- ♦ **Vekve Hyttetun**, Auneveien 10, ☏ 91 38 77 43, ✉ post@vekvehyttetun.no,
  🖥 www.vekvehyttetun.no, ca. 500 m vom Olavsweg entfernt, Hütten für 1-4 Pers. mit Bad, Küche, TV, WLAN ab NOK 500 bis NOK 1.700. Schlafsack mitbringen, Bettlaken NOK 100 (Bettwäsche vorhanden). ✋ Vorher reservieren, in der Hauptsaison gerne ausgebucht.

Oppdal kirke

- 🛒 🍴 **Einkaufszentrum Domus**, Auneveien 3, 📞 Mo bis Fr 9:00 bis 20:00, Sa 9:00 bis 18:00. Coop megamarkt, 📞 Mo bis Fr 9:00 bis 22:00, Sa 9:00 bis 20:00, So 10:00 bis 20:00
- ♦ **Bunnpris**, Nyveien 2, 📞 Mo bis Fr 8:00 bis 22:00, Sa 9:00 bis 22:00, So 11:00 bis 21:00
- ✝ **St. Mikael kapell**, 2012 geweiht. Innen mit Schiefer verkleidet, gefällt v. a. die Aussicht ins Tal und der Umstand, dass sie immer offen steht.
- ♦ **Oppdal kirke**, Kjerkvegen (Gemeinde: Auneveien 22), ☎ 72 40 42 90, ✉ kirkevergen@oppdal.kirken.no, ✉ post@oppdal.kirken.no, 💻 www.oppdal.kirken.no. Die kreuzförmige Kirche wurde 1651 geweiht und ist außen holzverkleidet. Allen Renovierungen trotzten das prächtige Altarbild und die Kanzel aus dem Jahre 1654: Sie sind im reich mit Farben und Schnitzereien verzierten Innenraum noch zu finden.
- ⊛ **Gravfeltet på Vang**: Ca. 800 Grabhügel wurden im größten Grabfeld Norwegens registriert, die meisten aus der Wikingerzeit. Spazierwege führen durch die naturbelassene Landschaft.

26. Etappe:
Oppdal Vekve Hyttetun – Hæverstølen

➲ 24,3 km, ⧖ ca. 5 Std. 15 Min., ↑ 425 m, ↓ 449 m, ⇧ 532-702

0,0 km	⇧ 555 m	Oppdal Vekve Hyttetun ⌂
5,2 km	⇧ 667 m	Unterstand Guriberget ⊤
13,0 km	⇧ 622 m	Abzweigung Oppdalsporten 🛏 ✕
18,8 km	⇧ 581 m	Infotafeln Rennebu-Kommune ⊙ ⊤
22,0 km	⇧ 625 m	Langklopp Fjellgård ⌂
24,3 km	⇧ 532 m	Hæverstølen ⌂

Über den Alten Königsweg! Eine leichte, fast eintönige Etappe, denn von Oppdal an folgen Sie dem Gamle Kongeveg – zunächst der Straße, dann dem schönen Feldweg (Kongeveien). Es geht oberhalb des Tals immer geradeaus, wellenförmig ohne steile Steigungen. Trotz seltener Markierungen ist Verlaufen also unmöglich. Wald und Felder wechseln sich mit einzelnen Häusern ab, am Ende wartet ein schönes Fleckchen Erde auf Sie.

Auf dem Gamle Kongeveg

Gehen Sie über Auneveien und Bjerkevegen zurück zum Olavsweg. Folgen Sie dem Gamle Kongeveg nach rechts auf dem Fußweg, der nach ca. 800 m endet, sodass Sie nun auf der Straße weiterlaufen. Links lassen Sie die letzten Häuser sowie diverse Ski- und Ferienappartements von Oppdal liegen, rechts schauen Sie über Felder und Weiden hinweg ins Tal: Baumbesetzte Hänge mit wenigen Farmen und Häusern komplettieren die Landidylle. Die Straße geht leicht bergauf bis zur **Abzweigung nach Stølen.**

☞ Zum 🛏 ⛺ IMI Stølen gehen Sie auf dem Gamle Kongeveg weiter geradeaus (☞ 25. Etappe).

Biegen Sie hier links in den Gardåvegen ein (3 km). Es geht steiler bergauf, über den Fluss und vorbei an den Skiappartements Oppdal Alpintun. In der folgenden Linkskurve gehen Sie nicht weiter nach oben, sondern verlassen die Asphaltstraße geradeaus auf einen Feldweg (3,5 km): Hier startet der **Gamle Kongeveien** (☞ 21. Etappe).

Betreten Sie den „Alten Königsweg" durch ein Holztor und folgen Sie dem Grasweg durch ein lichtes Wäldchen. Es geht leicht auf und ab, immer parallel zum Tal bzw. der unten liegenden Verkehrsstraße Gamle Kongeveg. Sie kommen am ⚌ **Unterstand Guriberget** mit Sitzmöglichkeiten und schöner Aussicht ins Tal vorbei (5,2 km). Der breite Weg wird schmaler und führt Sie durch mehrere Holztore hindurch weiter an Farmen, Weiden und Bäumen vorbei.

Sie gelangen an eine Häuseransammlung, gehen dort über den Bach Liabekken und stoßen auf einen breiten Weg, dem Sie nach rechts folgen. Sie treffen auf eine Schotterstraße, an der Sie wieder rechts hinabgehen. Ein kurzes Stück bergauf bringt Sie an einzelnen Häusern vorbei, über einen Bach und geradeaus über einen kreuzenden Weg. Sie stoßen zurück auf die breite Straße Gamle Kongeveg (6,9 km) und folgen dieser links: Es geht leicht bergauf und bergab, nur selten etwas steiler.

26. Etappe: Oppdal Vekve Hyttetun – Hæverstølen

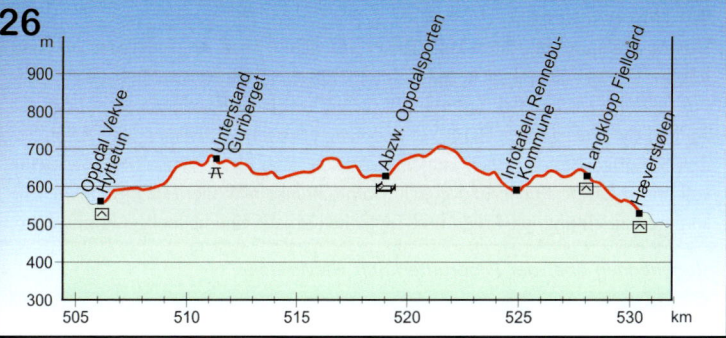

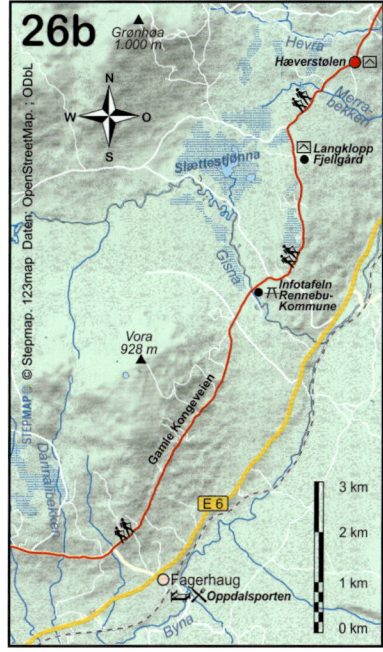

↯ Nach der großen Farm Maurhagen (11,5 km) kommt die Abzweigung (13 km) zum 🛏 ✕ Motel Oppdalsporten, nach Fagerhaug geht es rechts hinab.

Geradeaus weiter gelangen Sie nach einem Fluss an den ⊙ ⊼ Platz mit **Infotafeln der Rennebu-Kommune**, die Sie jetzt betreten (18,8 km). Es sind nur noch gut 3 km auf der Königsstraße, bis zu Ihrer Rechten die Gebäude und Pferdeställe von ⌂ **Langklopp Fjellgård** liegen. Nur 2,3 km weiter liegt der Hof ⌂ **Hæverstølen gardstun**: Gehen Sie rechts durch den Zaun zu den braunen Holzhütten mit Grasdach und quer hindurch. Das Olavswegzeichen weist Sie zwischen zwei Hütten hindurch, am Hang liegt die urige Pilgerunterkunft (24,3 km).

☺ Hæverstølen

Die Ansammlung der alten Holzhäuser aus dem 17. Jh. liegt idyllisch auf einer Kuppe: Von der für Pilger hergerichteten Hütte, eine Rekonstruktion eines *sælehus* (mittelalterliche Pilgerunterkunft), haben Sie eine umwerfende Sicht über das Tal und die umliegenden Berge. In dem lang gezogenen, zweigeteilten Raum finden Sie urige Betten, einen langen Holztisch, eine kleine Bibliothek sowie eine voll ausgestattete Küche und gefüllte Kühlschränke mit Allerlei zum Kaufen. Die kernige Einrichtung mit Fellen und Teppichen schafft eine heimelige Atmosphäre.

Regenbogen über der Pilgerunterkunft Hæverstølen

- **Oppdalsporten/Frich's Motell**, Trondheimsvegen 1220, Fagerhaug, ☎ 72 40 06 40, ✉ oppdalsporten@frich.no, 🖥 www.frich.no, ca. 1 km vom Olavsweg entfernt, 1 Pers. ab NOK 700, 2 Pers. ab NOK 890
- **Langklopp Fjellgård**, ☎ 93 62 68 03, ✉ post@langklopp.com, 🖥 www.langklopp.com, 1. Mai bis 1. Oktober, pro Pers. NOK 500, Preis inkl. Bettwäsche, Abendessen, Frühstück und Lunchpaket. Der Reit- und Bergbauernhof bietet hausgemachte Speisen an. Vor dem 15. Juni wird um Reservierung gebeten.
- **Hæverstølen**, ☎ 90 66 75 91, 47 17 55 25, ✉ unni.larsen@rennebu.kommune.no, 🖥 www.haaggaan.com, Bett im *sælehus* NOK 250, Schlafsack mitbringen, Zelt NOK 150. Gemeinschaftsküche, Bad in anderem Gebäude (Dusche NOK 20), Bettwäsche NOK 50, Einwegbettlaken NOK 35 (Set), Waschmaschine NOK 20, WLAN. Neben 7 Betten im Pilgerhaus stellen die hilfsbereiten Gastgeber Børge Dahle und Unni Larsen zusätzlich Schlafplätze in den anderen Häusern des Hofs zur Verfügung (insg. 20 Betten).

27. Etappe: Hæverstølen – Meslo gård

➲ *18,2 km*, ⌛ *ca. 4 Std. 45 Min.*, ↑ *522 m*, ↓ *812 m*, ⇧ *222-533 m*

0,0 km	⇧ 532 m	Hæverstølen ⌂
2,7 km	⇧ 499 m	Abzweigung Gjesteheim Havdal 🏠
7,5 km	⇧ 493 m	Holzhütte ⌐
10,2 km	⇧ 383 m	Alternativweg 1
11,2 km	⇧ 276 m	Alternativweg 2
12,8 km	⇧ 383 m	Pilgerbuch ⊙ ℹ
13,6 km	⇧ 398 m	Holzunterstand ⌐
14,8 km	⇧ 330 m	Olavskleiva ⌐
18,2 km	⇧ 241 m	Meslo gård ⌂

Wahlweise! Gleich an zwei Stellen haben Sie die Möglichkeit, entweder dem originalen Pfad zu folgen oder eine leichtere Alternativroute zu nehmen. Zunächst geht es auf dem Gamle Kongeveg weiter durch Wald, Feld und über Landstraße. Nach ca. 10 km nehmen Sie einen kurzen Abschnitt steil hinab durch die Bäume oder gehen auf dem Waldweg drum herum. An der Orkla entscheiden Sie sich dann für eine Flussseite: Am Westufer gehen Sie gemächlich am Fluss entlang, der Originalweg auf der Ostseite bringt Sie über Waldpfade steil nach oben – zu schönen Aussichten! Wieder im Tal sind es noch 2 km auf der Landstraße zu den urigen Meslo-Hütten.

Weg am Waldrand

Gehen Sie auf dem Gamle Kongevei weiter, es geht abwärts. Sie überqueren den Fluss Hevra, kurz hinter diesem laufen Sie nun bergauf vorbei an mehreren Häusern und haben wieder Sicht auf die Weiden und Felder auf der anderen Seite des Tals. Vom Königsweg stoßen Sie nach 1,5 km auf die Asphaltstraße 502, der Sie für knapp 600 m nach links folgen. Biegen Sie links in einen Feldweg nach oben ab (blaues „Pilegrimsleien"-Schild). Halten Sie sich rechts und gehen Sie in der **Einfahrt zwischen den Häusern** hindurch und auf dem Graspfad durch ein Holztor in den Wald hinein.

> Sie überqueren auf dem Waldpfad einen Kiesweg, der nach rechts zum Gjesteheim Havdal führt (Schild „300 m").

> **Havdal Gjesteheim**, Rennebuskogen, 7397 Rennebu, ☎ 97 47 95 93, 72 60 15 18, info.havdal@gmail.com, 🖳 www.gjesteheimhavdal.com, 1 Pers. NOK 450, 2 Pers. NOK 798, Preise inkl. Frühstück, Bettwäsche, Handtücher, WLAN, Abendessen NOK 170. Die 1-6-Pers.-Zimmer haben jeweils ein eigenes Bad. Waschmaschine, 🚐 Shuttleservice vom Flughafen Værnes (Trondheim) NOK 770, bietet Gepäcktransport an

Sie stoßen hinter einem Holztor auf einen Acker (Schild „Kastet"). Gehen Sie rechts hinab und über die Zauntreppe zurück auf die **Landstraße 502** (3,8 km). Folgen Sie ihr für 1,4 km nach links (✋ kein Olavswegzeichen). Biegen Sie in der Kurve rechts von der Straße ab und hinab in den Wald (Zauntreppe). Der schmale Pfad führt Sie über Wurzeln, einen Bach und eine Wiese, hinter der es wieder in den Wald hineingeht. Sie gehen ansteigend über einen weiteren Bach und gelangen zurück an die 502 mit dem Olavswegpfahl „Brattset" (6,1 km). Folgen Sie ihr ca. 400 m nach rechts.

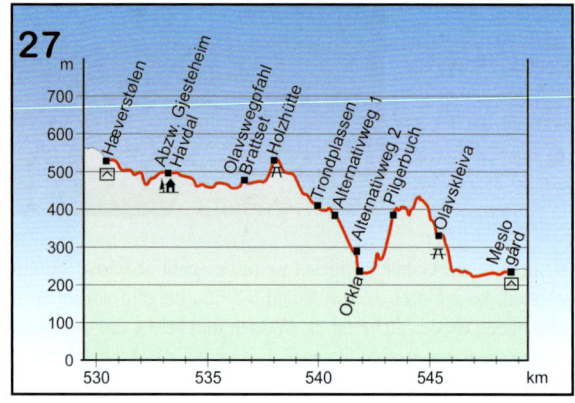

Biegen Sie links ein (Østerbrøt), der Belag wechselt von Asphalt zu Schotter. Auf dem breiten Weg gehen Sie für gut 600 m an Farmgebäuden vorbei. Ein kleiner Pfad führt Sie links steil hinauf, weg von der Straße und kurz darauf auf einen Schotterweg, dem Sie nach links in den Wald folgen. Sie kommen zu einer kleinen ⌂ **Holzhütte** (Raum mit einem Sofa und Stühlen), die Pilgern für die Dauer einer Rast ein Dach über den Kopf gibt (7,5 km). Gehen Sie weiter auf der Kvernakloppa-Brücke über den schmalen Fluss, dessen Geschichte in einer aufklappbaren Holztafel geschrieben steht.

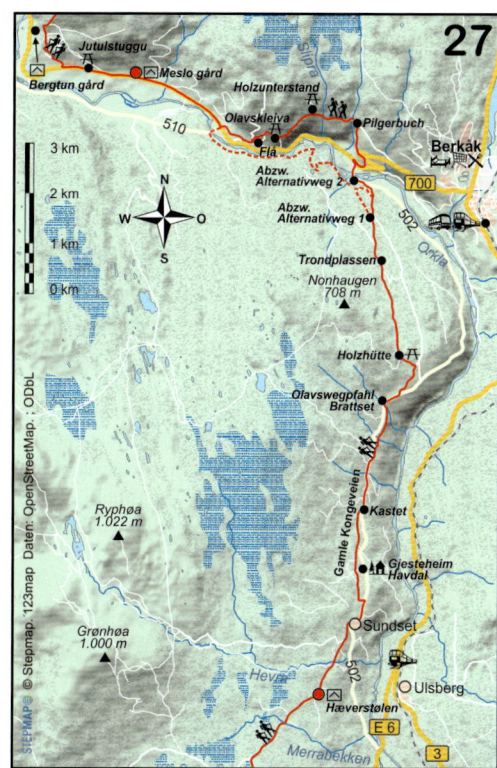

i Infotafeln über Flora und Fauna der Region sowie über ehemalige Farmen, von denen z. T. noch Steinmauern zu sehen sind, finden Sie entlang des Weges bis kurz vor Meslo.

Durch ein Holztor geht es auf einem breiten Weg absteigend (meist leicht, selten steiler) durch den Wald und am Rand entlang – tolle Aussichten über die baumbesetzten Waldhänge!

Nach dem Trondplassen (9,4 km) und einem Bach, verlassen Sie den hinabführenden Waldweg geradeaus auf eine Schotterstraße, die Sie an eine T-Kreuzung bringt. Hier haben Sie die Wahl (10,2 km): Die Originalroute führt Sie rechts vom Informationsschild auf dem alten **Hohlweg Gammelgræva** mitten durch die Bäume. Der steile Pfad hinab ist ca. 400 m lang und bei normalen Wetterverhältnissen zu meistern.

✎ Der **leichtere Alternativweg** (ca. 1 km) führt Sie auf der Schotterstraße nach links um den Waldabschnitt herum.

Sie stoßen zurück auf den Schotterweg, dem Sie nach rechts knapp 400 m hinab zur Straße 502 folgen. Biegen Sie links ab, nach ca. 100 m finden Sie das Informationsschild mit der nächsten Wahlmöglichkeit (11,2 km): Die **Originalroute** verläuft auf der Ostseite des Orkla-Flusses – steil bergauf gelangen Sie zu schönen Aussichten oberhalb von Fluss und Tal, auch bergab ist es steil.

✎ Der **einfachere und kürzere Alternativweg** (ca. 3,5 km) geht hier links ab und führt auf der Westseite entlang des Orkla-Flusses bis zur Landstraße 700 und ist mit (seltenen) kleinen weißen Olavswegschildern an den Bäumen markiert. Folgen Sie dem breiten Weg links vor der Brücke, gehen Sie durch das braune Holztor und entlang der Orkla an der ersten von vier Angelunterständen entlang des

Ausblicke auf die Orkla (Originalroute)

Flusses vorbei, in denen man gemütlich Pause machen kann (sollten sie nicht belegt sein, ist ggf. eine Übernachtung möglich, dafür die angeschlagenen Telefonnummern anrufen). Der Weg wird schmaler und schlängelt sich mal auf und mal ab durch lichten Wald, mal näher und mal weiter weg von der Orkla, an und oberhalb von dieser entlang.

Es gibt nur eine Stelle, die Sie nicht verpassen dürfen: An der Kreuzung mit dem handgeschriebenen **Schild „Nedre-Grense Nersetra"** gehen Sie links hoch (weg vom Fluss), nicht geradeaus zur zweiten Angelunterkunft/Fischerhütte auf diesem Weg (Sackgasse). Sie gehen durch ein Holztor und auf dem schmalen Pfad über eine breite Weidewiese – rechts finden Sie wieder die Orkla, links von Ihnen eine ganz steile Felswand. Gehen Sie an der Scheune des alten Hofs Berget (Infoschild) vorbei, durch ein Tor und weiter auf dem Weg geradeaus an den weiteren Fischerhütten vorbei.

Sie gelangen schließlich zu den Gebäuden eines größeren Holzbetriebs, eingezäunten Weiden und zum runden Vorplatz eines gepflegten Grundstücks mit großen Wohngebäuden darauf. Gehen Sie vor dem weißen Haus auf einem Graspfad rechts hinab zu den weißen Pfeilern der Brücke, über die Sie gehen. Sie stoßen wieder auf die Landstraße 700, der Sie nach links folgen.

Gehen Sie rechts am Schild vorbei, auf der Brücke über die breite **Orkla** (11,3 km) und hinauf zur asphaltierten Landstraße 700 (Eibakkan), auf der Sie ca. 250 m nach rechts laufen. Die Straße ist gut befahren. Bleiben Sie hinter der Leitplanke, bis diese endet, kurz danach überqueren Sie die Straße und nehmen den schmalen Pfad steil hinauf in den Wald. Nach ca. 200 m stoßen Sie zurück auf die Eibakkan, laufen auf dieser links entlang und biegen nach ca. 180 m **in der Kurve links ab** (großes, weißes Pilegrimsleia-Schild). Durch das Holztor geht es weg von der Autostraße in den Wald.

✤ Nach Berkåk (Hauptgemeinde der Kommune Rennebu) folgen Sie der Eibakkan weiter hoch.

Berkåk  7391

🚌 **Dovrebahn** ☞ Reise-Infos von A bis Z, Verkehr

🛏✕ **Berkåk Veikro**, Mjukliveien 1, ☏ 72 42 72 20, ✉ post@berkaak-veikro.no, 🖥 www.berkaak-veikro.no, ca. 2,4 km vom Olavsweg entfernt, verschiedene Hotel- und Motelzimmer 1 Pers. ab NOK 690, 2 Pers. ab NOK 950, Preise inkl. Frühstück und Bettwäsche, eigenes Bad, WLAN, ⛽ Shell mit Mix-Shop

🛏 ✕ **Mjuklia Leirsted og Gjestegård**, Mjukliveien 15, ☎ 72 42 82 30, ✉ post@mjuklia.no, 🖥 www.mjuklia.no, ca. 3 km vom Olavsweg entfernt, EZ NOK 740, DZ NOK 960, Preis inkl. Frühstück, Lunchpaket NOK 75, großes Gästehaus mit 1-4-Pers.-Zimmern. ✋ Unterkunft und Mahlzeiten nur nach Voranmeldigung. 🚗

🛒 **Coop Prix Berkåk**, Paralellveien 8, 🕐 Mo bis Fr 7:00 bis 22:00, Sa 8:00 bis 20:00

Der Pfad schlängelt sich am dicht bewachsenen Hang entlang, dann steil nach oben. Gehen Sie über eine Wiese weiter hinauf, dann wieder durch den Wald bis zur Zauntreppe, hinter der Sie links gehen. Der nach oben führende Trampelpfad bringt Sie auf einen breiten Waldweg, an dem Sie ⊙ 🛈 Pilgerbuch und Infotafel finden (12,8 km): Sie gehen durch Weideland – bitte begegnen Sie den Tieren mit angemessenem Abstand und schließen Sie alle Tore wieder, durch die Sie gehen.

Gehen Sie links hinab zur Brücke und hinter dem Fluss durch das Holztor. Folgen Sie dem Waldweg leicht ansteigend nach oben Richtung Sliper gård. Vor diesem gehen Sie rechts hoch durch ein Holztor auf die Weide und am Zaun oberhalb des Bauernhofs entlang. Ein weiteres Holztor bringt Sie auf einen schmalen Pfad entlang eines kleinen Flusses, den Sie etwas oberhalb überqueren (13,6 km).

Vorbei an einem ⟟ Holzunterstand mit Sitzmöglichkeiten zu Ihrer Rechten, gehen Sie auf dem Weg lang gezogen, dann steil nach oben, bis Sie auf einen Waldweg treffen. Laufen Sie links, durch das Holztor und über eine Kuhweide, die Sie durch ein weiteres Holztor verlassen. Auf dem breiten Weg geht es nun bergab – meist auf leicht absteigenden Wegen, aber auch steilere Passagen sind dabei.

☺ Sie kommen am **Platz Olavskleiva** vorbei, wo als Stühle platzierte Baumstämme bereitstehen (14,8 km). Da Sie am Berghang entlanglaufen, haben Sie durch die Bäume immer wieder schöne Blicke auf die Orkla.

Sie gelangen auf eine Schotterstraße, der Sie in einer Linkskurve weiter bergab folgen. Sie stoßen auf die Holztore des Hofs Flå, vor denen Sie rechts hinabgehen, und wenden sich nach einem weiteren Holztor auf der Schotterstraße wieder rechts (✋ keine Markierung). Sie laufen nun oberhalb der Landstraße 700 und des Flusses parallel zu diesen.

Zwischen Wohnhäusern hindurch verlassen Sie die Straße geradeaus auf einen schmalen Graspfad, der links neben der Garage mit der Aufschrift „Storbakken" beginnt. Durch einen Wald führt er Sie steil hinab auf eine Wiese, gehen Sie rechts um diese herum zur Landstraße (16,1 km). Das Olavswegzeichen ist schlecht zu sehen, Sie finden es hinter den Briefkästen „Kjønnan" am Anfang der **Landstraße 700**: Folgen Sie dieser nach rechts für 2 km (Vorsicht, Verkehr!).

Auf Ihrer rechten Seite stehen rote Holzgebäude, am Baum baumelt das Schild ⌂ **Meslo Herberge** B&B (☞ 28. Etappe: Voll). Gehen Sie die Einfahrt hoch zum weißen Haupthaus der Gastgeberin, die Holzhütten für Pilger finden Sie rechts dahinter (18,2 km). Etwa 1,5 km entfernt liegt an der 700 der 🛏 Bauernhof Bergtun (☞ 28. Etappe: Voll).

☺ Meslo gård

Der urgemütliche Bauernhof wird noch betrieben und hält zwei renovierte, urige Hütten für Selbstversorger bereit: Die größere Hütte hat 5, die kleinere 3 Betten, beide haben zusätzlich eine Couch und eine Küche bzw. Küchenzeile. Ab Mai 2018 gibt es neu auf dem Hof ein *dog house*, extra für Pilger mit Hund. Ingrid Meslo, die waschechte Bäuerin und quirlige Gastwirtin, stellt auch DZ mit eigenem Bad zur Verfügung – und auch mal ihr Auto, wenn Pilger am Bahnhof Berkåk (ca. 10 Min. entfernt) abgeholt werden oder sich die erste Steigung am nächsten Tag sparen wollen: Dann können sie sich zur Kirche in Rennebu fahren lassen. Auch einem ehemaligen Haus zur Lagerung von Heu im Winter, das sie von einer Insel aus dem Orkla-Fluss hat, hat Ingrid eine neue Funktion gegeben: Im *silent room* ist bei Kerzenlicht Zeit und Platz für Ruhe, Gedanken oder Gebete.

Gemütlicher Platz vor der Pilgerhütte Meslo gård

28. Etappe: Meslo gård – Segard Hoel

⮞ 23,2 km, ⏳ ca. 5 Std. 15 Min., ↑ 915 m, ↓ 932 m, ⇧ 159-463 m

0,0 km	⇧ 241 m	Meslo gård ⌂
1,3 km	⇧ 235 m	Jutulstuggu ⊼
4,8 km	⇧ 375 m	Osphaugen 🛏 ⊼
7,2 km	⇧ 217 m	Voll ⊙ 🛏 🍴 ✝ ⌘ ♫ ☎ 🚌
13,8 km	⇧ 220 m	Ry herberge ⌂
19,2 km	⇧ 228 m	Jorlia ⌘
20,0 km	⇧ 182 m	Aussichtspunkt 🛏
20,4 km	⇧ 164 m	Infobox Meldal-Kommune ⊙
23,2 km	⇧ 220 m	Segard Hoel ⌂

Zur ältesten Y-Kirche Norwegens! Zu dieser, der Rennebu kirke, gelangen Sie im ersten Drittel der Etappe – bis dahin haben Sie dann die schlimmsten Höhenmeter hinter sich, den Berg zwischen Meslo und Voll. Nach der Kirche geht es oberhalb des Orkla-Flusses entlang. Neben schönen, schmalen Wegen, warten auch lange Strecken auf breiten Straßen, fast eintönig durch Wald und Feld. Ein schöner Abschnitt kurz vor Segard Hoel führt Sie aber noch wunderbar direkt am Fluss entlang.

☞ Wenn Ihnen der Weg über den Berg (⮞ 7,2 km, ↑ 425 m, ↓ 445 m) zu beschwerlich ist, können Sie auf der Landstraße 700 bis nach Voll laufen (ca. 3,1 km) und kommen direkt oder in unmittelbarer Nähe an drei Herbergen (☞ Voll) vorbei.

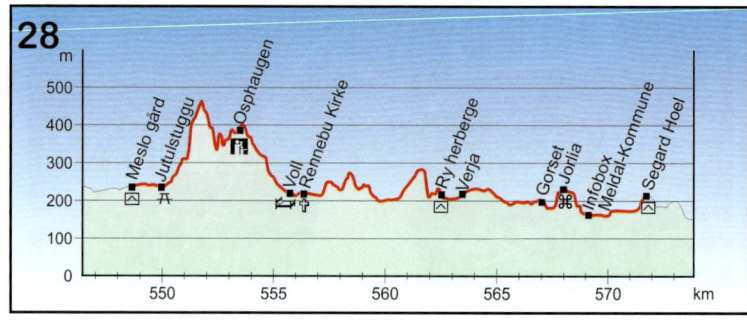

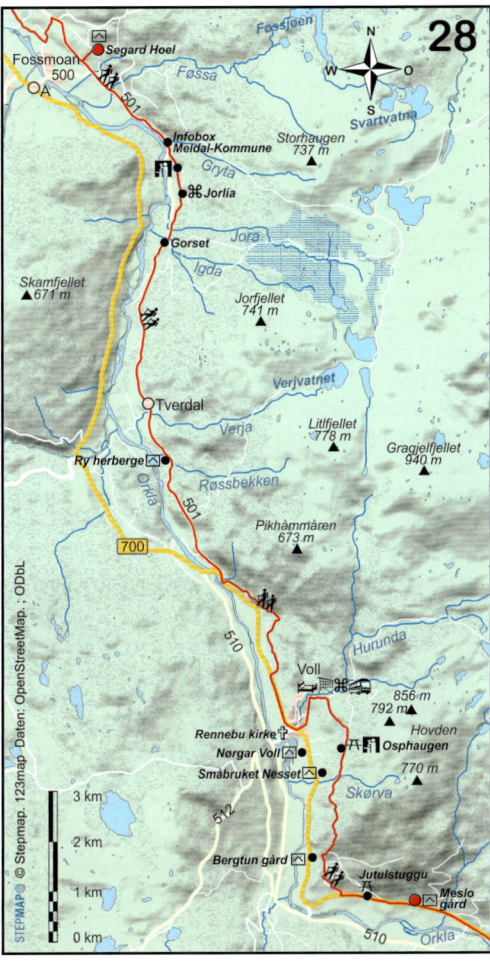

Folgen Sie der 700 für 1,3 km nach rechts. Keine 100 m nach dem ⛺ Veranstaltungsort Jutulstuggu biegen Sie rechts ab und folgen der Schotterstraße in Kurven nach oben. Verlassen Sie diese in einer Rechtskurve geradeaus in den Wald und folgen Sie dem Weg weiter hoch, bis rechts von Ihnen – kurz vor einer Rechtskurve – eine Wiese liegt (2,1 km).

✋ Nicht weiter nach oben laufen!

Biegen Sie in der Kurve links in den Grasweg hoch zum Holztor ein und gehen Sie hindurch. Durch den Wald geht es in lang gezogenen Kurven steil den Berg hoch bis zu einer Kiesstraße. Hier finden Sie einen mit **Wanderschuhen geschmückten Olavswegpfahl** (2,5 km). Gehen Sie links hinauf.

Der breite Weg führt Sie an den Rand einer Weide, an der Sie rechts entlang nach oben laufen. Oberhalb halten Sie sich ein kurzes Stück nach links, um dann auf einem Grasweg nach rechts wieder in den Wald zu gehen. Durch ein Holztor gelangen Sie auf einen Pfad am Bergrand: schöner Blick ins Tal und auf die Orkla.

Der hinabführende Pfad schlängelt sich durch wilde Wiesen und tiefe Wälder, oft entlang von Draht- oder Holzzäunen, an einigen Stellen sehr steil. Der schmale Fluss Skørva stößt zu Ihnen, dem Sie für knapp 100 m über Wurzeln nach oben folgen, um ihn dort links zu überqueren. Folgen Sie dem breiten Grasweg leicht ansteigend, dann steiler nach oben bis zur **Lichtung Osphaugen** (4,8 km).

Hier steht neben dem Schild „Willkommen in Voll" ein Holztisch mit Bank, von der Sie direkt auf Voll mit der Rennebu-Kirche schauen. Ein schöner Platz für eine Frühstückspause!

Weiter geradeaus treffen Sie nach knapp 500 m auf eine Schotterstraße und gehen links. In langen Kurven führt Sie die breite Straße 1,7 km hinab nach **Voll**. Sie stoßen auf die Landstraße 700: Der Olavsweg ist nach rechts ausgeschildert, auf der anderen Straßenseite sehen Sie aber schon das ⊙ ⌘ **Rennebu Bygdemuseum mit Pilgerinfo** (*Gammelbua*). Da dieses sehenswert ist und von dort aus die Besichtigung der ⛪ **Rennebu kirke** startet, wenden Sie sich hier nach links und gehen über den Zebrastreifen zum Joker und rechts zum Museum (7,2 km).

Rennebu Bygdemuseum

Rennebu Bygdemuseum

Im Kaufmannsladen aus den 20er-Jahren wird man zurückversetzt in vergangene Zeiten. Nachdem der Tante-Emma-Laden geschlossen wurde, hat man alles gelassen, wie es war: Nähhefte, Tabak, Fischpudding, alte Mausefallen, *Wanted*-Polizeifotos, Reklameschilder und vieles mehr. Die Mitarbeiter können einiges erzählen, z. B. dass man sich hier auch Zähne ziehen lassen konnte. Ein Laden für alles eben: „Was Sie heute nicht finden, kommt morgen mit dem Wagen".

Voll

7393

- **Meslo gård**, Stamnan, ☎ 90 96 01 90, 72 42 66 15, ingridmeslo@hotmail.com, www.facebook.com/levendegard, Bett in einem der Pilgerhäuser NOK 250 (insg. 20 Betten), Pilger und Hund im *dog house* voraussichtlich NOK 350, Küche, Gemeinschaftsbad in anderem Gebäude, Frühstück NOK 100
- **Bergtun gård**, ☎ 47 26 68 70, 90 97 32 69, bkkvam@gmail.com, janivar@loqal.no, www.bergtungard.wordpress.com, Mai bis September, Bett NOK 200, Schlafsack mitbringen, Apartment für 3-5 Pers. mit Küche und Bad, Bettwäsche NOK 50, Lebensmittel zum Verkauf, WLAN
- **Småbruket Nesset**, ☎ 72 42 65 20, 92 40 16 42, karikven@gamil.com, ca. 2 km vom Olavsweg entfernt, pro Pers. NOK 250 im *stabur* (2-3 Pers.) mit Küche und Bad
- **Nørgar Voll**, ☎ 99 54 20 18, joar.fjellstad@gmail.com, www.vollalaks.no, Sommer, ca. 500 m vom Olavsweg entfernt, pro Pers. NOK 250, Etagenbad, Selbstversorgungshaus (bis 9 Pers.), Bettwäsche NOK 100. Vor Ankunft anrufen; der Gastgeber kann Ihnen die Rennebu kirke öffnen.
- **Ry herberge**, ☎ 92 20 68 55, 93 09 63 10, maristene@yahoo.no, Juni bis September, pro Pers. NOK 250 in einem der zwei Häuser auf dem Hof (3 und 8 Betten), Schlafsack mitbringen, Abendessen NOK 150. Übernachtung und Mahlzeiten nur nach Voranmeldung

Joker Supermarkt, Mo bis Fr 9:00 bis 18:00, Sa 9:00 bis 17:00

Rennebu kirke, post@rennebu.kirken.no, www.kirken.no/rennebu, Führungen von Anfang Juli bis Mitte/Ende August: Mo bis Fr 10:00 bis 15:00, außerhalb der Zeiten (nach Verfügbarkeit): ☎ 99 54 20 18 (Joar Fjellstad), 93 22 73 45 (Else Gunnes). Machen Sie per Telefon einen Besichtigungstermin mit der Pilgerinfo aus. Die Angestellten schließen die Kirche auf und bieten für Pilger kostenlos eine lockere, spannende Führung an. Sie können auch ohne Vorankündigung zur Info kommen, dann ggf. Zeit zum Warten einplanen.

Rennebu Bygdemuseum, Rennebu kirke. Die Pilgerinfo ist in das Heimatmuseum integriert, der Eintritt ist kostenlos.

Rennebu kirke

Sie ist, 1669 gebaut, die älteste der vier Y-Kirchen in Norwegen (bzw. fünf: Die fünfte Kirche mit Gabelkreuz wurde so stark umgebaut, dass sie meist nicht dazugezählt wird) und damit der Welt. Das gleichseitige Dreieck aus Kanzel und den beiden Seitenarmen (das Y) steht für die Dreifaltigkeit Vater, Sohn und Heiliger Geist. In der Rennebu kirke finden sich Reliquien der ersten (Stab-) Kirche in Voll, die Mitte des 11. Jh. auf dem Kreuzberg stand (*Korshaugen*), wie z. B. das hölzerne Kruzifix aus der zweiten Hälfte des 12. Jh. Die Kirche mit wunderschönem Holz in Rot und Blau, ist beeindruckend restauriert, die Schnitzereien detailverliebt: Am Altar von 1672 findet sich links eine Figur mit einem Kreuz für „Glaube", der Anker rechts für „Hoffnung" und die Christus-Figur an der Spitze mit Siegesfahne in der Hand, Symbol für die „Liebe", die über allem steht.

Anekdote: niedrige Holztür in der Kirche von Rennebu

Es heißt, Wikinger hätten aus guten Grund niedrige Türen gebaut: Wenn fremde Häuptlinge eintraten, mussten sie gebückt durch diese hindurchgehen. Dahinter stand dann ein „Waschechter" mit Keule und zack!, gab es einen auf den Kopf! Diesen Mythos sieht manch einer auch als Anlass für die Höflichkeitsformel *Ladies first*: Der Häuptling lässt zuerst die Frau eintreten, dann wird diese geknüppelt ... Historische Annahme: Kleine Türen bedeutet weniger Raum bzw. kleinere Spalten, durch die die Kälte eindringen konnte. Oft waren die Decken auch direkt an die niedrigen Türen gebaut, um die kleinen Räume besser heizen zu können und Material zu sparen.

Gehen Sie am Museum vorbei und rechts über den Fluss, hier geht es links zur Kirche ab. Der Olavsweg aber geht vom Fluss aus nach oben zur Landstraße 700 und dort links weiter. Biegen Sie nach ca. 1 km rechts ab. Die breite Schotterstraße führt Sie hinauf und nach links.

Sie laufen parallel oberhalb der 700 zwischen Häusern und Farmgebäuden hindurch. Kurz nach einer **Infotafel zur Eisgrube** (*Dead Ice Pit*) biegen Sie rechts in einen Pfad ein, der Sie zwischen Zaun und Feld entlangführt (9,4 km). Gehen Sie durch das Holztor und weiter geradeaus am Waldrand entlang, schließlich in diesen hinein. Der Trampelpfad schlängelt sich mal steil hinauf, mal leicht hinab, dann wieder am Hang entlang. Eine kurze, aber steile Passage über Steine bringt Sie über einen schmalen Fluss und auf einen Weg, auf dem Sie abwärts gehen durch zwei Holztore und über einen Schotterweg hinweg. Sie laufen auf einen alten Hof zu, dessen Gebäude Sie rechts liegen lassen.

28. Etappe: Meslo gård – Segard Hoel

Verlassen Sie den Hof durch das Holztor und gehen Sie auf dem Graspfad abwärts in den Wald, durch ein weiteres Tor und weiter hinab, bis Sie auf die Asphaltstraße 700 zurückkommen (11,1 km). Auf dieser bleiben Sie nur ca. 50 m, dann biegen Sie direkt rechts in die breite Straße nach oben ab. Folgen Sie der Landstraße 501 für ca. 1,7 km – es geht im Wechsel mal steil nach oben, mal leicht ansteigend.

✋ Halten Sie sich an der ersten Gabelung auf dem Weg weiter nach oben (rechts): Das Olavswegzeichen am Zaun ist schlecht zu sehen.

Sie kommen an eine Kreuzung mit Wegweisern (12,7 km). Gehen Sie geradeaus weiter, die breite 501 führt Sie ca. 1 km abwärts, dann für ca. 4,5 km im leichten Auf und Ab vorbei an Farmen – auch an der 🏠 **Ry herberge** (linker Hand) –, Weiden und Wiesen sowie im Wald und an dessen Rand entlang. Kurz nach den Farmgebäuden von **Gorset** (18,3 km) verlassen Sie die Straße endlich: Hinter dem **Fluss Jora** geht es rechts hoch (Schild „Jorlia").

☺ Nach dem lang gezogenen Weg laufen Sie nun wieder auf abwechslungsreichen Pfaden mit schönen Ausblicken.

Der Waldweg führt Sie hoch übers Tal und raus aus dem Wald bis zu den halb verfallenen Gebäuden der alten ✣ Farm Jorlia (12. bis 13. Jh.): Der Olavsweg führt Sie durch den verlassenen Hof hindurch (19,2 km) – sehr faszinierend! Eine Restaurierung des Gehöfts zu Restaurant und Herberge ist langfristig angedacht. Gehen Sie durch das Holztor und folgen Sie dem Pfad leicht auf und ab durch den Wald. Sie stoßen an einen Zaun, gehen durch das Tor und dann links. Am **Wegweiser *Utsikpunkt*** („Aussichtspunkt") können Sie einen kleinen Schlenker von ca. 100 m machen: Kämpfen Sie sich links durch ein paar Tannen hindurch und schon stehen Sie auf einem 📷 Vorsprung mit Blick ins Tal (20 km). Zurück am Wegweiser folgen Sie dem Olavsweg weiter geradeaus, der sich dann über moosbesetzte Wurzeln, Steine und umgefallene Bäume teilweise steil hinabschlängelt.

☺ Links fällt die Kante schroff ab, sodass Sie traumhaft auf die unter Ihnen liegende Orkla schauen.

Unten angelangt stoßen Sie auf den Fluss und die Schotterstraße 501 mit der ⊙ Infobox der Meldal-Kommune (20,4 km). Gehen Sie rechts und folgen Sie der

Weg an der Orkla

Straße direkt an der breiten **Orkla** entlang. Bleiben Sie auf dem Weg, der Sie weg vom Ufer ins Landesinnere durch das Feld führt. Sie gehen über die Wegekreuzung auf eine Kuppe und biegen nun rechts vom Olavsweg ab: Gehen Sie den Holsveien hinauf, nach rechts auf die rotweißen Gebäude zu und unter der Scheunenauffahrt hindurch. Sie stehen nach 23,2 km vor dem weißgrünen Hauptgebäude von ⌂ **Segard Hoel** (Aufschrift „1883 Pilegrimsherberge").

⌂ **Segard Hoel**, Holsveien 18, 7335 Jerpstad, ☏ 95 10 27 20, 48 09 20 03, ✉ oasvartbekk@online.no, ca. 400 m vom Olavsweg entfernt, pro Pers. NOK 250 (18 Betten), Schlafsack mitbringen, Bettlaken NOK 50, Bettzeug NOK 100 (in Ausnahmefällen). Das traditionelle Bauernhaus hat mehrere Schlafzimmer mit alten Holzbetten, Küche und Bad werden geteilt. Lebensmittel können erworben werden, nach Anmeldung auch Mahlzeiten: Frühstück NOK 75, Lunch NOK 50, Dinner NOK 150. Hinter dem Hauptgebäude gibt es eine kleine Holzhütte mit Küche und Bad für Pilger und Fischer.

☺ Segard Hoel

Als ich anrief, um mein Erscheinen anzukündigen, waren die Besitzer in den Ferien, doch: Kurzerhand wurde mir mitgeteilt, wo ich den Schlüssel finde. Toll, so viel Vertrauen! Meine Mitpilger empfanden das alte Farmgebäude zwar als schlecht hergerichtet, für mich hat das schiefe, knarrende Holz aber Charme, ich fand Kirchenbücher von 1823, zudem sind Bad und Küche top saniert.

29. Etappe: Segard Hoel – Gumdal

➲ *28 km,* ⏱ *ca. 6 Std. 15 Min.,* ↑ *844 m,* ↓ *909 m,* ⇧ *40-285 m*

0,0 km	⇧ 220 m	Segard Hoel ⌂
9,2 km	⇧ 173 m	Meldal ⛪ 🍴 🏦 ✉ 🚌
10,0 km	⇧ 226 m	Meldal Bygdemuseum ⌘ ⌂ 🪑 🚌
14,2 km	⇧ 256 m	Olskastet sælehus ⌂
15,7 km	⇧ 245 m	Skogheim Pilegrimsherberge ⌂
20,1 km	⇧ 178 m	Løkken Verk 🛒 ⌂ 🍴 ✕ ⌘ 🏦 ✉ 🚆 🚌
23,4 km	⇧ 125 m	Rastplatz 🪑
28,0 km	⇧ 152 m	Gumdal 🛒

Reich verzierte Kirche, eingerahmt von langen Straßen! Die Meldal kirke erreichen Sie nach 9 km – fast gänzlich auf breiten Feldwegen und Asphaltstraßen zurückgelegt, z. T. entlang der Orkla. Einige Höhenmeter durch den Wald, dann laufen Sie auf der altbekannten 700 durch Løkken Verk – gemütlich, aber auch kräfte- bzw. nervenzehrend. Am Ende geht es noch einmal mächtig hoch, bis zu den modernen Hütten auf Gumdal – mit schönem Tal-Blick.

Gehen Sie hinab zur Kreuzung, an der Sie gestern vom Olavsweg abgebogen sind. Biegen Sie rechts auf die Schotterstraße und folgen Sie ihr für ca. 1 km. Nach den letzten Farmgebäuden biegen Sie links in den Feldweg ein (✋ Olavswegpfahl ca. 20 m hinter der Abzweigung) und gehen ca. 450 m hinab bis zur rechts abgehenden Rikstadgrenda, in die Sie einbiegen. Gehen Sie vorbei an Feldern und Farmen, kurz nach dem Olavswegpfahl Fornminne (2,9 km) gesellt sich die lieb gewonnene **Orkla** zu Ihnen.

Sie begleiten den breiten Strom für ca. 1 km, dann gehen Sie an der Weggabelung vom Fluss weg Richtung Feld (✋ Olavswegpfahl erst ca. 50-100 m weiter im Feld). Biegen Sie rechts auf den Pfad, der Sie zwischen zwei Feldern hindurch und am Ende nach links führt. Es geht nach oben an den Waldrand, unterhalb daran vorbei, dann links ca. 70 m steil aufwärts: Sie sind nun über dem Wald, in den Sie links einbiegen (4,7 km).

Sie folgen dem leicht ansteigenden Waldweg, gehen auf dem Schotterweg weiter geradeaus und über die Asphaltstraße 501 (Ressveien) hinüber. Im Wald stoßen Sie auf den nächsten Feldweg, der Sie links hinab auf Asphalt bringt (5,8 km): Auf der altbekannten 501 gehen Sie nach rechts und im leichten Auf und Ab bis Meldal, z. T. entlang der Orkla. Die ca. 3,3 km lange Strecke wird nur

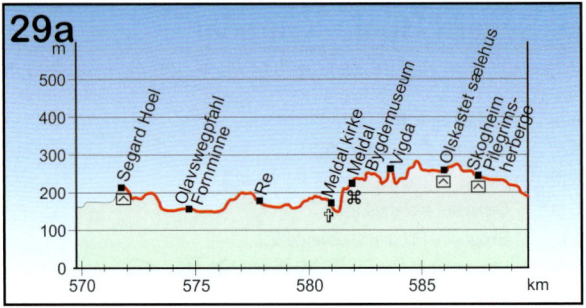

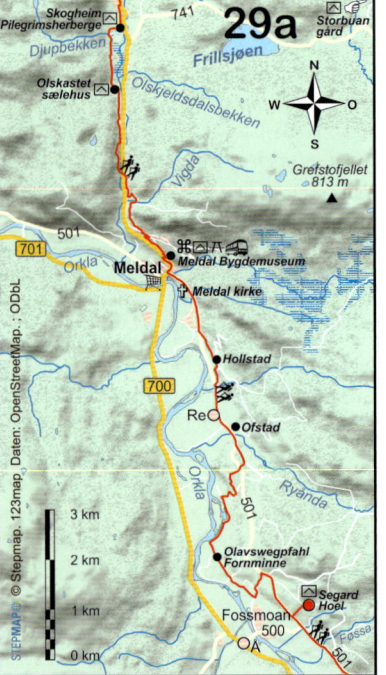

einmal kurz unterbrochen: Der Olavsweg biegt rechts von der 501 in den Sølbergsbakken ab, führt Sie durch Hollstad und dann wieder zurück zur 501, auf der Sie die ✝ **Meldal kirke** (9,2 km) erreichen. An der T-Kreuzung hinter der Kirche finden Sie links auf der Wiese einige ⌱ Holztische.

> ✍ Biegen Sie hier links ab, wenn Sie in BANK ✉ 🚌 Meldal Besorgungen machen wollen. Nur ca. 100 m entfernt liegt ein 🛒 Spar.

Folgen Sie dem Olavsweg nach rechts und bleiben Sie auf dem Fußweg entlang der 700 für knapp 400 m, dann biegen Sie rechts nach oben ab (Schild „Meldal Bygdemuseum"). Eine S-Kurve bringt Sie zum Eingang des **Freilichtmuseums**: Gleich zu Beginn finden Sie zu Ihrer rechten Seite eine Art Meilenstein „90 km Trondheim" und die ⌂ Hütte Eldhuset, die als Pilgerherberge dient (10 km).

Altar der Meldal kirke

☺ Meldal kirke

Die stark verzierte Kirche ist einen ausführlichen Blick wert: Sie ist fast schon überladen mit Statuen, u. a. von Apostel Jakobus dem Älteren, gut erkennbar an seinem Pilgerstab. Auch der große Altar, die prunkvolle Kanzel und die Wandgebilde mit all den Holzschnitzereien sind beeindruckend. Eine der Kirchenangestellten wies mich auf allerlei Details hin und am Ende durfte ich sogar in den Turm zu den Glocken – und in den Aufenthaltsraum zu Keksen, Limo und dem WC!

Meldal ⌂ 🛒 ✝ ⌘ 🏦 ✆ 🚌 ✉ 7336

⌂ ⛪ **Meldal Bygdemuseum**, ☏ 72 49 91 00 (11:00 bis 17:00),
✉ anne.grut@meldal.kommune.no, 🕐 Sommer, Bett in der Selbstversorgerhütte NOK 150, Schlafsack mitbringen, Dusche NOK 20, außerhalb der Telefonzeiten: SMS an ☏ 90 75 50 70 für den Entsperrcode. ⌘ Führungen im 1931 gegründeten Heimatmuseum mit 20 antiquarischen Gebäuden (17. Jh. bis Erster Weltkrieg): ☏ 72 49 75 20 🚌

⌂ **Olskastet sælehus**, unbeaufsichtigte Hütte für Pilger (2 Pers.), Übernachtung kostenlos, ✋ Schlafunterlage und Schlafsack mitbringen

29. Etappe: Segard Hoel – Gumdal

🛒 **Spar**, Løkkenveien, 🕐 Mo bis Fr 8:00 bis 21:00, Sa 9:00 bis 20:00

☦ **Meldal kirke**, Ressveien 13, ☎ 72 49 51 65 (*Meldal kirkekontor*), ✉ meldalkf@meldal.kirken.no, 🖥 www.kirken.no/meldal, 🕐 Juni bis Mitte August: Mo bis Fr 9:00 bis 15:00. Die Meldal-Kirche von 1651 brannte 1981 nieder, sieben Jahre später wurde mit so viel altem Material wie vorhanden war, eine Kopie der ursprünglichen Kirche gebaut. Auch Teile des früheren Inventars befinden sich heute darin, wie der Altar in der Sakristei.

Gehen Sie an den ⊼ Tischbänken vorbei, zwischen den Holzhäusern hindurch und verlassen Sie das Dorfmuseum. Folgen Sie der Asphaltstraße, die in Serpentinen nach oben führt (Nedre und Øvre Bergslia), – toller Blick ins Tal. Von der Øvre Bergslia geht rechts ein Schotterweg ab (11 km), der Sie zwischen den Häusern hindurch und aus diesen hinaus nach oben führt. Gehen Sie ca. 400 m weiter links in den Wald. Folgen Sie dem Weg durch das Holztor und am Drahtzaun entlang. Es geht leicht aufwärts bis zur Brücke über den **Fluss Vigda** (11,8 km).

✋ Gehen Sie nach der Brücke direkt links durch ein kleines Holztor, die Wegmarkierung ist leicht zu übersehen.

Der Pfad bringt Sie durch den Wald und letztendlich hinab in Richtung der 700 (Løkkenveien). Kurz oberhalb der Straße biegen Sie noch einmal rechts ab, um auf dem schmalen Pfad weiter am Waldrand zu gehen. Nach diesem kurzen Gastspiel gelangen Sie endgültig auf die 700, queren diese und laufen ca. 50 m nach rechts. Gehen Sie links hoch in den Wald (12,6 km).

Der Grasweg macht eine Rechtskurve, sodass Sie oberhalb der Landstraße am Hang entlanglaufen. Es geht bergauf und bergab, meist aber parallel zum Løkkenveien, bis Sie hinab auf einen breiten Weg stoßen. An dieser Kreuzung liegt die unbewirtschaftete Hütte 🛖 **Olskastet sælehus** (14,2 km).

Gehen Sie links über die Zauntreppe und nach oben zum großen Holztor, durch dieses und das nächste ca. 100 m weiter rechts, geht es hindurch: Sie kommen durch eine als Kuhweide genutzte Waldlandschaft, die Wege sind dementsprechend matschig, an einigen Stellen helfen Bretter und Bohlen, zudem gehen Sie durch einige Holztore. 😊 Auf neugierige Kühe sollten Sie gefasst sein!

Der ca. 1 km lange Pfad hindurch ist gut gekennzeichnet und bringt Sie durch mehrere Tore zu einem Bach. Gehen Sie vor diesem links, dann rechts hinüber und den Pfad entlang bis zum Feldrand, an dem Sie rechts hinab zur ⌂ **Skogheim Pilgerherberge** gelangen (15,7 km). An dieser vorbei nehmen Sie direkt links den schmalen Pfad, der Sie oberhalb der Häuser entlang bis zu einer Schotterstraße führt.

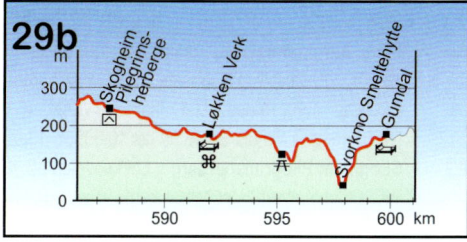

Auf der Varsmoen gehen Sie weiter geradeaus und schließlich wieder hinab zum Løkkenveien (16,2 km). Biegen Sie links ab und bleiben Sie auf dem asphaltierten Fußweg für zermürbende 4 km bis **Løkken Verk**. Sie kommen an Bushaltestellen und einer 🅿 Circle K vorbei, aber an wenigen ⊤ Bänken.

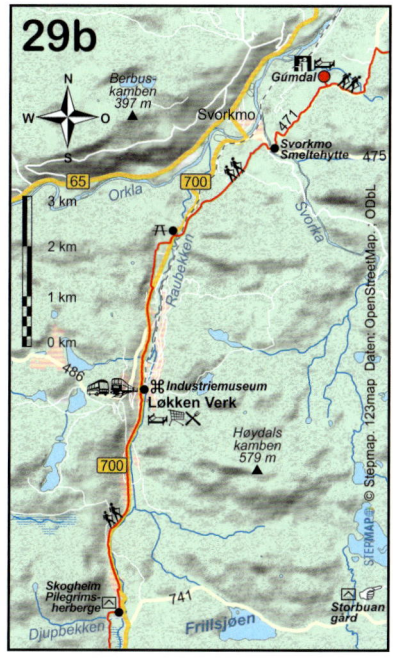

🚌 Ab Meldal sentrum und Bygdemuseum: Bus 460 Richtung Fannrem oder Orkanger stasjon bis Løkken stasjon oder Bjørnliveien (kurz hinter Løkken Verk): Mo bis Fr mehrmals täglich, Sa und So selten, 🖥 www.atb.no.

Gehen Sie über den Zebrastreifen, hier liegt das historisch restaurierte Bergbauhotel 🛏 ✗ **Sans Bergmannskroa** (20,1 km), nebenan das ⌘ Orkla Industriemuseum. Daran vorbei gelangen Sie zum ✗ Mix, einem Imbiss mit kleinem Shop, hinter dem die 🚂 Thamshavnbahn abfährt. Danach folgen auf dem Løkkenveien noch eine BANK Bank, die ☎ Post und ein 🛒 Coop prix.

Løkken Verk  7332

- ❌ **Sans Bergmannskroa**, Torfinn Bjønaas' plass 1, ☏ 72 49 76 79 (Check-in vor 18:00), ✉ Bestilling@sans-as.no, 🖥 www.bergmannskroa.no, EZ NOK 825, DZ NOK 1.090, Preise inkl. Frühstück, WLAN,
Restaurant: 🕒 Mo bis Sa 10:00 bis 19:00, So 13:00 bis 19:00
- **Skogheim Pilegrimsherberge**, Løkkenveien 52, ☏ 94 89 16 71, ✉ skogheimherberge@gmail.com, 🖥 www.facebook.com/skogheimherberge, 🕒 Juni bis Oktober, Bett im 2- oder 4-Pers.-Zimmer NOK 250, Schlafsack mitbringen, Gemeinschaftsbad, Mikrowelle, Wasserkocher. Bettwäsche und Mahlzeiten auf Anfrage. ✋ In der Hauptsaison wird eine Reservierung empfohlen.
- ♦ **Storbuan gård**, Fjeldheimveien 14, ☏ 97 17 45 35, 91 17 46 51, 41 43 09 82, ✉ oko-by@online.no, ca. 8 km vom Olavsweg entfernt, pro Pers. im alten Bauernhaus NOK 250 (7 Zimmer, bei Bedarf mehr, auch Gruppen mit über 20 Pers.), Zugang zu Dusche, Küche und Wohnzimmer, Selbstverpflegung, 🚐 Bring- und Abholservice gratis (vorher anrufen!)
- **Coop prix**, Løkkenveien 223, 🕒 Mo bis Fr 8:00 bis 22:00, Sa 8:00 bis 20:00
- **Mix**, 🕒 Mo bis Sa 9:00 bis 22:00, So 11:00 bis 22:00
- **Orkla Industriemuseum** und **Thamshavnbahn**, Torfinn Bjønaas' plass 2, ☏ 72 49 91 00, ✉ post@oi.no, 🖥 www.oi.no, 🕒 20. Juni bis 31. August: Mo bis Fr 10:00 bis 17:00, Sa bis So 9:30 bis 17:30 (ab 3. August nur 11:00 bis 17:00), ab 1. September: Mo bis Fr 10:00 bis 15:00, Erwachsener NOK 70. Das Museum organisiert u. a. den Besuch des Bergwerks *Gammelgruva* und Fahrten mit der *Thamshavnbahn*, der ältesten Wechselstromeisenbahn der Welt (seit 1908 in Betrieb). Norwegens erster elektrischer Zug verkehrt von Mai bis September zwischen Løkken Verk und Bårdshaug (25 km).

Sie verlassen Løkken Verk auf dem Fußweg der 700. Bleiben Sie für ca. 1,9 km auf der rechten Seite, bis deutliche Wegezeichen nach links weisen. Hier müssen Sie über die Leitplanke steigen und die Straße queren. Gehen Sie dort hoch in den Wald (22,1 km) und erneut parallel am Hang oberhalb des Løkkenveien.

Auf Schotter gelangen Sie an eine Weggabelung, an der Sie links in die Straße einbiegen, die zu einem großen roten Haus führt (22,8 km). Vor diesem biegen Sie rechts ab, der kleine Graspfad bringt Sie unterhalb des Grundstücks vorbei, über eine kleine Holzbrücke, durch eine Baumreihe hinab und über eine weitere Brücke wieder den Wald hinauf. Eine Schotterstraße bringt Sie wieder zurück zur 700, auf der Sie ca. 150 m nach links gehen. Zu Ihrer Linken liegt ein kleiner 🛖 **Rastplatz** (23,4 km).

Gehen Sie gegenüber dem Rastplatz auf dem Skulmoveien über Fluss und Bahngleise nach oben. Die breite Straße führt Sie nach links an Häusern vorbei und in den Wald. Folgen Sie ihr leicht auf und ab aus dem Wald hinaus und durchs Feld. Links an Haus und Garage vorbei gelangen Sie wieder im Wald auf einen steinigen Weg, auf dem Sie ca. 500 m in Kurven steil hinablaufen bis zur Asphaltstraße Hølondvegen (26 km). Keine Markierung: Gehen Sie rechts und direkt links über die Flussbrücke.

Regenbogen vor Gumdal

Auf der rechten Seite finden Sie den **Meilenstein** „61 km til Nidaros" und ein Denkmal für die Svorkmo Smeltehytte („Schmelzhütte"). Es folgen die letzten 1,9 km, die sich in die Länge ziehen: Gehen Sie kurz nach dem Meilenstein links und auf der Straße in steilen Kurven hinauf, der Belag wechselt zwischen Schotter und Asphalt hin und her. Halten Sie sich auf dem Monsetjårvegen links und gehen Sie immer weiter bergauf – schöne Blicke ins Tal!

Sie kommen schließlich zur Einfahrt des **Gumdal Hofs**, ein großes Schild links weist auf Zimmer für Pilger hin. Gehen Sie auf das Gelände zu den weißen Gebäuden und klingeln Sie – rechts dahinter findet sich die rote, modern ausgestattete Hütte an einer Kuppe gelegen (28 km), ein toller Blick! Gut 2 km entfernt liegt das Svorkmo Skytterhus.

Svorkmo 7327

Gumdal, Monsetjårvegen, ☎ 90 02 75 03, ✉ kjelloly@online.no, 🖳 www.gumdal.no, EZ in 5- oder 6-Pers.-Hütte NOK 350 (bei Belegung mit 4-5 Pers. bzw. 4-6 Pers. NOK 300), Gemeinschaftsküche und -bad, Preise inkl. Bettwäsche, WLAN, TV, Waschmaschine NOK 150

Svorkmo Skytterhus, Solås, Feldbett oder Matratze pro Pers. NOK 300, Schlafsack mitbringen, Gemeinschaftsbad. Für die Übernachtung im Clubhaus des Svorkmo-Schützenvereins benötigen Sie den Schlüssel: ☎ 91 32 45 18 (Andreas Svorkdal), 95 88 74 54 (Bjorn Svorkdal).

30. Etappe: Gumdal – Skaun menighetshus

➲ 20,5 km, ⧖ ca. 4 Std. 45 Min., ↑ 627 m, ↓ 690 m, ⇧ 114-445 m

0,0 km	⇧ 152 m	Gumdal 🚌
2,1 km	⇧ 177 m	Svorkmo skytterhus 🏠
5,3 km	⇧ 301 m	See Solsjøen
7,7 km	⇧ 401 m	Unterstand ⛺
9,5 km	⇧ 445 m	Infobox der Kommune Skaun ⊙
10,5 km	⇧ 397 m	Kvilsten ✿
12,6 km	⇧ 298 m	Olavsweg-Toilette ⛺
18,6 km	⇧ 172 m	Rastmöglichkeit ⛺
20,5 km	⇧ 116 m	Skaun 🏠 🏴 ✝ 🚌

Übers Moor! Nach schmalen Wegen durch Wälder, Felder und vorbei an Seen gelangen Sie in eine spannende Hochmoor-Landschaft: Rar bewachsene Ebenen und nasse, sumpfige Lichtungen, z. T. mit Holzbohlen versehen, wechseln sich mit Trampelpfaden durch kleine Wälder ab – es wird anstrengend, gute Markierungen machen die auf- und ab-, hin- und herschlängelnden Wege aber zum Genuss. Nach dem Moorgebiet geht es durch Wald bis Skaun mit Kirche und Schlafsaal im Gemeindehaus.

Folgen Sie dem Monsetjårvegen weiter und biegen Sie nach ca. 1,7 km rechts in eine schmale Schotterstraße ab (Schild „Pilegrimsleia" und „Skytebane"): Ca. 400 m weiter gelangen Sie an das 🏠 **Svorkmo Skytterhus** (☞ 29. Etappe). Am Schützenhaus vorbei gehen Sie über den Fluss Sola und bergauf in den Wald. Biegen Sie vom Waldweg links auf einen schmalen Graspfad, der sich für etwa 400 m über Wurzeln steil nach oben, dann weiter auf und ab durch den z. T. dicht gewachsenen Wald schlängelt, bis zu einer breiten Schotterstraße (4,7 km).

See Solsjøen

Gehen Sie rechts. Sie kommen zum **See Solsjøen** (5,3 km), an dem Sie links entlanglaufen und halb um ihn herum. Der Snøtonveien führt Sie vom Wasser weg nach oben, der See unter Ihnen ist nun der Snøtonvatnet. Laufen Sie bergauf bis zu den **Häusern von Snøton.** Sie erreichen hier fast den höchsten Punkt der Straße über dem See: Bevor Sie diesen aber erreichen, biegen Sie links auf die Schotterstraße ab (7,4 km).

✋ Der Olavswegpfahl steht erst weiter hinten in der links abgehenden Straße. Als Hinweis dient auf der rechten Seite gegenüber der Abzweigung das Haus „Skråningen".

Die Straße bringt Sie zu einer ⒯ Lichtung mit Unterstand, auf Stühlen oder dem Sofa können Sie rasten oder Schutz vor Regen suchen (7,7 km). An diesem vorbei gehen Sie auf einem Pfad abwärts (Schild „Elgshøgda"), dann auf Brettern durch die beginnende Moorlandschaft und links neben einem abgebrannten, abgeholzten Waldstück nach oben. ✋ Die Markierung steht weiter oberhalb auf der linken Seite – leicht zu übersehen.

Sie gehen auf und ab über offene Sumpflandschaften mit wenig Bewuchs, die sich mit Waldabschnitten abwechseln. Über sehr nasse und matschige Stellen finden Sie z. T. Bohlen und Bretter gelegt. Nach einer großen freien Fläche, in deren

Mitte ein Olavswegpfahl steht, biegen Sie im angrenzenden Waldanfang links in einen Pfad ein (8,7 km) und gehen über einen Bach weiter durch Wald und über Moorebenen.

Ein steil nach oben führender Pfad bringt Sie zu einer Stelle, an der mehrere große Bäume mit mannshohen Wurzeln umgekippt kreuz und quer liegen (vermutlich Sturmschäden). Der gut gekennzeichnete Trampelpfad führt Sie hindurch, ca. 100 m weiter gelangen Sie an die ⊙ Infotafel der Kommune Skaun (9,5 km).

Gehen Sie am Schild vorbei hinab auf die Lichtung. Orientieren Sie sich links und gehen Sie am **Olavswegpfahl „Klopp"** vorbei. Hinab gelangen Sie zur nächsten freien Sumpflandschaft: Suchen Sie sich einen möglichst trockenen Weg zur kleinen Holzbrücke über den schmalen Fluss. Weiterhin leicht absteigend kommen Sie im Wald zum ⌘ Kvilsten, einem großen Ruhestein, auf dem Sie Namen, Monogramme und Graffiti von Pilgern seit dem frühen 19. Jh. finden. Der Graspfad bringt Sie auf eine Lichtung, hinter der es wieder in den Wald geht.

Der Kvilsten

✋ Möglicherweise sehen Sie die nächste Markierung nur schlecht: Eine überkopfhohe Wurzel eines umgekippten Nadelbaums versperrt die Sicht auf den Weg dahinter.

30. Etappe: Gumdal – Skaun menighetshus

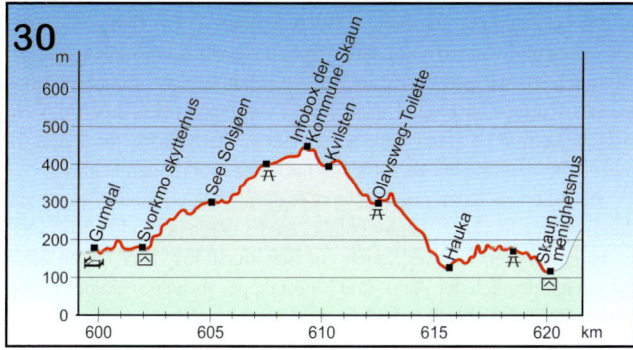

Gehen Sie links an der hohen Wurzel vorbei und folgen Sie dem abwärts führenden Pfad, der Sie geradeaus auf die Schotterstraße Mellingsetra und so aus Moor und Wald hinausbringt (11,9 km). Gehen Sie bergab durch vier Holztore hindurch. Kurz hinter dem vierten biegen Sie rechts ab, zwei Bretter liegen über einem Bach. Hinter diesem gelangen Sie zur **Olavsweg-Toilette**: einem Plumpsklo mit Pilgerzeichen, davor ⚲ Tisch und Bank (12,6 km).

An beidem vorbei bringt Sie der Graspfad im leichten Auf und Ab, z. T. über Wurzeln und Steine, auf eine Kuppe mit schöner Aussicht über die wenigen niedrigen Bäume auf den Hügeln vor Ihnen. Bergab gehen Sie über einen kreuzenden Weg weiter abwärts durch Wald bis zu einer Schotterstraße. Folgen Sie dieser nach rechts über einen Bach und durch einen Holzzaun, hinter dem Sie links abbiegen.

Sie gelangen auf den breiten Waldweg Kjerkvegen. Gehen Sie wenige Meter nach links und verlassen Sie diesen geradeaus auf einen steilen Trampelpfad, der Sie durch das nächste Waldstück auf die Schotterstraße Trobakken bringt. Gehen Sie links, über den breiten Fluss Hauka und nach oben durch das Holztor zur Asphaltstraße 754 (16,2 km). Folgen Sie ihr nach rechts für knapp 350 m und biegen Sie dann rechts ab auf einen nach oben führenden Feldweg.

Sie laufen ca. 2 km oberhalb von Feldern, Wäldern und Wiesen entlang, z. T. durch Bäume hindurch, immer parallel zu der unten liegenden 754. Der Pfad wird zu einem breiten Feldweg, dann zur Schotterstraße: Hier finden Sie die ersten Farmgebäude nach der Wald- und Mooretappe, vor der Scheune ist eine ⛺ **überdachte Rastmöglichkeit** und sauberes Wasser kommt aus einem Hahn (18,6 km).

Geradeaus weiter stoßen Sie nach ca. 600 m zurück auf die 754, gehen Sie rechts hinab. Sie legen auf der Straße die restlichen 1,8 km zurück: Zu Ihrer Linken liegt die ✝ **Skaun kirke mit Meilenstein** „38 km til Nidaros", gegenüber keine

Skaun kirke

100 m weiter das rote ⌂ **Gemeindehaus der Pfarrei Skaun** (20,5 km), unterhalb liegt ein 🛒 Coop.

✋ Wenn Sie das Kirchenbüro bis jetzt noch nicht kontaktiert haben, rufen Sie die Telefonnummer auf dem Aushang links neben dem Eingang an (diese wechselt): Das zuständige Gemeindemitglied kommt gerne vorbei, um Ihnen die Räumlichkeiten aufzuschließen. Wenn Sie niemanden mehr erreichen, müssen Sie auf die 10 km entfernte 🛏 ⌂ Kleivan Pilgrimsherberge (☞ 31. Etappe) ausweichen.

Skaun

⌂ **Skaun menighetshus**, Kirchenbüro: ☎ 72 86 31 51 (Mo bis Fr 9:00 bis 19:00, Sa 9:00 bis 18:00), Vorsitzender der Pfarrei: ☎ 92 26 02 42,
✉ kirkevergen@skaun.kirken.no, ola.skauge@hotmail.com,
🖥 www.kirken.no/skaun, 📅 15. Mai bis 1. Oktober, pro Pers. NOK 250, Schlafsack mitbringen. Das Gemeindehaus bietet Platz für bis zu 16 Klappbetten oder Matratzen. Zelt NOK 100 für die Nutzung von Küche und Bad. Schuhtrockner.
✋ Vor Ankunft anrufen oder SMS senden.
Skaun Samfunnshus, für Gruppen ab 8 Pers., Selbstversorgerhaus, pro Pers. NOK 250, Kontaktinformation 🔗 Skaun menighetshus, ca. 1,5 km von der Kirche entfernt, Abendessen und Frühstück nach Vereinbarung mit dem Gemeindehaus möglich

🛒 **Coop**, 📅 Mo bis Fr 9:00 bis 20:00, Sa 9:00 bis 18:00

✝ **Skaun kirke**, ☎ 72 86 31 51, ✉ post@skaun.kirken.no, 🖥 www.skaun.kirken.no. Die mittelalterliche Steinkirche von etwa 1180 mit typisch romanischen und gotischen Merkmalen enthält noch Einrichtung aus dem 13. Jh. wie das Mariabild vor dem Altar. Der Turm ist von 1649.

☺ Skaun kirke

Ein herzliches Ehepaar, zwei der Freiwilligen, die ehrenamtlich für die Kirchengemeinde arbeiten, führte mich durch die Kirche: Der Maria-Tisch ist der einzige von 30 in Norwegen, der noch in einer Kirche statt in einem Museum steht. Die Farbe am unteren Rand ist aufgrund der Luftfeuchtigkeit und der Priesterroben schon abgeblättert, daher ist das Bild nun unter Glas. Auch Malereien aus der Zeit vor Luther, in der die meisten Kirchen weiß gestrichen wurden, sind noch schwach zu erkennen, z. B. ein spanisches Schiff.

31. Etappe: Skaun menighetshus – Sundet gård

➲ *18,2 km*, ⧖ *ca. 4 Std. 30 Min.*, ↑ *582 m*, ↓ *668 m*, ⇧ *0-402 m*

0,0 km	⇧ 116 m	Skaun ⊠ 🍽 ✝ 🚌
0,9 km	⇧ 185 m	Abzweigung Husaby ⌘
6,5 km	⇧ 398 m	Bank 🎋
7,0 km	⇧ 380 m	Rastplatz 🎋 ⊙
10,0 km	⇧ 160 m	Abzweigung Kleivan Pilegrimsherberge 🛌 ⊠
11,6 km	⇧ 16 m	Abzweigung Buvika 🍽 🅿 ✡ 🎋
12,5 km	⇧ 0 m	Rastplatz am Fjord 🎋
15,0 km	⇧ 9 m	Abzweig zum Strandheimen pilegrimsovernatting 🛌
15,8 km	⇧ 1 m	Øysand Camping ⛺ ⛵
17,7 km	⇧ 1 m	Anlegestelle Fähre ⛴
18,2 km	⇧ 30 m	Sundet gård 🛌 ⊠

Hinab zu Fluss und Fjord! Fast da, man fühlt es. Doch bevor es auf Meeresniveau geht, müssen noch einige Meter nach oben bewältigt werden: Von Skaun aus geht es steil hinauf an den Ruinen von Husaby vorbei und durch den Wald. Sind es anfangs noch breite Wege, so bewegen Sie sich bald auf Trampelpfaden auf und ab. Auch die abwärts führenden Pfade sind z. T. steil, dann laufen Sie auf einer breiten Straße in Kurven an Buvika vorbei zum Fjord. Am Meer entlang muss noch ein Berg gemeistert werden, dann geht es am Øysand Campingplatz vorbei zur Anlegestelle Richtung Sundet gård.

Gehen Sie hinab über Straße und Bach zum Coop-Parkplatz, vor dem Sie links gehen und in die nächste Straße nach rechts oben einbiegen. Sie kommen in einer Rechtskurve an die Abzweigung nach Husaby: Etwa 150 m nach links finden Sie die wenigen ⌘ **Ruinen des Bauernhofs Husaby** und der Hofkirche, die als Vorkirche der Skaun kirke gilt (☞ 30. Etappe) und auf ca. 1040 n. Chr. datiert wird.

Etwa 30 m nach der Abzweigung nehmen Sie die links abbiegende Schotterstraße (Schild „Bygdemuseum") und folgen ihr lang gezogen steil hinauf. Halten Sie sich rechts und lassen Sie die letzten Farmen und Häuser hinter sich, während es bergauf in den Wald geht. Sie laufen ansteigend weiter, bis Sie hinab zu einer Abzweigung gelangen (3 km): Biegen Sie links zwischen die Bäume und folgen dem sich über Wurzeln schlängelnden Waldpfad.

Eine leichte Steigung führt Sie in einer Schneise unter Stromleitungen hindurch. Sie gehen über eine Lichtung mit abgeholzten Bäumen, nach der Sie zwi-

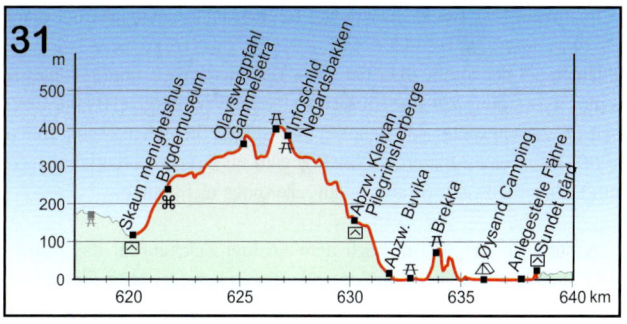

schen zwei Nadelbaumreihen hindurchlaufen. Lassen Sie die rote Hütte rechts liegen und folgen Sie dem Pfad hinab auf einen breiten Schotterweg. Gehen Sie links weiter. Leicht ansteigend gelangen Sie nach einer kleinen Lichtung zu einer Weggabelung (**Olavswegpfahl "Gammelsetra"**). Halten Sie sich hier links auf dem Grasweg weiter hinauf. Über Wurzeln geht es auf und ab durch Wald, an einigen Stellen finden Sie Holzbretter über matschige Stellen gelegt.

Sie kommen an den Olavswegpfahl Kolmile (in etwa "Kohlebergwerk"). Ab hier (5,1 km) geht es steil bergab bis zur kleinen Holzbrücke, hinter der Sie nach oben auf eine breite Schotterstraße gelangen (5,8 km). Gehen Sie knapp 300 m nach links und biegen dann rechts in die nächste Schotterstraße, die Sie aufwärts vorbei an einem **roten Plumpsklo auf eine Lichtung** führt. Halten Sie sich auf dem linken Weg steil bergauf durch die hohe Wiese in den Wald hinein.

☺　Vor dem Wald, kurz nach dem Olavswegpfahl "Postgården", finden Sie vor einem Baum eine ⊼ Bank (6,5 km): Weiter Blick über die Wälder, durch die Sie gerade noch gelaufen sind.

Der Waldpfad führt Sie oben entlang der Bergkuppe, dann abwärts vorbei an einem schönen ⊼ ⊙ Rastplatz mit Pilgererhebung (7 km). Biegen Sie ca. 800 m danach scharf links ab und folgen Sie dem Pfad auf und ab durch die Bäume. Gehen Sie oberhalb einer Lichtung vorbei wieder in den Wald, in dem es steil nach unten geht: Über Wurzeln und Steinplatten gelangen Sie zu einem schmalen Fluss und nach diesem auf die Schotterstraße (9,1 km), der Sie nach links in Kurven hinab folgen.

☺　Im Tal liegt die Bucht Buvikbukta: schöner Panoramablick über den Fjord!

Sie laufen auf der Straße über den Fluss Hammerbekken, kurz dahinter kommt rechts die Abzweigung zur 🛏 ⌂ **Kleivan Pilegrimsherberge** (10 km). Der Belag wechselt ca. 200 m weiter von Schotter zu Asphalt, Sie gehen weiter entlang der Straße 801. Vorbei am Bauernhof **Snefugl gård** zu Ihrer Rechten können Sie nun auf dem Fußweg links der Straße laufen, allerdings nicht lange.

✋　Achten Sie ca. 300 m nach dem Snefugl-Zeichen auf das blaue "Pilegrimsleia"-Schild am rechten Straßenrand: Hier gehen Sie, ohne Fußgängerüberweg o. Ä., über die Straße und vor der Leitplanke auf einen kleinen Pfad in den Wald (10,9 km). Es geht steil über den Hammerbekken und **am Bach entlang** nach unten. Der ca. 450 m lange Pfad ist dabei größtenteils sehr steil, an zwei Stellen erhalten Sie Hilfe in Form eines Halteseils an der Seite.

Erster Blick auf die Bucht Buvikbukta

✋ Sie können alternativ für 1,3 km auf dem Fußweg an der Straße 801 weiter nach unten gehen, wenn Sie keinen Wert auf die schöne, aber steile Waldpassage legen.

Sie gelangen hinab auf den Schotterweg Hammerdalen (11,4 km), auf den Sie links abbiegen, und gehen für 200 m geradeaus unter der hohen Autobahnbrücke hindurch. Sie stoßen zurück auf die 801, überqueren Sie diese.

✋ Wer Vorräte auffüllen muss, geht hier rechts die Straße hoch und findet nach ca. 400 m hinter dem Kreisel **Buvika** mit vielen Einkaufsmöglichkeiten.

Buvika 🛏 🖼 🛒 📯 🚌 ⛽ 📧 7350

🛏 🖼 **Kleivan pilegrimsherberge**, Buvikåsen, ☏ 97 69 87 15, 95 85 86 48, ✉ post@kleivanvekst.no, 💻 www.kleivanvekst.no, Bett NOK 350 (insg. 16 Plätze), Schlafsack mitbringen, Gemeinschaftsbad und -küche. Gemachtes Bett ab NOK 550 inkl. Frühstück. Schuhtrockner, WLAN, Mahlzeiten auf Anfrage (ab NOK 250). Vor Ankunft buchen.

🛒 **Kiwi mini prise**, Saltnessand, 🕐 Mo bis Sa 7:00 bis 23:00

🛒 ⚲ **Coop extra**, Sandavegen 3, 🕐 Mo bis Fr 7:00 bis 23:00, Sa 8:00 bis 21:00
⛽ ⊼ **Uno-X** mit **YX-Butik**, Buvikkrysset, 🕐 Mo bis Fr 6:00 bis 23:00, Sa 8:00 bis 23:00, So 9:00 bis 23:00

Gehen Sie auf die andere Seite der 801 und geradeaus auf dem Hammerdalen hinab zum Fjord, dort rechts über die Brücke und auf dem Fußgängerweg für 1,5 km an der Bucht entlang.

> ✋ Sie können auch links von der Straße auf dem Graspfad direkt am Meer laufen. Sie kommen an einem schönen ⊼ Rastplatz vorbei (12,5 km). Nach diesem geht es rechts über den Zebrastreifen auf die andere Straßenseite zurück.

Nach der Brücke über den Fluss Vigda gelangen Sie zum **Ende des Fußgängerwegs**. Das „Pilegrimsleia"-Schild weist Sie rechts. Biegen Sie in den Brekkavegen ein (13,3 km) und folgen Sie der Asphaltstraße, die Sie hinauf und an den Häusern am Hang vorbei führt. Nach knapp 400 m steht auf der linken Seite eine Bank, falls Sie sich kurz ausruhen wollen – es wird noch steiler! Und zwar ca. 300 m weiter, wenn Sie nach rechts in den Brattbakken eingebogen sind.

Nach ca. 150 m steilen Anstiegs sind Sie oben angekommen, gehen nur 30 m nach links und direkt wieder rechts in den Myrvegen. Auf dem bleiben Sie keine 100 m und biegen dann links ab. Der Graspfad bringt Sie ca. 450 m bergab, z. T. etwas steiler über Wurzeln und Steine, vorbei am **Meilenstein** „20 km til Trondheim" und zurück auf die Straße 800 (14,8 km).

Überqueren Sie die Straße, gehen Sie direkt links auf dem Schleichweg zum Fjord (✋ zum Strandhaus 🛏 **Strandheimen pilgrimsovernatting** gehen Sie hier rechts vom Schleichweg in die Straße Gamle Kongeveg) und nach rechts durch den △ **Øysand Campingplatz** hindurch. Gehen Sie an der Rezeption mit Kiosk und Café vorbei (15,8 km) und verlassen Sie den Platz geradeaus weiter am Wasser entlang.

Melhus △ 🛏 🏠 ☕ 📋 7224

△ **Øysand Camping**, Gamle Kongeveg 56, ☎ 72 87 24 15, 92 08 71 74,
✉ post@oysandcamping.no, 💻 www.oysandcamping.no, Hütte für 4 Pers. ab NOK 450, Wohnungen für 4 Pers. ab NOK 850, Schlafsack mitbringen, Herd, Gemeinschaftsbad, Zelt NOK 125, Frühstück NOK 75, Küchengeschirr und Bettwäsche kann geliehen werden, kostenpflichtige Dusche und Internet, ☕

31. Etappe: Skaun menighetshus – Sundet gård

🛏️ **Strandheimen pilegrimsovernatting**, Gamle Kongeveg 40, ☎ 48 10 55 15, ✉ wenche.gran@strandheimen.no, 🖥 www.strandheimen.no, EZ NOK 900, DZ NOK 1.100, Preise inkl. Frühstück, Abendessen auf Anfrage

🏠 **Rødde folkehøgskole**, Åsvegen 568, ☎ 72 85 29 10, ✉ rodde@rodde.fhs.no, 🖥 www.rodde.fhs.no, 📅 Mitte Mai bis Mitte August, ca. 5-8 km (je nach Route) vom Olavsweg entfernt, 1 Pers. ab NOK 370, Preis inkl. Frühstück, andere Mahlzeiten auf Anfrage, Bettwäsche NOK 85, Waschmaschine

♦ **Sandmoen Bed & Breakfast,** Sandmoflota 6, 7093 Tiller, ☎ 72 59 61 50, 45 51 16 76, ✉ post@sandmoen.no, ca. 4-8 km (je nach Route) vom Olavsweg entfernt, pro Pers. ab NOK 500, Preise inkl. Frühstück, WLAN, Kaffee am Nachmittag

> ✋ Wenn Sie nicht die **Fähre** über den Fluss Gaula (NOK 50) nutzen oder auf Sundet gård übernachten wollen, können Sie den Olavsweg über die **Brücke Udduvollbrua** wählen – es ist mit 6,3 km bis zum Zusammentreffen der beiden Wege der längere. Dazu biegen Sie hinter dem Campingplatz rechts ab und folgen den Wegmarkierungen.

ℹ️ Tipp: Wenn Sie in **Sundet gård** übernachten wollen, rufen Sie jetzt beim Besitzer John Wanvik an. Wenn Sie dann keine 2 km weiter an der Anlegestelle ankommen, müssen Sie nicht lange auf den Fährmann warten.

Sie gehen vorbei an roten Hütten, Feldern und dem Gaulosen-Naturreservat, bis Sie schließlich an die **Anlegestelle am Fluss Gaula** gelangen, die links des Weges durch braune Holzschilder gekennzeichnet ist (17,7 km). Auf der anderen Flussseite sehen Sie etwas oberhalb in den Bäumen versteckt schon die Farmgebäude – und vielleicht auch schon John, der Sie mit seinem hölzernen Ruderboot holen kommt.

Es geht gut 300 m über den Fluss, dann über die Straße hoch zum 🛏️ ⛺ **Sundet gård** (18,2 km).

🛏️ ⛺ **Sundet gård**, Leinstrandvegen 472, 7083 Leinstrand, ☎ 41 54 41 16, 93 08 35 81, ✉ johnwan@online.no, 🖥 www.sundetgard.no, Selbstversorgerhütte, pro Pers. NOK 400 (inkl. Fähre), Herd und Biotoilette, kein Strom, Schlafsack mitbringen. Zimmer im Haupthaus NOK 450 bis NOK 750 (insg. 45 Übernachtungsplätze). Bettwäsche NOK 100, Frühstück inkl. Lunchpaket NOK 100, Dinner NOK 200

☺ Sundet gård: Fähre, Frauen und das Totenreich

Die Fähre über die Gaula findet sich das erste Mal im 16. Jh. schriftlich erwähnt, da aber schon um 1300 auf beiden Flussseiten Menschen lebten, geht man davon aus, dass auch der Fährdienst aus diesem Zeitalter ist. Der Sundet-Hof ist von 1100 und war neben Fährstelle auch Postkutschenstation. John Wanviks Familie lebt schon seit 1659 auf der Farm, doch erst 1770 konnte sie den Hof ihr eigen nennen: Sie kauften ihn der reichen Dame Cicilia Christine Schöller ab, die im Wettstreit um das größte Haus mit zwei anderen gut betuchten Damen lag. Der Verkauf von Sundet bemächtigte Cicilia dazu, das noch immer größte Holzhaus Norwegens zu bauen – heute Königsresidenz in Trondheim.

John Wanvik wird vielleicht der letzte Fährmann und letzter Farmer auf Sundet sein, denn die Söhne zeigen kein Interesse an Fähren, Pilgern oder Schweinen. Ulkige Tatsache: Johns Frau ist vielleicht die Einzige in ganz Norwegen mit dem Vornamen Karon – wie der griechische Fährmann *Charon* (Karon), der die Verstorbenen auf seinem Boot ins Totenreich bringt (gegen zwei Münzen in den Augenhöhlen). Aber keine Angst, es ist natürlich John, der Sie übersetzt ...

John mit Sundet gård dahinter

32. Etappe:
Sundet gård – Trondheim Nidarosdomen

➲ *21,3 km,* ⏳ *ca. 5 Std.,* ↑ *507 m,* ↓ *512 m,* ⇧ *1-259 m*

0,0 km	⇧	30 m	Sundet gård 🛏 🗺
9,8 km	⇧	203 m	Frøset gård 🗺 🍴
10,4 km	⇧	222 m	Våddan 🍴
12,6 km	⇧	249 m	Lian Restaurant ✕
12,9 km	⇧	236 m	Lian 🚋 🚌 🍴
16,2 km	⇧	155 m	Byåsen Butikksenter 🍽 ✕ 🏦
16,6 km	⇧	158 m	Sverresborg Trøndelag Folkemuseum ⌘ ✕ 🍺
17,3 km	⇧	111 m	Feginsbrekkja 📌
19,2 km	⇧	3 m	Ilen kirke ✝
20,5 km	⇧	2 m	Hadrians Plass und Olavsquelle 💧
20,9 km	⇧	1 m	Nidaros Pilegrimsgård ⊙ 🛏 🍺
21,3 km	⇧	1 m	Meilenstein am Nidarosdomen ✝

Zum heiligen Olav! Alles hat ein Ende, auch der Olavsweg. Wer allerdings glaubt, es ist eine leichte Etappe, die nur bergab zur Stadt am Fjord führt, irrt. Es sind noch einige Höhenmeter, größtenteils durch Wald, zu bewältigen, bevor Sie in den Straßen Trondheims endgültig zurück in der Moderne angelangt sind – und am Ziel, der beeindruckenden Nidaros-Kathedrale, ankommen.

ℹ️ Seit 2017 gibt es von Sundet bis Trondheim neue Zeichen: Sie finden in regelmäßigen Abständen die dunkelgrünen Schilder mit dem Olavswegkreuz und „Nidarosdomen xx km".

Gehen Sie – die Sundet-Farm im Rücken – auf dem Leinstrandvegen 1,6 km nach links. Rechts liegt der große **Hof Monetre** (hier kommt die andere Route über die Brücke Udduvollbrua (☞ 31. Etappe) wieder hinzu). Biegen Sie links in den Skjefstadbakkan (Schilder „Fjøsvollan" und „Nidarosdomen 18,9 km"), auf dem Sie für 2,2 km nach oben laufen – zunächst steil, dann leicht ansteigend.

☺ Sie können wundervoll zurück über Fjord, Fluss und die bereits überwundenen Berge schauen!

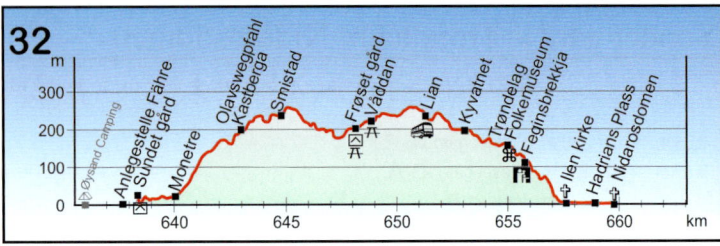

Sie gelangen hinab an eine T-Kreuzung (3,8 km), an der Sie knapp 300 m nach rechts gehen (Asphaltstraße Ringvålvegen). Folgen Sie dem „Nidarosdomen 16,5 km"-Schild nach links in eine breite Straße, die Sie zu einer großen, asphaltierten Freifläche bringt: Am gegenüberliegenden, linken Ende finden Sie den **Olavswegpfahl „Kastberga"** (4,5 km), hier geht es auf den gleichnamigen Berg. Nehmen Sie den kleinen Pfad, der Sie kurz und sehr steil nach oben auf eine gerodete Waldfläche bringt, über die Sie geradeaus drüber in den Wald gehen (Schild „Kastet"). Die erste Steigung bringt Sie zum **Meilenstein** „14 km til Nidaros" (5 km).

Es geht weiter leicht hinauf, auf einer Bergkuppe entlang und schließlich wieder hinab. Folgen Sie dem Weg nach rechts am Olavswegpfahl mit einer Teekanne vorbei, er bringt Sie hinab auf die Asphaltstraße Smistadgrenda (5,8 km). Gehen Sie rechts für knapp 300 m: Direkt nach der Linkskurve biegen Sie links in den Schotterweg, der Sie vorbei an Bauernhöfen und Pferdekoppeln zur Farm Smistad führt (6,4 km). Gehen Sie hindurch und ca. 250 m steil in den Wald hinauf. Sie treffen auf einen Waldweg, von dem Sie 200 m weiter nach links oben abbiegen.

Der Grasweg führt Sie ca. 1 km lang durch lichten Wald, oft liegen Bohlen und Bretter über matschigen und nassen Stellen. Sie stoßen auf einen schmalen Kiesweg und biegen rechts ab (7,8 km). Der leicht absteigende Weg führt vorbei an einer Lichtung und in einer großen Linksschleife um den Wald herum. Ein steiles, knapp 200 m langes Stück bringt Sie zu einer Weggabelung, halten Sie sich links (8,8 km). Nach der Holzbrücke über den **Fluss Leirelva** (kein Geländer) wenden Sie sich links und nehmen den rechten Schotterweg Richtung Frøset. Direkt zu Beginn geht ein kleiner Pfad steil nach oben weg (ca. 170 m lang).

Sie kommen auf einen Schotterweg, dem Sie nach rechts folgen. Leicht ansteigend geht es aus dem Wald und auf **Frøset gård** zu.

Frøset gård, ☎ 92 03 84 60, ✉ guro.vistad@pilegrimsgarden.no, 🛏 Mitte Juni bis 31. Juli, pro Pers. NOK 300, Schlafsack mitbringen, Zelt NOK 100. Unbemannte Selbstversorgerhütte mit 6 Betten, Dusche und Küche, ✋ SMS oder Anruf, um den Schlüsselcode zu erhalten

Biegen Sie vor dem Hof mit 🪑 Tischbank rechts ab (9,8 km), abwärts führt der Weg zwischen den Pferdekoppeln hindurch und über den Bach Våddabekken zu einer kleinen Kreuzung (viele Wegweiser). Nehmen Sie den kleinen Pfad, der Sie nach rechts oben und in einer Kurve über eine abgeholzte Fläche führt. Verlassen Sie den Pfad auf einen Schotterweg, dem Sie nach rechts bis zur Kreuzung folgen. Sie stehen vor dem riesigen Gebiet und den Pferdekoppeln von **Våddan**, hier finden Sie einen 🪑 Tisch mit Bänken (10,4 km).

Gehen Sie rechts und auf dem Schotterweg links um die Koppeln herum. Es geht bergauf und neben den Farmgebäuden rechts in den Wald. Keine 100 m weiter gelangen Sie leicht abwärts an Wikingergrabhügel (*Gravplassen – Gravhauger*), dahinter biegen Sie links ab Richtung Lian und stoßen auf eine Schotterstraße. Gehen Sie rechts zur T-Kreuzung und auf dem Vådanvegen rechts hinauf. Nach knapp 300 m biegen Sie wieder ab, links geht es in den Skråstien (Schild „Skistua"). Die breite Schotterstraße bringt Sie leicht ansteigend in den dichten Wald: In einer Linkskurve steht **das letzte Haus**. Biegen Sie nach diesem und vor einem Drahtzaun rechts in den Grasweg (11,9 km).

✋ An der Ecke finden Sie auf einem Schild den Hinweis, dass Sie hier in Lianjordene („Erde von Lian") auf freilaufende Weidetiere treffen können.

Am Zaun entlang kommen Sie 100 m weiter an eine Zauntreppe. Über diese hinüber gelangen Sie auf den (Weide-)Hügel von Nedre Solem. Gehen Sie diesen links hinauf, steigen Sie über eine Zauntreppe und überqueren Sie den Weg. Hinter der nächsten Zauntreppe – oder dem Tor – liegt ein Grasweg, der Sie über Weiden führt. Eine letzte Zauntreppe bringt Sie am Ende der Weide hinaus auf den Lianvegen. Biegen Sie ca. 100 m nach dem ✕ Lian Restaurant (12,6 km) noch vor der Rechtskurve links ab (Schild „Nidarosdomen 7,7 km"). Die Schotterstraße bringt Sie hinab nach **Lian**, an der Kreuzung liegt ein 🪑 Rastplatz (12,9 km).

🚋 🚌 Kaum 100 m rechts von Ihnen befindet sich die Straßenbahnstation: Mit der **Tram von Trondheim** (*Gråkallbanen*), Linie Nummer 1 können Sie von Lian hinab nach Trondheim fahren (bis St. Olavs gate): Mo bis Fr mehrmals stündlich, Sa und So mehrmals täglich, 🖥 www.atb.no.

Der Olavsweg führt Sie links auf einem schmalen Weg aus Lian hinaus (Schild „Kyvatnet") und wieder in den Wald. Abwärts gelangen Sie an eine Weggabelung. Gehen Sie hier geradeaus anstatt rechts weiter hinab und folgen Sie im wechselnden Auf und Ab dem Pfad Gamle Lian Veg, der Sie vorbei am **See Kyvatnet** auf die Asphaltstraße Antonie Løchens vei bringt (14,8 km): Sie befinden sich am **Anfang von Trondheim** auf einem Hang darüber – immer wieder haben Sie nun freie Blicke hinab auf Stadt und Fjord.

✋ Achten Sie ab hier auf Olavsweg-Aufkleber an Laternenpfählen, Mauern u. Ä.

Trondheim
Das idyllischste Viertel Trondheims ist **Bakklandet** auf der Ostseite der Nidelva. Kleine, alte Holzhäuser sowie Cafés, Bars und Geschäfte säumen die Kopfsteinpflasterstraße am Fluss – wunderschön für einen Bummel, einen Kaffee oder den Abend, z. B. im Antikvariatet, einem Musikcafé mit zwei Biergärten und viel Charme: Die Wände und Regale stehen voller Bücher, das Inventar ist vom Nähtisch mit Schreibmaschine bis zum Kirchenstuhl bunt gemischt. Gehen Sie vom Pilgercenter aus auf der **Gamle Bybro**, der „Alten Brücke" von 1681, über den

Gamle Bybro

Fluss nach Bakklandet: Sie wird auch Lykkens Portal, das „Tor der Glückseligkeit", genannt. Zum Schlendern laden ebenfalls der Pier mit Fischmarkt (Ravnkloa), die Parkanlagen am Fluss (Marinen) und der Marktplatz Torvet ein: Auf dem Platz finden Sie die Statue von König Olav I. Tryggvason, der 997 n. Chr. die Stadt Nidaros gegründet hat.

Jährlich finden um den **Olavstag (29. Juli)** die **Olavsfestdagene** statt (Olavs-Festtage / Olavswoche: 💻 www.olavsfestdagene.no). Vor dem Nidarosdom finden Sie einen kleinen Mittelaltermarkt, Stände im Bischofshof und viele andere Veranstaltungen in der gesamten Stadt, z. B. Mitternachtskonzerte.

Biegen Sie links auf die Straße. 350 m weiter stoßen Sie auf den Dalshaugveien und folgen ihm nach rechts hinab zur T-Kreuzung, an der Sie rechts bis zum Gamle Oslovei gehen. Biegen Sie links auf die große Straße ab, die später zur Sverresborg Allè wird. Sie laufen vorbei am 🍴 ✕ 🏧 🅰 **Byåsen Butikksenter** (16,2 km) und dem ⌘ ✕ 🚌 Sverresborg Trøndelag Folkemuseum (16,6 km). Etwa 250 m weiter gelangen Sie an eine Art Kreuzung. Gehen Sie hier rechts in den Fridtjof Nansens vei – den Fjord mit der Gefängnisinsel Munkholmen (☞ Trondheim) haben Sie nun links von sich. Etwa 500 m weiter gelangen Sie zum Aussichtspunkt 🏳 **Feginsbrekkja** („Berg der Freude"): Seit dem Mittelalter ergötzen sich Pilger am ersten Blick auf den Nidarosdom, bevor sie betend niederknien und für ihre Ankunft danken (17,3 km).

↪ Der eigentliche Aussichtspunkt liegt auf der Spitze des Steinberget (ca. 500 m entfernt): Folgen Sie dafür den Hinweisschildern geradeaus, an der Abzweigung des Olavswegs vorbei und rechts hinauf.

Gut 150 m nach Feginsbrekkja biegen Sie links in eine schmale Schotterstraße, die Sie in einer S-Kurve zwischen Häusern hindurch hinab auf eine Asphaltstraße bringt. Folgen Sie dem Sverdrups vei für knapp 300 m nach links und biegen Sie rechts in den Dyborgveien ein. Bergab gelangen Sie an eine T-Kreuzung, an der Sie rechts weiter hinabgehen, bis die Straße eine Linkskurve macht: Nehmen Sie die Treppen und gehen Sie auf dem Fußweg unter der großen Kreuzung mit Kreisel hindurch.

Auf der anderen Seite laufen Sie geradeaus auf dem Ilevollen weiter – der längliche Park (*Ilaparken*) liegt links von Ihnen und der Straße. Am Parkende vorbei geht es über einen Zebrastreifen. Links fährt auf dem Mittelstreifen nun die

🚋 Straßenbahn, rechts lassen Sie die Bahngleise liegen, dann gelangen Sie zur ⛪ **Ilen kirke** (19,2 km).

Gehen Sie um die Kirche herum und auf der Straße dahinter (Erling Skakkes gate) vorbei am ⌘ Norsk Rettsmuseum (Norwegisches Justizmuseum, Kongens gate 95, 🕐 Di bis Fr 10:00 bis 15:00, jeden 1. So 11:00 bis 15:00, Eintritt frei). An der nächsten Weggabelung biegen Sie rechts in die Elvegata und laufen geradeaus weiter in die Bispegata.

Biegen Sie an der Kreuzung rechts ab, vorbei an einem kleinen Steinkunstwerk an der Ecke folgen Sie der Sverres gate. Diese verlassen Sie geradeaus auf einen Schotterweg, der direkt hinab zum **Fluss Nidelva** führt. Gehen Sie links: Am Wasser entlang laufen Sie unter der hohen **Elgeseter bru** hindurch und vorbei am ⊛ Hadrians Plass mit Olavsquelle (*Olavskilde* ☞ 21. Etappe). Nur 350 m weiter gelangen Sie durch ein Eisentor auf die Straße Kjøpmannsgata, links finden Sie das 🛏 ⊙ ☕ **Nidaros Pilgercenter** (20,9 km).

☺ Sie sind angekommen! Checken Sie ein, holen Sie sich Ihren Stempel oder den **Olavsbrief** (☞ Reise-Infos von A bis Z) oder trinken Sie mit anderen Pilgern einen Kaffee im Café Olav. Auf jeden Fall sollten Sie sich hier das **Freiticket für die Domkirche** holen, das jeder Olavsweg-Pilger mit Stempel im Pilgerpass erhält.

Um zum ersehnten Ziel zu gelangen, müssen Sie nur noch am Pilgercenter vorbei und direkt links gehen. Durch den Friedhof gelangen Sie um die Kathedrale herum zur Vorderseite des ⛪ **Nidarosdomen mit dem letzten Meilenstein „Nidaros 0 km" – herzlichen Glückwunsch!**

Am Ziel: der letzte Meilenstein

Der Nidarosdom und der heilige Olav

Die Geschichte des Nidarosdoms ist eng mit dem Leben von Olav Haraldsson verknüpft, auch wenn sie nicht ihm, sondern der Heiligen Dreifaltigkeit gewidmet ist. Als der König am 29. Juli 1030 in der Schlacht von Stiklestad fiel, brachten christliche Bauern seinen Leichnam heimlich in das heutige Trondheim und begruben ihn in einer Sandbank am Ufer der Nidelva. Sogleich verbreiteten sich

Geschichten über Wunder und als Olavs Anhänger ein Jahr nach seinem Tod den Bischof dazu bewegten, den König zu exhumieren – fanden sie ihn unberührt, mit geröteten Wangen und Haaren, die gewachsen waren. So wurde er heilig gesprochen, nicht im Leben, aber im Tode.

Sie errichteten eine hölzerne Kappelle über seiner Grabstätte und die Menschen strömten herbei, um zu beten. Den Grundstein für den heutigen Dom aber legte 1070 der norwegische König Olav Kyrre. Er ließ die Holzkapelle durch eine Steinkirche ersetzen, die in den folgenden Jahren immer weiter ausgebaut wurde. Doch erst als Nidaros 1153 Erzdiözese wurde, begann unter Erzbischof Øystein Erlendsson der Bau der prachtvollen Kathedrale, wie wir sie heute bestaunen können. Sie gilt als größtes mittelalterliches Bauwerk Nordeuropas und wurde (schätzungsweise) im Jahre 1300 vollendet und nach großen Bränden fünfmal wieder aufgebaut. Bis 1906 wurden hier Norwegens Könige gekrönt.

Bewundern Sie im Oktogon des gotischen Doms den Hochaltar, der über der ehemaligen Grabstätte Olavs errichtet wurde, auch wenn heute nur noch ein Schrein daran erinnert: Die Gebeine des Heiligen verschwanden im Zuge der Reformation – keiner sollte mehr an seinem Grabe beten können, das sollte die Einführung des Protestantismus beschleunigen. Erst kürzlich (2013) wurde in der katholischen St. Olav domkirke in Oslo (☞ 1. Etappe) ein Beinknochen gefunden, von dem angenommen wird, dass er vom Wikingerkönig stammt. Doch auch wenn der Aufenthaltsort von Olavs Leichnam nicht bekannt ist: Die Bedeutung von Nidaros als wichtigstes Pilgerziel in Nordeuropa vom 11. Jh. bis zur Reformation 1537, erwacht gerade zu neuem Leben.

Trondheim

7010-7052

- **Touristinformation Visit Trondheim**, Nordre gate 11, ☎ 73 80 76 60, post@visittrondheim.no, 🖥 www.trondheim.com, 🕐 Mo bis Fr 9:00 bis 18:00, Sa 9:00 bis 18:00.
  Übernachtungsmöglichkeiten 🖥 www.trondheim.no/accommodation,
  Öffentliche Verkehrsmittel 🖥 www.atb.no (☞ Reise-Infos von A bis Z, Verkehrsmittel am Weg)
- **Trondheim lufthavn Værnes**, 🖥 www.avinor.no/flyplass/trondheim
- **NSB**, einfache Fahrt NOK 82, Trondheim Zentralstation bis Trondheim Værnes, ca. 35 Min., 🖥 www.nsb.no/en/our-destinations/airport-by-train
- **Flybussen**, einfache Fahrt NOK 130 (ab Prinsen kino, Bushaltestelle vor dem Nidarosdom, ca. 50 Min.), 🖥 www.flybussen.no

32. Etappe: Sundet gård – Trondheim Nidarosdomen

- **Trøndertaxi**, ☏ 073 73, Fahrt Innenstadt – Flughafen 1 Pers. NOK 429, 2 Pers. NOK 665
- **Norgestaxi**, ☏ 080 00, Airport-Taxi: Festpreis Innenstadt – Flughafen 1-4 Pers. NOK 650, 5-8 Pers. NOK 930, 13-16 Pers. NOK 1.160 (plus NOK 60 für speziellen Abholort)
- **Nidaros Pilegrimsgård**, Kjøpmannsgata 1, ☏ 73 52 50 00, post@pilegrimsgarden.no, www.pilegrimsgarden.no, Juni bis September täglich 9:00 bis 17:00 (bei späterer Ankunft vorher telefonisch Bescheid sagen!), pro Pers. im Schlafsaal (10-Bett-Zimmer) NOK 300, im 3- bis 4-Bett-Zimmer (mit Bad) NOK 350 (inkl. Bettwäsche und Handtücher), EZ NOK 890, DZ NOK 1.110, Frühstück NOK 80. Vorausbuchung empfohlen
- **Singsaker Sommerhotell**, Rogertsgate 1, ☏ 73 89 31 00, sommerhotell@singsaker.no, https://sommerhotell.singsaker.no, Mitte Juni bis Mitte August, EZ ab NOK 565, DZ ab NOK 785, Matratzenlager NOK 299, Preise inkl. Frühstück
- **Thon Hotel Trondheim**, Kongens gate 15, ☏ 73 88 47 88, trondheim@thonhotels.no, www.thonhotels.com, EZ ab NOK 676, DZ ab NOK 931, Preise inkl. Frühstück, WLAN
- **Trondheim Vandrerhjem**, Weidemannsvei 41, ☏ 73 87 44 50, booking@trondheimvandrerhjem.no, www.trondheimvandrerhjem.no, Bett im Mehrbettzimmer ab NOK 365, Etagenbad und -küche, WLAN
- **Byåsen Butikksenter**, www.byaasenbutikksenter.no, Mo bis Fr 9:00 bis 20:00, Sa 9:00 bis 18:00, u.a. Rema 1000, Mo bis Sa 7:00 bis 23:00, ✕ BANK
- **Trondheim Torg**, Kongens gate 9, www.trondheimtorg.no, Mo bis Fr 9:00 bis 20:00, Sa 9:00 bis 18:00, u.a. Rema 1000 Mo bis Sa 7:00 bis 23:00, ✕ BANK
- **Coop Prix Øya**, Klostergata 46, Mo bis Fr 7:00 bis 23:00, Sa 8:00 bis 21:00
- **Lian Restaurant**, Lianvegen 36, ☏ 72 56 51 10, 72 56 51 20, www.lianrestaurant.no, Mi 12:00 bis 15:00, So 12:00 bis 16:30
- **Vertshuset Grenaderen**, Kongsgårdsgata 1, ☏ 73 51 66 80, www.grenaderen.no, Mo bis Sa 12:00 bis 24:00, So 13:00 bis 21:00. Das Restaurant am Erzbischofspalast zwischen Kathedrale und Flussufer serviert traditionelle Gerichte.
- **Baklandet Skydsstation**, Øvre Bakklandet 33, ☏ 73 92 10 44, www.skydsstation.no, Mo bis Fr 11:00 bis 0:00, Sa bis So 12:00 bis 0:00, hausgemachte Speisen und spezielles Pilgermenü
- **Antikvariatet**, Nedre Bakklandet 4, ☏ 73 18 50 14, facebook.com/antikvarene, Mo bis Do 16:00 bis 1:30, Fr 15:00 bis 1:30, Sa und So 12:00 bis 1:30

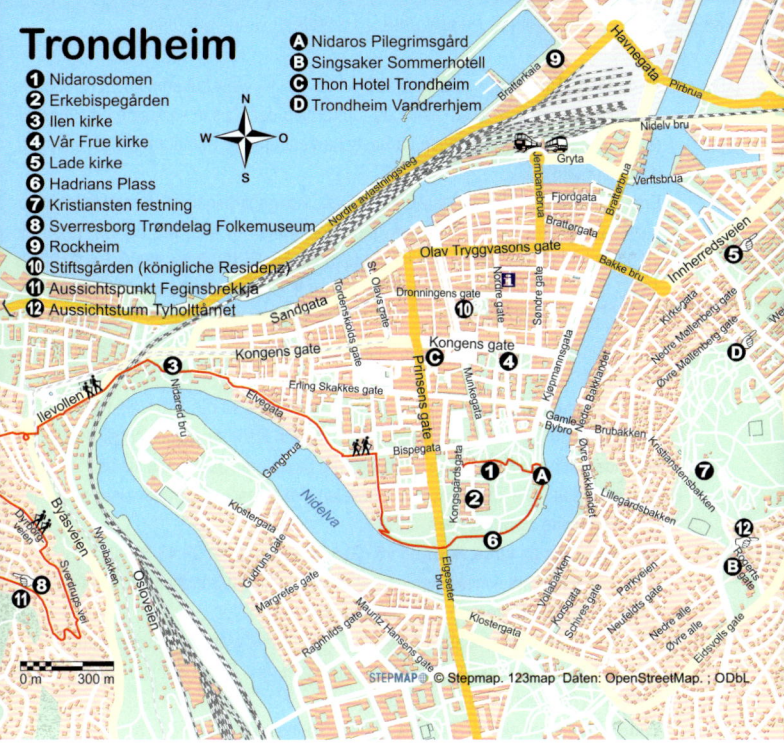

- ♦ **Bar Circus**, Olav Tryggvasons gate 27, ☎ 93 46 11 00, 🖥 www.barcircus.no, 🕐 Di bis Sa 20:00 bis 2:30, So 22:00 bis 2:30
- ♦ **Pub Three Lions**, Bratørgata 10-12b, ☎ 40 00 70 66, 🖥 www.threelions.no, 🕐 Mo bis Do ab 13:30, Fr bis So 12:00 bis 2:30
- ☦ **Nidarosdomen**, Bispegata 11, ☎ 73 89 08 00, ✉ post@nidarosdomen.no, 🖥 www.nidarosdomen.no, 🕐 Mai: Mo bis Fr 9:00 bis 15:00, Sa 9:00 bis 14:00, So 9:00 bis 16:00. Juni bis August: Mo bis Fr 9:00 bis 18:00, Sa 9:00 bis 14:00, So 9:00 bis 17:00. September bis Dezember: Mo bis Sa 9:00 bis 14:00, So 9:00 bis 16:00
- ▷ Kombi-Ticket (Nidarosdom, Palast des Erzbischofs, Kronjuwelen): Erwachsener NOK 180, Kind NOK 80. Einzelticket: Erwachsener NOK 100, Kind NOK 40. Kartenverkauf und Führungen im Besucherzentrum 🍴 Café To Tårn
- ▷ Besteigung des Domturms (39 m), 🕐 Sommer: Mo bis Fr 10:00 bis 17:00, Sa 10:00 bis 13:00, So 13:00 bis 16:30, Ticket NOK 50

▷ **Café To Tårn**, Bispegata 5, ☎ 73 48 86 46, 🖥 www.bakeriet.no, 🕐 1. Juni bis 1. September täglich 10:00 bis 17:00 (außerhalb der Saison verkürzte Öffnungszeiten), *Café zu den zwei Türmen* im Besucherzentrum der Kathedrale (Souvenirshop, Kartenverkauf)

⌘ **Erkebispegården** (Palast des Erzbischofs), Kongsgardsgata 1, Kontaktinformationen ☞ Nidarosdomen, Museum und Kronjuwelen 🕐 Mai: Mo bis Sa 10:00 bis 15:00, So 12:00 bis 16:00, Juni bis August: Mo bis Fr 10:00 bis 17:00, Sa 10:00 bis 15:00, So 12:00 bis 16:00, September bis April: Di bis Fr 11:00 bis 14:00, Sa 11:00 bis 15:00, So 12:00 bis 16:00

▷ Freier Eintritt in den Bischofshof. Tickets Museum und Kronjuwelen ☞ Nidarosdomen

▷ Die Burganlage direkt neben der Nidaros-Kathedrale wurde 1161 als Residenz für den Erzbischof Øystein Erlendsson gebaut. In den Räumen des bischöflichen Palastes finden sich archäologische Artefakte, 120 Skulpturen aus dem Mittelalter und eine Münzwerkstatt. Die königlichen Kronjuwelen (*Riksregaliene*) sind in einer gesonderten Ausstellung zu bewundern.

✝ **Ilen kirke** oder **Ila kirke**, Ilevollen 15 (Gemeindehaus), ☎ 99 43 60 00, ✉ post.ilen.trondheim@kirken.no, 🖥 www.ilen.kirken.trondheim.no. Neugotische Steinkirche mit Holzdecken aus dem Jahr 1889

◆ **Vår Frue kirke**, Kongens gate 5, ☎ 41 79 80 00, 🖥 www.nidarosdomen.no, 🕐 täglich 0:00 bis 18:00. Offene Liebfrauenkirche aus Stein, Baujahr ca. 1150-1200 (offizielles 800-jähriges Jubiläum 2007)

◆ **Lade kirke**, Lade allé 36, ☎ 99 43 60 00 (Gemeindehaus), ✉ post.lade.trondheim@kirken.no, 🖥 www.kirken.no/lade. Eine der ältesten Steinkirchen Norwegens (etwa 1190)

❀ Der **Hadrians Plass** am Flussufer ist Kardinal Nicolaus Brekespeare gewidmet, dem grundlegende Reformen der norwegischen Kirche (1152-1153) und die Errichtung der Erzdiözese Nidaros zugesprochen werden. 1154 wurde er zu Papst Hadrian IV. Hier finden Sie eine Olavsquelle.

⚔ ⌘ **Kristiansten festning**, ☎ 81 57 04 00, 🖥 www.forsvarsbygg.no, 🕐 April bis August: täglich 8:00 bis 0:00, September bis März: täglich 9:00 bis 0:00, Eintritt frei. Museum im Hauptturm (*Donjon*) 🕐 Mitte Mai bis Anfang September: Mo bis Sa 10:00 bis 16:00, So 12:00 bis 16:00. Die Festung aus dem 17. Jh. thront auf einem Hügel oberhalb der Stadt und ist Naherholungsgebiet. ✗ Restaurant Kommandanten, ☎ 45 05 26 66, 🖥 www.festningenservering.no, 🕐 Di bis Fr 16:00 bis 22:00, Sa 12:00 bis 23:00, So 12:00-20:00

⌘ **Sverresborg Trøndelag Folkemuseum**, Sverresborg allé 13, ☏ 73 89 01 00, ✉ post@sverresborg.no, 🖥 www.sverresborg.no, 🕒 1. Juni bis 31. August: täglich 10:00 bis 17:00, 1. September bis 31. Mai: Di bis Fr 10:00 bis 15:00, Sa bis So 12:00 bis 16:00, Erwachsener NOK 155, Kinder umsonst (Preise Sommersaison)

▷ Das Freilichtmuseum mit über 60 historischen Gebäuden ist um die Ruinen der mittelalterlichen Burg von König Sverre Sigurdsson platziert.

▷ ☕ Café Bagle, 🖥 www.bagle.no, ☏ 73 87 80 70, 🕒 Juni bis August: täglich 11:00 bis 16:00, ab September: Mo bis Fr 11:00 bis 15:00, Sa bis So 12:00 bis 16:00.

▷ ✕ Tavern på Sverresborg, Sverresborg allé 11, ☏ 73 87 80 70, 🖥 https://vertshusettavern.no, 🕒 Di bis Do 16:00 bis 23:00, Fr und Sa 16:00 bis 0:00, So 14:00 bis 20:00

◆ **Rockheim**, Brattørkaia 14, ☏ 73 60 50 70, ✉ rockheim@rockheim.no, 🖥 www.rockheim.no, 🕒 Di bis So 11:00 bis 16:00, Erwachsener NOK 130, Kinder umsonst. Norwegisches Nationalmuseum für Pop- und Rockmusik ✕

◆ **Stiftsgården** (königliche Residenz), Munkegata 23, ☏ 73 84 28 80, ✉ omvisningsleder.stiftsgarden@nkim.museum.no, 🖥 www.nkim.no/stiftsgarden, stündliche Führungen (auch in Englisch, Deutsch nach Absprache), 🕒 1. Juni bis Mitte August: Mo bis Sa 10:00 bis 16:00, So 12:00 bis 16:00 (15:00 jeweils letzte Führung), Erwachsener NOK 100, Kind NOK 60

◆ **Aussichtsturm Tyholttårnet**, Otto Nielsens vei 4: Im 120 m hohen Turm können Sie vom Aussichtspunkt (70 m) oder vom Drehrestaurant Egon Tårnet (74 m) den Rundum-Ausblick über Trondheim genießen. ✕ Egon Tårnet, 🕒 Mo bis Do 10:00 bis 23:00, Fr bis Sa 10:00 bis 23:30, So 11:00 bis 22:00

⌘ **Munkholmen**, ✉ post@munkholmen.no, 🖥 www.munkholmen.no. Die historische Gefängnisinsel mit Kloster und Badestrand liegt im Fjord direkt vor Trondheim und ist ein beliebtes Ausflugsziel mit Restaurant, Handwerksausstellung und Sommertheater.

▷ 🚤 Boote: Tripps Båtservice, ☏ 95 08 21 44, ✉ post@trippsbatservice.no, 🖥 www.trippsbatservice.no, stündliche Fahrten ab Ravnkloa (Munkegata 66): Mai 10:00 bis 16:00, Juni bis Mitte August 10:00 bis 18:00, Mitte August bis Anfang September 10:00 bis 16:00 (Rest-September nur Sa und So 11:00 bis 16:00), Hin- und Rückfahrt inkl. Führung durch Munkholmen: Erwachsener NOK 250, Kind NOK 60 (Bootticket einzeln NOK 90)

▷ ✕ Restaurant 🕒 während des Bootsverkehrs, ☏ 72 88 88 88

Kleiner Sprachführer

Fiskekort = Angelschein

Für den Alltag

Ja	ja
Nein	nei
Hallo	hallo, hei
Tschüs	ha det bra! Adjø!
Mach's gut	ha det godt!
Gute Reise	god tur!
Danke, Danke sehr	takk, tusen takk!
Bitteschön	vær så god!
Entschuldigen Sie bitte	unnskyld!
Wie geht's	hvordan går det? Hva skjer?
Mir geht es gut	jeg har det bra
Mir geht es schlecht	jeg føler meg dårlig
Wo ist ..?	hvor er ..?

Was Ihnen auf dem Olavsweg immer wieder begegnet ...

Dal, dalen	Tal, das Tal
elv oder flyt	Fluss
fylke	Provinz
gård	Bauernhof, Farm, Gehöft
gammel (*singular*), gamle (*plural*)	alt
gate, gata	Straßenbezeichnungen
Gudbrandsdalsleden	Gudbrandsdalsweg, Olavsweg, Olavsleden
kirke	Kirche
kong	König
milestones	Meilenstein
Olavskilde	Olavsquelle
Olavsleden	Olavsweg, Gudbrandsdalsweg, Gudbrandsdalsleden
sælehus	Unterkünfte/Herbergen für Wanderer und Pilger im Mittelalter, v. a. im Dovrefjell
sjø	See
stabbur	Proviantspeicher auf Pfählen/Lagerhaus auf Bauernhöfen
vann	Wasser
veg, veien	untereinander austauschbare Bezeichnungen für Straßen und Wege

Buchtipp aus dem Conrad Stein Verlag
Wissenswertes und Kurioses über Kultur und Sprache der Norweger

Oh, dieses Norwegisch!
von Martin Schmidt
aus der Reihe *Fremdsprech*
ISBN 978-3-86686-922-6

Oh, diese Norweger!
von Ulrike Kathrin Peters
& Karsten-Thilo Raab
aus der Reihe *Nachbarschaften*
ISBN 978-3-86686-803-8

Index

Die Kongsvold Fjeldstue von oben (23. Etappe)

A

Aaraas Pilegrimsherberge	49
Allmannrøysa	173
An- und Abreise	18
Angeln	19
Arteid Vestre gård	56
Ausrüstung	19
Avsjøen	176

B

Berkåk	207
Brøttum	111
Brøttum kirke	110
Brumunddal	98
Buvika	233

D

Diplomatische Vertretung	21
Dombås	179
Dovre	169
Dovre kirke	169
Dovrefjell	16, 169, 172
Dovreskogen	166
Drivdalen	187

E

Eidsvoll	71
Eidsvoll kirke	71
Eidsvollsbygningen	68
Einkaufen	22
Ekeberg	83
Engelshus	167
Espa	79
Eysteinkyrkja	183

F

Fåberg	120
Fåvang	135
Fåvang kirke	134
Fløyta	73
Fokstugu	175
Frogner	54
Frogner kirken	54
Frya	141
Furnes kirke	96
Furuberget	96
Furuset kirke	47

G

Gamle Kongevegen	170
Gardermoen	64
Gaula	235
Geld	23
Gepäcktransport	24
Geschichte	28
Gildesvollen	137
GPS	27
Granerudsjøen	77
Gudbrandsdal	15, 118
Gudbrandsdalsweg	13
Gumdal	223
Gynt, Per	149

H

Hæverstølen	202
Hageseter	179
Hallvardskatedralen	40
Hamar	91
Hardbakken	173
Haug	61
Herkestad gård	87

Hjerkinn	184
Hjerkinnsdammen	183
Hovin kirke	61
Hundorp	142
Husaby	230

I

Ilen kirke	243
Informationen	24
Internet	30

J

Jessheim	61
Johannesgården	110

K

Kirchen	25
Kjærlighetsfossen	122
Kløfta	58
Kvam	151

L

Landkarten	27
Lian	240
Lillehammer	116
Lillehammer kirke	114
Literatur	27
Ljøgodttjern	62
Løkken Verk	222
Lysjøen	76

M

Meldal	219
Meldal kirke	218
Melhus	234
Meslo gård	209

Mjøsa	78
Mobilfunk	30
Moelv	104

N

Nidaros Pilgercenter	243
Nidarosdom	244
Nidelva	244
Nilsberg	78
Nord-Sel kirke	162
Nordbytjernet	63
Notruf	29

O

Olav Haraldsson	12
Olavsbrief	30, 243
Olavsquelle	170
Oppdal	197
Oppdal kirke	196
Oslo	38
Østre Aker kirke	46
Ostweg	14, 44, 114
Otta	160
Ottestad	88
Øyer	124
Øyer kirke	123

P

Pilegrimsherberget Konfirmantsalen	99
Pilgrimssenter Dovrefjell	184
Pilgerpass	29
Prøysenstua	102

R

Råholt	67
Råholt kirke	67

Raknehaugen	62
Reisezeit	26
Rennebu	201, 213
Rennebu kirke	214
Ringebu	137
Ringebu stavkirke	138
Ringsaker kirke	103
Rinna	127
Risebru	65
Rolla bru	130
Rudshøgda	101
Ryphusan	191

S

Segard Hoel	216
Sel	162
Sel kirke	161
Skåden gård	124
Skåeåa	125
Skaun	229
Skedsmo kirke	52
Skibladner	34
Skjetten	49
Snøhetta	174
Sødorp kapell	148
Solsjøen	225
Sør-Fron	144
Sør-Fron kirke	142
Søre Ål kirke	114
St. Olavs gang	55
Stange	85
Stange kirke	85
Steinvik Camping og Hyttegrend	104
Sundet gård	236
Svorkmo	223
Sygard Grytting	143

T

Tangen	82
Tangen kirke	82
Telefon	30
Tokse	149
Tokstadfurua	101
Tretten	131
Tromsa bru	135
Trondheim	241, 245

U

Ullensaker kirke	58
Undset, Sigrid	162
Unterkunft	30
Updates	32

V

Vålåsjoen	177
Varphaugen	157
Vårstigen	188
Vekve Hyttetun	196
Veldre kirke	99
Verkehrsmittel	32
Vesle Elgsjøtangen	190
Vikselva	82
Vilbergfjellet	55
Vinstra	149
Vinstradalen	192
Voll	213

W/Z

Wasser	23
Wegmarkierungen	34
Westweg	14, 44, 114
Zelten	36